GUIDE

DE

L'ÉCOLE NATIONALE

DES BEAUX-ARTS

GUIDE

DE

L'ÉCOLE NATIONALE

DES BEAUX-ARTS

PAR

EUGÈNE MÜNTZ

Conservateur de la Bibliothèque, des Archives
et du Musée de l'École.

Ouvrage accompagné de 23 gravures

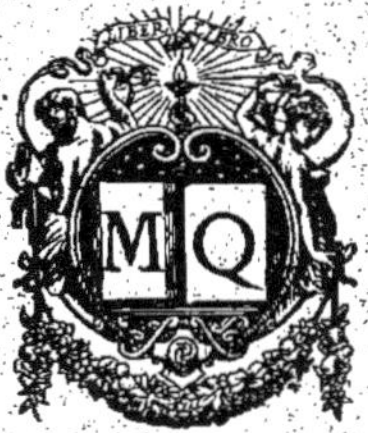

PARIS

MAISON QUANTIN

COMPAGNIE GÉNÉRALE D'IMPRESSION ET D'ÉDITION

7, RUE SAINT-BENOIT

GUIDE

DE

L'ÉCOLE DES BEAUX-ARTS

INTRODUCTION HISTORIQUE

L'École actuelle des beaux-arts dérive en droite ligne de l'École académique fondée en 1648, en même temps que l'Académie royale de peinture et de sculpture.

Lors de la suppression de cette Académie, l'École académique continua de subsister, ainsi qu'il sera dit plus loin, et conserva non seulement son matériel et son installation, mais encore son corps enseignant. Aussi l'Administration a-t-elle pu célébrer en 1848 l'anniversaire deux fois séculaire de la fondation de l'une des plus anciennes et à coup sûr de la plus glorieuse des institutions de ce genre qui soient en Europe.

L'ancienne École, académique dont les vicissitudes ont été racontées par M. Vitet[1], et que je me propose de faire connaître, d'une façon plus complète, dans un travail spécial, comprenait avant tout ce que l'on appelait alors l'*École du modèle,* c'est-à-dire un atelier où chaque professeur, à tour de rôle, faisait poser, devant les élèves, le modèle vivant.

Voici en quels termes les statuts de 1648 réglementent le fonctionnement de l'École du modèle :

« L'Académie sera ouverte tous les jours de la semaine, excepté les dimanches et festes quy sont dédiées à la dévotion, en hyver depuis trois heures après midy jusques à cinq, et en esté depuis six heures, aussy après midy, jusques à huict, dans laquelle la jeunesse et les estudiants seront receus, pour desseigner et profiter des leçons quy se feront, en payant toutes les semaines ce quy se donne ordinairement pour entretenir le modelle, qui sera mis en atitude par l'Ancien quy sera en mois ; et, lorsqu'il plaira à Sa Majesté en faire les frais à l'instar de celle du Grand-Duc de Florence, chacun y poura dessigner sans rien payer. »

1. *L'Académie royale de peinture et de sculpture,* nouv. édit. 1880. Voyez en outre l'intéressant volume de M. Louis Courajod, *l'École royale des élèves protégés.* Paris, Rouam ; les *Mémoires pour servir à l'histoire de l'Académie royale de peinture et de sculpture depuis 1648 jusqu'en 1664.* Paris, 1853, 2 vol. in-12, ainsi que les *Procès-verbaux de l'Académie royale de peinture et de sculpture,* publiés par M. de Montaiglon. Paris, 1875 et suiv., et enfin, le *Dictionnaire de l'Académie des beaux-arts,* au mot ACADÉMIE.

La même année, des cours spéciaux de perspective et d'anatomie vinrent compléter cet enseignement, qui conserva toujours un caractère essentiellement général et théorique.

Grâce à l'initiative de Le Brun et à la protection de Colbert, des encouragements de plus en plus nombreux, et notamment la fondation des prix de Rome (1666), stimulèrent le zèle de la jeunesse artiste.

L'Académie d'architecture, fondée en 1671, entretenait de son côté une École, qui ne fut réunie que sous la Révolution à l'École des peintres et des sculpteurs.

Après d'assez nombreuses pérégrinations, l'Académie de peinture et de sculpture, ainsi que celle d'architecture, trouvèrent un asile au palais du Louvre (1692), qu'elles occupèrent soit par elles-mêmes, soit par leurs Écoles, jusqu'en 1807. A ce moment, l'École unique, formée par la réunion de l'École de peinture et de sculpture et de l'École d'architecture, l'École impériale et spéciale des beaux-arts, s'installa provisoirement au palais de l'Institut. Elle y demeura jusque vers 1830, quoique, dès 1816, une ordonnance royale lui eût accordé l'emplacement de l'ancien Musée des monuments français ou Musée des Petits-Augustins, c'est-à-dire les locaux que l'École occupe actuellement dans la rue Bonaparte, et que dès 1823 certains travaux scolaires eussent lieu dans ces locaux.

Cependant, depuis longtemps, la nécessité de

réorganiser l'ancienne École académique, de mettre l'enseignement en harmonie avec les besoins nouveaux, et en même temps de consacrer officiellement une institution appelée à jouer un rôle si considérable dans l'instruction publique, se faisait vivement sentir.

Ce fut pour donner satisfaction au désir unanime du corps des professeurs que fut rédigée l'ordonnance royale du 4 août 1819.

Voici les dispositions principales de cette ordonnance :

L'École restait divisée en deux sections, celle de peinture et de sculpture d'une part, celle d'architecture de l'autre.

Les professeurs des deux sections se réunissaient en assemblée générale pour toutes les affaires intéressant l'École entière et pour les élections à toutes les places vacantes, tant de professeurs que d'employés.

L'administration proprement dite était confiée à un président-administrateur, nommé pour une année, à un vice-président, élu par l'assemblée des professeurs, et qui, au bout d'un an, passait président, au président sorti de fonctions, au secrétaire perpétuel, et à un des membres de la section d'architecture.

Dans la section de peinture et de sculpture, l'enseignement se composait : 1° d'exercices journaliers, consistant dans l'étude de la figure humaine, d'après l'antique et d'après le modèle vivant; 2° de cours spéciaux d'anatomie, de perspective, d'histoire et antiquités; 3° de concours d'émulation; 4° de grands concours annuels aboutissant au prix de Rome.

Quinze professeurs avaient pour mission de pourvoir aux diverses parties de l'enseignement; sept peintres et cinq sculpteurs dirigeaient l'étude journalière et les concours, trois professaient les cours spéciaux d'anatomie, de perspective, d'histoire et d'antiquités.

La section d'architecture comprenait : 1° des leçons données par quatre professeurs spéciaux sur la théorie et l'histoire de l'art, sur les principes de la construction, sur les mathématiques appliquées à l'architecture; 2° des concours d'émulation; 3° les concours pour le prix de Rome.

Les professeurs ayant atteint l'âge de soixante-dix ans prenaient le titre de professeurs-recteurs et se trouvaient, par là, dispensés de quelques-unes des fonctions actives, qui devaient se répartir entre les autres, sans toutefois qu'il pût y avoir plus de quatre recteurs à la fois. Quant aux professeurs âgés de soixante ans, ils pouvaient, à raison de leurs services, passer à ce grade, sur la proposition de l'École. A soixante-dix ans, les recteurs pouvaient, à raison des infirmités dont ils se trouvaient atteints, cesser leurs travaux habituels et prendre le rang de professeurs émérites. A quatre-vingts ans, tout professeur, jusque-là en activité, quittait nécessairement le service journalier et n'était plus tenu de remplir que les fonctions de l'éméritat.

De 1819 à 1863, l'École subit peu de changements. En 1862, nous trouvons encore le corps enseignant constitué de la même manière, c'est-à-dire comptant, pour la section de peinture et de sculpture, sept professeurs peintres et cinq sculpteurs, tous membres de l'Institut, un professeur d'anatomie, un professeur de perspective et un professeur d'histoire et d'antiquités. La section d'architecture, de son côté, comprenait une chaire de théorie de l'architecture, une chaire d'histoire de l'architecture, une chaire de construction et une chaire de mathématiques.

En 1863, un décret, en date du 13 novembre (complété par un règlement en date du 14 janvier 1864), enleva la direction de l'établissement à l'Assemblée des professeurs pour la confier à un directeur, nommé par l'administration centrale et assisté d'un Conseil supérieur d'enseignement. A côté des cours théoriques étaient institués des ateliers d'architecture, de sculpture, de peinture et de gravure. Était supprimée, en même temps, la division de l'École en section de peinture et sculpture, et en section d'architecture.

Nous n'avons pas à apprécier ici cette mesure qui donna lieu à d'ardentes discussions[1]. Bornons-nous

1. Voy. notamment : Ingres, *Réponse au rapport sur l'École impériale des beaux-arts adressé au maréchal Vaillant*, 1863. — *Réclamations des élèves de l'École des beaux-arts au sujet de la réorganisation de leur école*; Paris, 1864. — Vitet, *De l'enseignement du dessin en France* (*Revue des Deux Mondes*, 1er novembre 1864). — Hippolyte Flandrin, *Projet de réponse*

à dire qu'elle a fixé l'organisation de l'École, telle qu'elle s'est conservée depuis dans ses traits généraux.

Des travaux exécutés par les élèves dans les ateliers s'ajoutèrent aux exercices journaliers prescrits par les règlements de 1819. Ces ateliers, dirigés par des artistes qui prirent le titre de professeurs chefs d'ateliers, étaient au nombre de onze : trois pour la peinture, trois pour la sculpture, trois pour l'architecture, un pour la gravure en taille-douce, un pour la gravure en médailles et en pierres fines.

Les professeurs chefs d'ateliers déterminaient eux-mêmes les épreuves à subir pour l'admission des élèves dans ces ateliers; seuls ils étaient juges de ces épreuves. Ils recevaient autant d'élèves que les locaux pouvaient en contenir, et avaient le droit de proposer l'exclusion de ceux qui ne leur paraissaient pas doués d'une aptitude suffisante.

Chaque année, une exposition des meilleurs travaux exécutés dans chaque atelier permettait de faire connaître les progrès des élèves.

Étaient obligatoires pour les élèves de l'École les cours d'histoire, d'esthétique, d'archéologie, de perspective et d'anatomie. Seuls les élèves architectes étaient dispensés de ce dernier.

au rapport de M. le surintendant des Beaux-Arts (Lettres et pensées d'Hippolyte Flandrin, p. 488 et suiv.). — Viollet-le-Duc, Intervention de l'État dans l'enseignement des Beaux-Arts ; Paris, 1864. — Chesneau, le Décret du 13 novembre et l'Académie des beaux-arts ; Paris, 1864.

A côté des *Ateliers* le règlement nouveau instituait les *Études du soir*. Il mettait tous les soirs deux salles d'étude à la disposition des élèves admis à la suite d'un concours de places. Des concours trimestriels, alternativement d'après l'antique et d'après nature, et des récompenses sanctionnaient les progrès.

Conformément au règlement nouveau, un directeur, nommé pour cinq ans, prit la place de l'ancien Conseil d'administration. M. Robert Fleury fut appelé le 13 novembre 1863 à occuper ce poste, qu'il garda jusqu'au 31 mars 1866.

La direction de M. Eugène Guillaume (1er avril 1866 — 31 mai 1878) est principalement marquée par l'institution d'une série de cours nouveaux (dessin ornemental, histoire générale, géométrie descriptive, stéorotomie, physique et chimie, composition ornementale, législation du bâtiment, littérature, sculpture sur pierre et sur marbre), par l'institution du diplôme d'architecte (décret et règlement du 27 novembre 1867, du 6 mai 1874), ainsi que par l'extension donnée aux collections de l'École.

Parmi les innovations les plus fécondes dues au successeur de M. Guillaume, M. Paul Dubois, nommé directeur de l'École le 1er juin 1878, il convient de citer l'établissement de l'*Enseignement simultané des trois arts*.

Le décret du 30 septembre 1883 (complété par un règlement du 5 octobre de la même année), décret qui régit actuellement l'École, contient les dispositions suivantes:

L'École comprend :

1° Des cours oraux se rapportant aux différentes branches de l'art.

2° L'École proprement dite, où l'on peut, à la suite d'épreuves d'admission, participer à des études pratiques, à des concours, obtenir des récompenses et des titres. Quatre professeurs peintres et quatre professeurs sculpteurs sont chargés de diriger à tour de rôle, pendant un mois, les cours de l'École du soir et de donner les programmes des concours de peinture et de sculpture. Un professeur de dessin, un professeur de modelage, un professeur d'architecture, sont en outre chargés de l'enseignement simultané des trois arts.

3° Les ateliers, ouverts aux élèves de l'École proprement dite, qui choisissent, suivant l'ordre et la date de leurs récompenses, puis de leur rang sur la liste d'admission, celui des ateliers de leur section dans lequel ils désirent étudier.

Le règlement de 1883 a, entre autres, pour objectif d'établir un lien plus étroit entre l'École proprement dite et les ateliers, en réservant aux seuls élèves de l'École, c'est-à-dire aux élèves qui ont satisfait aux différentes épreuves d'admission, l'entrée des ateliers, auparavant ouverts indistinctement à tous les élèves, qu'ils appartinssent à l'École ou non.

L'innovation la plus importante du règlement de 1883 est l'institution d'études simultanées de des-

sin, de modelage et d'architecture élémentaires, études consistant, pour les peintres, en figures modelées
alternativement d'après la nature et d'après l'antique, ainsi qu'en exercices élémentaires d'architecture; pour les sculpteurs, en figures dessinées alternativement d'après la nature et d'après l'antique,
ainsi qu'en exercices élémentaires d'architecture;
pour les architectes de 2ᵉ classe, en dessins d'ornement, en dessins de figure, d'après le plâtre, en modelage d'ornement, en bas-relief, d'après le plâtre,
et pour les architectes de 1ʳᵉ classe, en concours de
figures dessinées d'après la nature ou d'après le
plâtre, et en modelage d'ornement d'après le plâtre.

Quelques chiffres pour terminer cette rapide
esquisse :

La moyenne des élèves, tant Français qu'étrangers,
qui fréquentent l'École est de 1,000 à 1,100.

En 1887-1888, le nombre total des premières,
deuxièmes et troisièmes médailles a été de 197.
Le diplôme d'architecte a été, en outre, concédé à
22 élèves [1].

1. Il n'existe aucun travail d'ensemble sur l'École des beaux-
arts, et l'auteur du présent essai a dû demander aux sources
imprimées ou manuscrites les plus diverses (Archives de
l'École, Archives de la Direction des Beaux-Arts, Archives nationales, etc.) les éléments d'un travail forcément très incom-
plet. Il a été secondé dans ses recherches par M. Dupuy,
conservateur adjoint des collections de l'École, et par
M. Marcheix, sous-bibliothécaire du même établissement,
auxquels il exprime ici toute sa gratitude.

Les concours et études, donnant lieu à des jugements et à des expositions avant et après les jugements, sont au nombre de 3oo environ par an, y
compris les concours de l'Académie des beaux-arts,
dont l'exécution est confiée à l'Administration de
l'École.

Parmi les ouvrages imprimés qui contiennent des détails
plus ou moins circonstanciés sur l'École, il convient de men-
tionner, outre ceux qui seront cités dans le cours du texte,
le *Dictionnaire* de Larousse (aux mots : BEAUX-ARTS... PALAIS
DES...); le *Paris-Guide*; les *Curiosités artistiques de Paris*,
de René Ménard, Paris, 1878 (p. 546-566); le *Traité de
l'Administration des Beaux-Arts*, de MM. Dupré et Ollen-
dorff, Paris, 1885 (t. Ier, p. 190-242); *Nos grandes Écoles militaires et civiles*, de M. Louis Rousselet; Paris, Hachette, 1888
(p. 323-408); *l'École des beaux-arts*, dessinée et racontée
par un élève de M. A. Lemaistre; Paris, Didot, 1889 (avec
de nombreux dessins).

NOTICE HISTORIQUE

SUR LES BATIMENTS

QUI COMPOSENT L'ÉCOLE DES BEAUX-ARTS

Le groupe de bâtiments qui compose l'École des beaux-arts, et qui a servi tour à tour de couvent et de musée, doit son origine à la reine Marguerite de Valois (1553-1615), l'épouse divorcée d'Henri IV. En 1608, cette princesse, célèbre par son goût autant que par la licence de ses mœurs, entreprit d'établir dans le voisinage du magnifique palais qu'elle venait de faire construire, entre le quai et la rue de Seine, un couvent d'Augustins déchaussés, « qui chanteroient continuellement, jour et nuit, dans la chapelle, des louanges, des hymnes, des cantiques et actions de grâce, sur les airs qui en seroient faits par son ordre ».

Elle céda aux religieux une maison contiguë à son palais, six mille livres de rente perpétuelle et promit de bâtir un couvent qui devait prendre le nom de couvent de Jacob (d'où le nom donné à la rue qui s'étend au sud de l'École), ou de couvent de la Sainte-Trinité.

La première pierre posée dans les fondations de la chapelle reçut cette inscription que les historiens nous ont transmise : « Le vingt et un mars mil six cent huit, la Reine Marguerite, Duchesse de Valois, petite-fille du grand Roi François, sœur de trois Rois, et seule restée de la race des Valois, ayant été visitée et secourue de Dieu, comme Job et Jacob, et Dieu l'ayant exaucée, elle a bâti et fondé ce monastère, pour tenir lieu de l'Autel de Jacob, où elle veut que perpétuellement soient rendues actions de grâces, en reconnaissance de celles qu'elle a reçues de sa divine bonté. Elle a nommé ce Monastère de la Sainte-Trinité, et cette chapelle, des Louanges, où elle a logé les Pères Augustins déchaussés [1] . »

La chapelle de la reine Marguerite, voûtée en coupe, comme on disait autrefois, c'est-à-dire surmontée d'une coupole, « parut d'un goût d'architecture nouveau », car jusqu'alors, affirment les historiens, on n'avait rien vu de semblable. Elle fut ornée des peintures et des ornements les plus brillants que les peintres de ce temps-là purent imaginer.

1. Sauval, *Histoire des Antiquités de la ville de Paris*, t. Ier, p. 619 (1724); — Germain Brice, *Description de la ville de Paris*, t. IV, p. 65 et suiv. (1752); — Piganiol de la Force, *Description historique de la ville de Paris*, t. III (1765), p. 80-82, t. VIII, p. 235 et suiv. Voy. également l'*Histoire générale de Paris*; *topographie historique du vieux Paris*, par Berty; région du bourg Saint-Germain, p. 16-18, et *le Monastère des Petits-Augustins de Paris*, par M. Édouard Frémy. Paris, s. d. (extr. du *Bulletin d'histoire et d'archéologie du diocèse de Paris*).

Cette chapelle n'est autre que la petite chapelle hexagonale qui s'ouvre aujourd'hui sur la chapelle proprement dite de l'École et qui a reçu dans les derniers temps les moulages de la seconde porte de Ghiberti et des différents bas-reliefs ou statues de Michel-Ange. J'ajouterai que, des peintures et ornements signalés par les auteurs anciens, aucun ne s'est conservé jusqu'à nos jours.

Cependant Marguerite avait autant d'instabilité dans ses entreprises que dans ses passions : dès l'année 1613, elle renvoya les Augustins déchaussés pour les remplacer par des Augustins non déchaussés.

Après la mort de Marguerite, décédée le 27 mars 1615, à l'âge de soixante-deux ans, les religieux se trouvèrent dans de graves embarras, car leur bienfaitrice, qui avait fait don à Louis XIII de toute sa fortune, avait négligé d'assurer leur sort, se bornant à les recommander à la bienveillance du roi et de la reine. Des quêtes leur fournirent les moyens de continuer les travaux, et le 15 mai 1617, Anne d'Autriche vint solennellement poser la première pierre de l'église, qui fut bâtie dans l'espace de deux ans et consacrée sous le titre de Saint-Nicolas de Tolentino. La construction du cloître et des autres bâtiments fut commencée le 27 juillet 1619 et la première pierre posée par Henri d'Amboise, marquis de Bissi.

La seconde moitié du XVIIe siècle et le siècle suivant semblent avoir apporté peu de changements à l'église et au couvent des Petits-Augustins, si ce n'est que ceux-ci donnèrent leur nom à la rue qui fut percée pour relier le quai à Saint-Germain des Prés, devenue depuis la rue Bonaparte.

Un certain nombre de personnages distingués trouvèrent leur sépulture dans l'église des Petits-Augustins. Citons parmi eux deux peintres de talent, qui semblent avoir ainsi, par avance, pris possession de ces lieux en faveur des artistes : François Porbus († 1622) et Nicolas Mignard, frère aîné de Pierre Mignard († 1668) [1].

Grâce à sa situation au centre de Paris, à deux pas de Saint-Germain des Prés, du collège Mazarin et du Louvre; grâce à son église, à son cloître et à la facilité de s'étendre du côté du jardin, le couvent des Petits-Augustins offrait pour l'installation d'un musée des avantages qui n'échappèrent pas à Alexandre Lenoir, quand le vénéré fondateur du Musée des monuments français entreprit de réunir en une série chronologique les merveilles de notre art national, dispersées aux quatre coins de Paris et de la France [2].

Il faut lire dans le travail de M. Courajod[3] les traits

1. Sauval. — Brice. — Piganiol de la Force. — Dulaure, *Histoire de Paris*, édit. de 1839, t. II, p. 430.

2. Brice, *Description de Paris*, t. III, p. 70-71, Paris (1752).

3. *Alexandre Lenoir, son Journal et le Musée des monuments français*. Paris, Champion, 1878 à 1887; 3 vol. in-8°, avec gravures. — Voyez également l'*Inventaire des richesses d'art de la France. Archives du Musée des monuments français*: papiers de M. Albert Lenoir; Paris, Plon, 1883 et suiv.

de dévouement, d'héroïsme, déployés par cet amateur si éclairé, ce bon citoyen, qui parvint, en peu d'années et au prix des plus grands efforts, presque au péril de sa vie, à fonder le plus étonnant musée de sculpture du moyen âge et de la Renaissance qui ait jamais existé. Nommé au mois de novembre 1790 garde du dépôt provisoire des objets de sculpture et d'architecture centralisés au couvent des Petits-Augustins, il put, dès 1793, ouvrir au public ce dépôt transformé en musée.

Le Musée des monuments français occupait la Chapelle actuelle (salle d'introduction), le cellier qui lui fait suite (salle du XIIIe siècle), quatre salles s'étendant au nord et à l'ouest du cloître (la cour actuelle du Mûrier), à savoir les salles du XIVe et du XVe siècle, du côté qui répond au quai, les salles du XVIe et du XVIIe siècle, du côté qui répond au jardin ; enfin, les galeries qui entouraient le cloître.

L'église (ce que l'on appelle aujourd'hui la Chapelle) formait, on l'a vu, la salle d'introduction ; elle contenait les *Trois Grâces* de Germain Pilon, les tombeaux de François Ier, de Diane de Poitiers, de Richelieu, l'autel élevé à Jupiter par les habitants de Lutèce sous le règne de Tibère, et une foule d'autres monuments également précieux pour l'histoire de notre art national.

La Restauration supprima ce musée, qui n'avait cessé d'accroître pendant toute la durée de l'Empire.

Le 24 avril 1816, paraissait une ordonnance restistituant aux églises ou aux familles les monuments qui

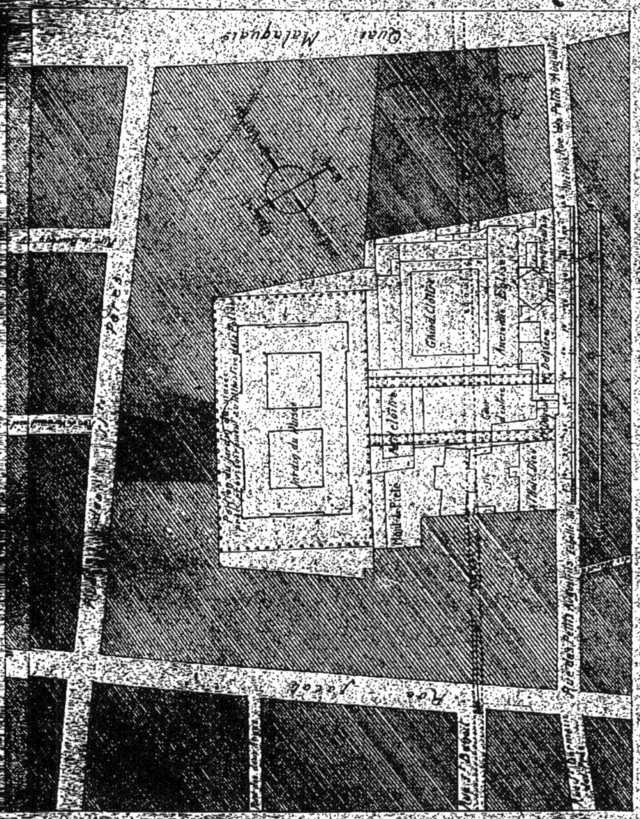

composaient la magnifique collection réunie par
Alexandre Lenoir. Quelques mois plus tard, le 18 dé-

cembre 1816, une autre ordonnance affectait « à l'École royale et spéciale des beaux-arts » les bâtiments devenus disponibles.

Les travaux de reconstruction et d'appropriation furent confiés à l'architecte DEBRET (né à Paris le 27 juin 1777, mort le 19 février 1850), artiste qui s'est fait connaître en outre par la construction de l'Opéra de la rue Le Peletier (1820-1821), par celle des galeries de l'Opéra (1823-1824), du théâtre des Nouveautés, place de la Bourse (1826), et enfin par la restauration de l'abbaye de Saint-Denis, à laquelle il fut attaché de 1813 à 1846[1].

La première pierre de la nouvelle École fut posée en grande pompe le 3 mai 1820.

Les travaux commencèrent au fond de la cour, c'est dire que l'on évita pendant assez longtemps de toucher à la partie précédemment occupée par le Musée des monuments français. Debret éleva d'abord le bâtiment dit des Loges (qui renferme aujourd'hui les loges destinées aux concours, les ateliers de moulage, l'amphithéâtre de chimie, etc.). Puis il entreprit l'édification du palais, qui fait face à la rue Bonaparte. Le plan de ce palais, tel qu'il le conçut, comprenait une façade à la florentine, avec un rez-de-chaussée, un premier étage et un attique, flanqués de deux ailes. Trois portes donnaient accès au rez-de-chaussée, qui comprenait dix fenêtres, contre

1. Voy. Bauchal, *Nouveau dictionnaire biographique et critique des Architectes français.*

quinze pratiquées au premier étage et autant à l'attique.

Au mois de septembre 1828, l'aile gauche du palais était terminée; et dès l'année suivante, on put
s'occuper d'y installer la galerie d'architecture.

Quant à l'aile droite, les travaux ne faisaient guère
que commencer en 1829.

Interrompus pendant quelque temps par la Révolution de juillet, les travaux reprirent avec une activité
nouvelle lorsque Félix DUBAN (1797-1870) eut remplacé, en 1832, son beau-frère Debret. De 1832 à 1837,
Duban acheva le palais proprement dit (comprenant
la cour vitrée, l'hémicycle, la bibliothèque, etc.), en
même temps qu'il donna aux deux cours principales le cachet si pittoresque qui les distingue.

En 1839, l'aménagement du palais des études était
complet. Un des éditeurs de l'*Histoire de Paris* de
Dulaure en donne, sous cette date, la description suivante, qu'il y a intérêt à reproduire ici, car elle
marque une étape importante dans les appropria-
tions successives de l'édifice :

« Au centre du musée des études est une cour de la
forme d'un parallélogramme rectangle, autour de
laquelle s'étendent les quatre corps de bâtiments de
ce musée. Cette cour est remarquable surtout par
son dallage de marbres de différentes couleurs, symétriquement disposés. Des colonnes adossées aux
murs, supportant des bustes, en ornent le contour.
Les grandes portes situées au milieu de ces deux

principaux corps de bâtiment, qui correspondent avec l'axe de l'arc de Gaillon, sont décorées de magnifiques colonnes de marbre rouge. Les portraits de *Périclès*, d'*Auguste*, de *Léon X* et de *François I*[er], images des quatre grandes époques de l'histoire des arts, sont placés, deux par deux, de chaque côté de ces portes.

« La galerie de face du palais contient trois expositions permanentes : 1° des tableaux qui ont mérité à leurs auteurs les grands prix de Rome ; 2° une précieuse collection des empreintes des sceaux du royaume depuis Pharamond jusqu'à nos jours : cette collection vraiment nationale, constatant pendant plus de quatorze cents ans l'état des arts en France, est due aux soins et aux recherches éclairées de M. de Paulis, graveur en médailles ; 3° une nombreuse et curieuse suite de modèles, en talc et en liège, de monuments antiques, égyptiens, grecs, romains, syriens, mexicains, asiatiques, etc.

« Au centre de cette galerie est pratiqué un escalier à double rampe, conduisant à une galerie supérieure pratiquée dans la hauteur de l'attique, et qui doit recevoir une bibliothèque spéciale des beaux-arts.

« Les galeries de droite sont assignées spécialement aux expositions et aux jugements des concours de la section de peinture et de sculpture ; celles de gauche sont destinées à la section d'architecture pour le même service[1]. »

---

1. Dulaure, *Histoire de Paris*, éd. de 1839, t. IV, p. 326.

Cependant l'École manquait de salles pour exposer, non seulement les travaux scolaires, mais encore
les envois de Rome, et à plus forte raison tous ces
concours, toutes ces expositions après décès, auxquels
elle ne cesse, depuis de longues années, d'accorder
une si large hospitalité. Dès 1852-1853, l'administration s'occupait d'acquérir le terrain vague situé
du côté du quai Malaquais. La construction fut enfin
commencée en 1858, sous la direction de Duban, qui
la termina en 1862 ; elle comprit une façade sur le
quai, avec un vaste vestibule et une salle d'exposition
au premier, une autre salle d'exposition, dite salle
Melpomène, et un certain nombre de salles plus
petites, enfin quelques ateliers destinés à l'enseignement.

Ici, je demande au lecteur la permission de céder
la parole à Beulé, qui, dans un éloge de Duban lu, en
1872, à l'Académie des beaux-arts, a tracé le tableau
le plus attachant de l'activité féconde déployée par
l'éminent architecte :

« Les fondations, écrit Beulé, étaient jetées, et il
fallait se conformer au plan; mais pour l'élévation
depuis le soubassement jusqu'à l'attique, Duban était
libre : il avait les variantes, les additions, les étages,
les ordres, le style, le jeu des proportions... Il a usé
si largement de son droit qu'il a fait de l'École son
œuvre propre; il a étendu son champ, englobé le
couvent des Augustins, fait acquérir des terrains,
groupé des édifices qui se complétaient les uns par
les autres; il a voulu que dans une École des beaux-

arts tout fût enseignement, que l'architecture elle-même fût un professeur muet. Il a tenté de communiquer ses émotions à la jeunesse; il s'est souvenu de tout ce qu'il avait admiré à cet âge heureux; il a rempli d'attrait chaque lieu d'étude et rendu aimable l'accomplissement de chaque devoir.

« Là il voulait reproduire la chapelle Sixtine et plaçait dans la vieille église des Augustins le *Jugement dernier* de Michel-Ange, copié par Sigalon. Disposait-il d'un portique, il y présentait, restitué en véritable frise, avec sa continuité majestueuse, le moulage des Panathénées.

« Avait-il construit des arcades en plein cintre, qui rappelaient les loges du Vatican, il y faisait copier les peintures de Raphaël, donnant à mille étudiants de Paris les joies que peuvent seuls éprouver les successeurs de Léon X en traversant chaque jour une telle galerie.

« L'art français n'a pas été l'objet d'un moindre culte. La façade du château de Gaillon, le portail du château d'Anet, dressés par A. Lenoir, ont motivé une décoration particulière. Les fragments de l'hôtel de La Trémouille, d'une exécution admirable, aurore de notre seconde Renaissance, ont été si bien ajustés dans les constructions nouvelles qu'ils semblent en être les membres plutôt que l'ornement; enfin, ce qui restait des débris recueillis pendant la Révolution par le courageux fondateur du Musée des monuments français a été employé de la manière la plus pittoresque, encadré, ranimé, reconstruit comme au-

tant de motifs d'architecture : les ruines sont deve-
nues des monuments.

« Tantôt il s'imagine être à Florence sur une piaz-
zetta inconnue, mais près de la place du Palais-
Vieux ; il lui semble même qu'en avançant de quelques pas, il va se retrouver devant la loge dei Lanzi
ou le palais Strozzi, tant l'harmonie des dispositions, l'intérêt des détails, l'amour de la forme, ont
un air de parenté.

« Dans le jardin, un ordre tout différent de sensa-
tions commence. Nous sommes transportés auprès
de Rome, dans une ville non décrite, ou plutôt dans
un coin de ville qui résume les habitudes et les
goûts des princes romains. Des arcades en plein
cintre laissent la vue jouir des ombrages de l'hôtel
de Chimay, qui est voisin. Une fontaine répand la
fraîcheur. Sa façade, haute comme celle d'un monument, est composée de fragments de sculpture de
P. Ponce, d'Anguier, de Sarrasin.

« Enfin, l'ancien cloître des Augustins lui-même,
Duban a réussi à le transformer en atrium pom-
péien. L'étage qui forme attique a le caractère intérieur des demeures de la Campanie. Le grand mûrier, le gazon, les fleurs, le jet d'eau, les mosaïques
du sol, les tons vifs des enduits, les statues plus
petites que nature, nous font deviner la maison
gréco-romaine, ou plutôt nous y transportent. »

Je n'ai que peu de mots à ajouter à cette vivante
et poétique analyse du chef-d'œuvre de DUBAN : on

sait que l'illustre architecte mourut à Bordeaux le 12 octobre 1870, âgé de soixante-treize ans.

M. Coquart, le successeur de M. Duban, a continué dignement l'œuvre de ce maître. Il a notamment transformé en musée de moulages antiques (1874), avec le goût le plus délicat, la cour intérieure du palais des études, recouverte d'un vitrage par Duban (1863); en musée de moulages du moyen âge et de la Renaissance, la Chapelle (1876-1878), et donné les plans du monument d'Henri Regnault.

L'acquisition de l'hôtel de Chimay fournira sous peu à l'École les locaux supplémentaires dont elle a besoin. La construction de cet hôtel, qui occupe avec ses dépendances les numéros 15 et 17 du quai Malaquais, remonte au XVIIe siècle. « C'était, raconte Germain Brice, une grande maison élevée avec de très grandes dépenses par Macé Bertrand de la Basinière, trésorier de l'épargne : il l'avait décorée avec beaucoup de magnificence et Le Brun y avait peint un *Apollon sur le Parnasse accompagné des Arts et des Sciences*[1], Marianne Mancini, duchesse de Bouillon, posséda dans la suite cet hôtel et l'orna de tableaux; elle y mourut en 1714. » En 1752, la nouvelle édition de l'ouvrage de Brice (la première édition avait paru en 1685) rapporte que le duc de Bouillon avait fait détruire tous les bâti-

1. *Description de la ville de Paris*, t. IV, p. 130-131 (édition de 1752).

ments de cet hôtel, « auquel on travaille encore actuellement ».

Après avoir appartenu au financier Pellaprat et au prince de Caraman-Chimay, l'hôtel de Chimay a été acquis en 1884 par l'État, pour l'École des beaux-arts, moyennant la somme de 4,200,000 francs.

On s'occupe actuellement d'y aménager les ateliers de l'École.

AVIS PRÉLIMINAIRE

Les collections de l'École des beaux-arts sont ouvertes au public le dimanche, de midi à quatre heures. Pour les visiter dans la semaine, sous la conduite d'un gardien, il est nécessaire de se munir d'une carte d'entrée délivrée par la Direction des Beaux-Arts (3, rue de Valois).

L'itinéraire varie selon que le visiteur entre par la rue Bonaparte ou par le quai Malaquais.

On supposera, dans le présent travail, que l'entrée a lieu par la rue Bonaparte, et l'on décrira successivement :

La première cour ;

La deuxième cour ;

Le palais, avec ses différentes salles (cour vitrée, hémicycle, salle d'Olympie, bibliothèque, salle de la construction, salle Schœlcher, salle Gatteaux, salle du Conseil), etc.

Le vestibule des écoles du soir;

La cour du Mûrier;

La salle Melpomène;

Les salles des Prix;

La salle d'exposition du premier étage;

Et enfin la Chapelle.

Les descriptions commenceront toujours, autant que possible, par les objets placés à la gauche du spectateur, en allant de haut en bas.

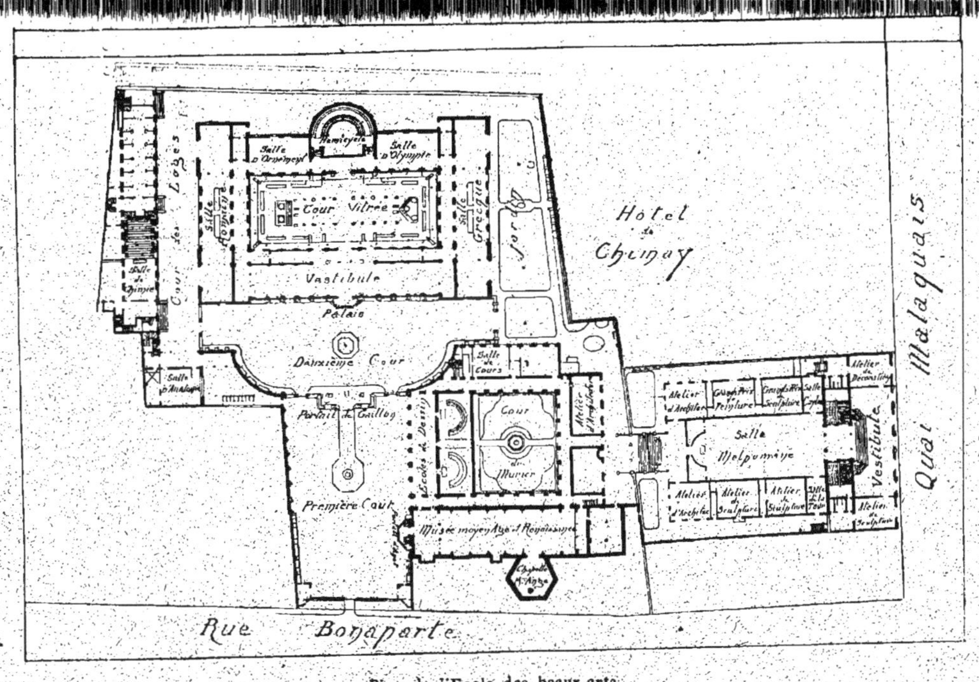

Plan de l'École des beaux-arts.

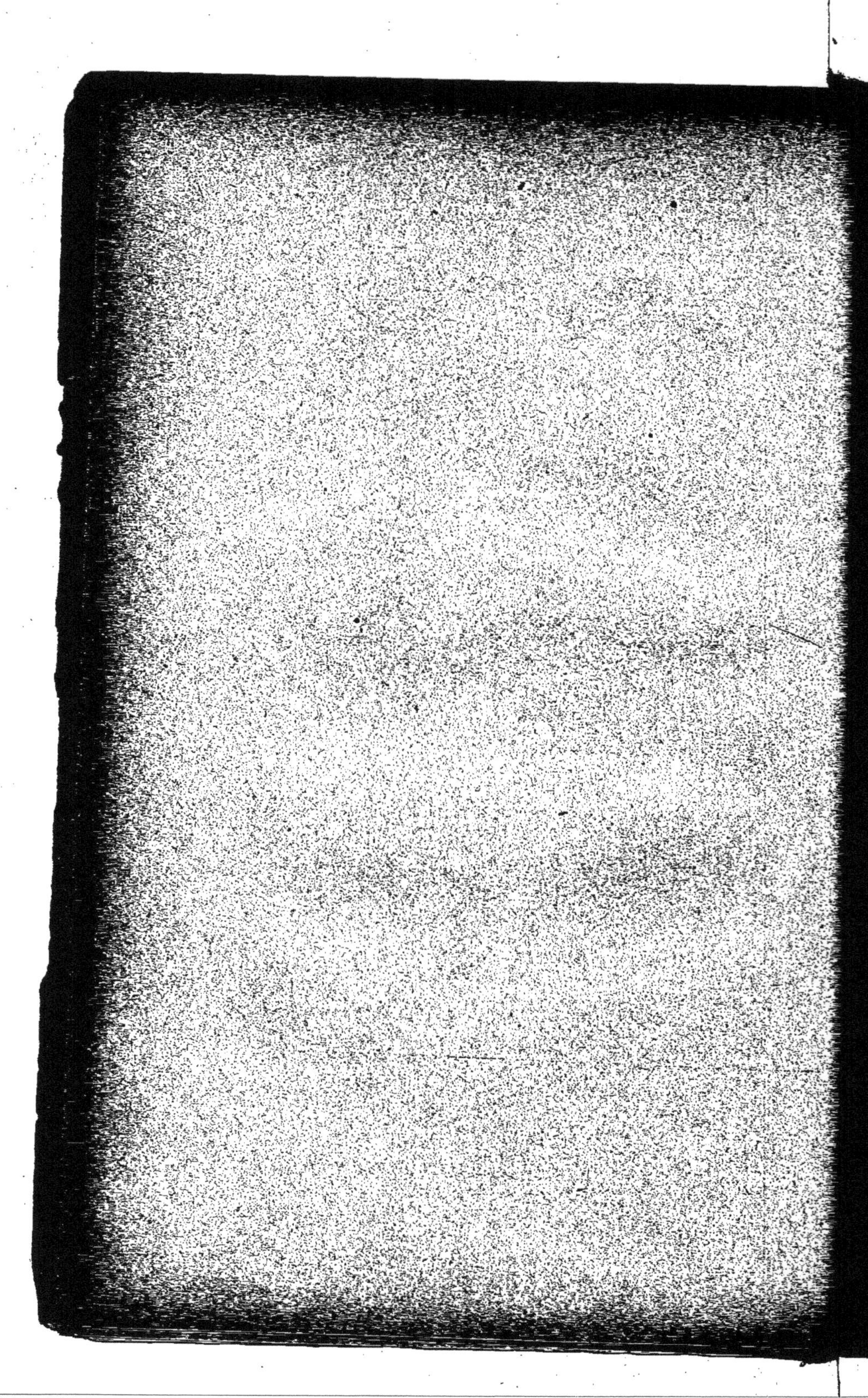

DESCRIPTIONS

PORTE D'ENTRÉE

(Rue Bonaparte.)

Les deux bustes en pierre qui surmontent la porte représentent, à gauche, *Pierre Puget*, à droite, *Nicolas Poussin*. Ils ont pour auteur M. Michel MERCIER.

LA PREMIÈRE COUR

(Côté droit.)

Première travée. — Arcade en pierre. Provient de l'ancien hôtel de la Trémouille [1], construit à la fin du XVᵉ ou
au commencement du XVIᵉ siècle dans la rue des Bour-
donnais, à Paris. Lors de la démolition de cet hôtel,
en 1844, les fragments furent offerts au Ministère, qui les

---

1. Voy. Albert Lenoir, *Statistique monumentale de Paris*,
p. 243-245 et pl. — Une rosace de l'hôtel a été publiée par
M. de Baudot, dans *la Sculpture française au moyen âge et à la
Renaissance*, XVᵉ-XVIᵉ siècle, pl. XI; une arcade avec un médaillon, dans *la Renaissance en Italie et en France au temps
de Charles VIII*, p. 529, ouvrage édité par la maison Didot.

attribua en 1852 à l'École des beaux-arts. Les deux fragments de pilier, placés aux côtés du portail d'Anet, ont la même provenance.

Portail du château d'Anet. — Le château d'Anet (Eure-et-Loir), près de Dreux fut commencé en 1548 par PHILIBERT DE L'ORME, architecte du roi Henri II, pour servir d'habitation à Diane de Poitiers, duchesse de Valentinois, veuve de Louis de Brézé [1].

Les plus habiles artistes de la Renaissance, JEAN GOUJON, JEAN COUSIN, BENVENUTO CELLINI, travaillèrent à sa décoration. Vendu pendant la Révolution, en 1798, comme propriété nationale, il passa successivement entre les mains de plusieurs acquéreurs, entre autres le banquier Hérigoyen, auquel le Ministère acheta le portail, sur la demande d'Alexandre Lenoir. Ce portail, qui formait l'entrée principale du château sur la grande façade au fond de la cour d'honneur, fut transporté à Paris de 1805 à 1810, et réédifié dans le Musée des monuments français, où il servit de façade à l'ancienne chapelle des Petits-Augustins.

La grille en fer qui entoure l'arc est un ouvrage du temps de François Ier, d'un dessin assez banal ; elle a été considérablement retravaillée et modifiée par PERCIER. Les

1. Voy. Pfnor, *Monographie du château d'Anet.* Paris, 1867. — Roussel, *Histoire et Description du château d'Anet.* Paris, 1875. — De Montaiglon, *Gazette des beaux-arts*, 1878, t. Ier, p. 289 ; 1879 ; t. Ier, p. 152. — Marius Vachon, *Philibert de l'Orme (les Artistes célèbres).* Paris, Rouam, 1887. — Le château d'Anet appartient aujourd'hui à la famille de M. Ferdinand Moreau, ancien agent de change.

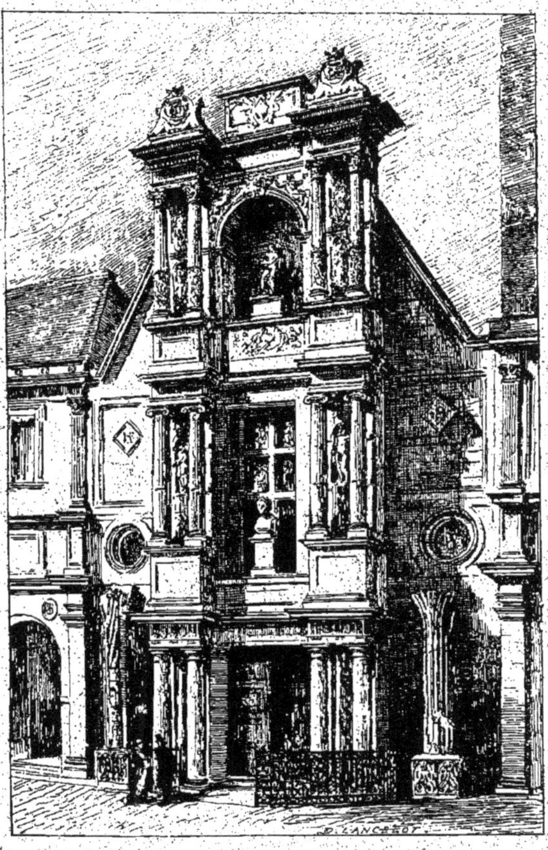

Le Portail d'Anet.

deux bas-reliefs qui la décorent sont des surmoulages modernes d'originaux du xvie siècle, modelés par QUERMESEL en 1550, aujourd'hui conservés au Musée de Cluny : l'*Assomption de la Vierge* et la *Résurrection du Christ* [1].

Le portail, haut de 22 mètres, se compose de trois ordres superposés, toscan, ionique et corinthien. Le premier ordre à colonnes lisses contient au centre une belle porte ancienne à deux vantaux, de cinq compartiments chacun, provenant, elle aussi, d'Anet et ornée des emblèmes et chiffres enlacés de Henri II et de Diane de Poitiers (H et D), ainsi que des attributs de Diane (croissant, flèches, etc.). L'inscription (moderne) placée au-dessus de la porte est ainsi conçue : « Façade du château d'Anet, bâti en 1548. Henri II fit élever ce monument pour Diane de Poitiers par Philibert Delorme et Jean Goujon. »

Le second ordre, à colonnes cannelées, contient dans les entre-colonnements une guirlande de branches de laurier avec deux deltas grecs entrelacés (initiales de Diane de Poitiers), et dans les niches à gauche une statue en marbre de *Diane chasseresse*, à droite une statue d'*Apollon*, ajoutées à l'arc par Alexandre Lenoir. Devant la fenêtre on a placé le buste d'*Alexandre Lenoir*, avec l'inscription : « Alexandre Lenoir, fondateur du Musée des monuments français. » Ce buste est l'œuvre d'AUGUSTIN DUMONT (1866).

---

1. Pour ces bas-reliefs, ainsi que pour la plupart des autres sculptures exposées dans les cours de l'École, on devra consulter l'ouvrage de M. Courajod : *Alexandre Lenoir, son Journal et le Musée des monuments français*, t. II, p. 19-204. Paris, Champion, 1886. Voy. également l'*Inventaire des richesses d'art de la France. Papiers de M. Albert Lenoir.*

Le troisième ordre contient, dans sa partie inférieure, un moulage en plâtre reproduisant une composition de JEAN GOUJON (une divinité fluviale et une nymphe), provenant de la fontaine des Innocents et aujourd'hui conservée au Musée du Louvre.

L'*Amour tendant son arc*, placé au-dessus, est une copie en marbre exécutée par DANTAN aîné, à Rome, en 1830, d'après l'original du Musée du Capitole. Cette statue occupe la place sur laquelle s'élevait autrefois la statue de Brézé, l'époux de Diane de Poitiers.

Entre les colonnes[1] sont incrustés, à gauche, deux bas-reliefs représentant, en bas, *Junon*, en haut, *Jupiter*; à droite, deux autres bas-reliefs représentant, en bas, *Minerve*, en haut, *Mars*. Ces bas-reliefs, ainsi que les deux *Renommées* sculptées dans les tympans de l'arcade, sont l'œuvre de JEAN GOUJON.

Au-dessus de l'arcade, ces deux vers latins, qui donnent une assez triste idée du talent des humanistes groupés autour de Diane de Poitiers :

BRÆSFO HÆC STATVIT PERGRATA DIANA MARITO

VT DIVTVRNA SVI SINT MONVMENTA VIRI

Le couronnement du portail se compose de trois motifs de décoration : à gauche et à droite, des cartouches découpés à jour, portant deux palmes entrelacées avec le chiffre H D, le tout surmonté d'une tête de chérubin; au centre,

---

1. Refaites dans ce siècle-ci d'après les colonnes originales, qui sont placées sur le sol, en face du portail d'Anet, près de la porte de l'hôtel de la Trémouille.

un motif de tombeau, qui se retrouve dans plusieurs parties du château, et qui contient les mêmes chiffres entre deux branches de laurier. Ce couronnement est refait, ainsi que les quatre colonnes, et diverses branches de laurier. Les H couronnés et enguirlandés, incrustés dans le mur, à droite et à gauche du portail, proviennent également d'Anet.

Il sera question plus loin de la CHAPELLE, à laquelle le portail d'Anet sert de façade.

A la suite du portail d'Anet s'étend un bâtiment qui contient, au rez-de-chaussée, le vestibule donnant sur les écoles du soir, et, au premier étage, les bureaux du secrétariat. Les médaillons sur lave émaillée qui ornent la frise sont, comme ceux du côté opposé, l'œuvre des frères BALZE (1868-1869) : ils représentent, en commençant par la droite, *David d'Angers*, *Gros (Ant.-Jean)*, *Cartellier (Pierre)*, *Prudhon (P.-Paul)*.

Au centre de la première cour s'élève une colonne triomphale à fût lisse et à chapiteau corinthien, supportant une statue de bronze de l'*Abondance*, dans le style de Germain Pilon (autrefois à Saint-Germain [1]).

LA PREMIÈRE COUR

(Côté gauche.)

Les fragments d'architecture disposés le long du mur qui borde la première cour proviennent tous, sauf une

1. Courajod, *Alexandre Lenoir*, t. II, p. 46.

exception, qui sera mentionnée plus loin, de l'hôtel de la Trémouille (voyez p. 29).

I. — Grand fragment de l'étage supérieur de la tourelle de l'hôtel de la Trémouille.

II. — Autre fragment, orné d'un médaillon qui représente un personnage en buste et de profil, tenant sur le poing un faucon (gravé dans *la Renaissance au temps de Charles VIII*, publié par la maison Didot, p. 529).

III. — Arc gothique reposant sur deux colonnes torses avec chapiteaux historiés. Cet arc supportait à son tour les deux fragments précédemment décrits et formait l'entrée de la tourelle de l'hôtel de la Trémouille.

IV. — Porte de la façade de l'hôtel, mi-gothique, mi-Renaissance; dans les écoinçons sont sculptés deux médaillons en profil; au centre, un buste d'homme, en bas-relief.

Au-dessous de la porte est placée la partie supérieure du portail d'Anet avec le chiffre entrelacé H C (remplacée sur le portail d'Anet par des reproductions modernes).

Au-dessus de la porte est encastrée une copie sur lave de la fresque de la Magliana, attribuée à RAPHAEL, *l'Éternel bénissant le monde* (aujourd'hui au Musée du Louvre). Cette copie, exécutée en 1863 par les frères BALZE, a été donnée à l'École la même année.

L'encadrement de cette copie se compose de deux pilastres corinthiens provenant du tombeau de l'historien de Thou (autrefois à l'église Saint-André-des-Arts), d'un linteau, qui relie les deux pilastres, et de deux consoles provenant du château d'Écouen.

(Tous ces morceaux ont passé par le Musée des monuments français fondé par Alexandre Lenoir.)

V. — Quatre colonnes, — deux entières et deux demies, — provenant du portail d'Anet.

Entre ces colonnes est placée la vis formant le noyau de l'escalier de la tourelle de l'hôtel de la Trémouille.

1ᵉ *Arcade.* — Fragment de fenêtre, reposant sur une galerie. Clef de voûte ornée d'une tête d'enfant. Hôtel de la Trémouille.

2ᵉ *Arcade.* — Quinze fragments en pierre (animaux, chimères, génies, culs-de-lampe, entrelacs, feuillage, etc.), provenant de l'escalier de l'hôtel de la Trémouille.

3ᵉ *Arcade.* — Fenêtre supérieure de l'hôtel de la Trémouille (analogue au n° 1), reposant sur une galerie sculptée.

4ᵉ *Arcade.* — Dix fragments d'ornements (pignon, rosaces, coquilles, deux médaillons vides). Hôtel de la Trémouille.

5ᵉ *Arcade.* — Fragments de tourelle, etc., avec un médaillon vide, et fragment de galerie. Hôtel de la Trémouille.

6ᵉ *Arcade.* — Quatorze fragments d'ornements (animaux, chimères, génies, culs-de-lampe, entrelacs, feuillage, etc.). Hôtel de la Trémouille.

7ᵉ *Arcade.* — Fragments de tourelle. Hôtel de la Trémouille.

8ᵉ *Arcade.* — Fragment de la galerie de l'hôtel de la Trémouille.

Les médaillons sur lave émaillée qui sont incrustés au-dessus des arcades sont, comme ceux du côté opposé, l'œuvre des frères BALZE (1868-1869). Ils représentent, en commençant par la gauche : *Louis David. — James Pradier. — J.-Nicolas Huyot. — FrançoisGérard. — Charles Percier. — Pierre Guérin. — Hippolyte Le Bas. — Francisque Duret.*

L'ARC DE GAILLON

L'arc monumental qui sépare la première cour de la seconde provient du château de Gaillon (Eure), commencé en 1508 (et non en 1500, comme le porte par erreur l'inscription moderne placée sur l'arc) par le cardinal Georges d'Amboise, le ministre tout-puissant de Louis XII [1].

Cette demeure magnifique fut en grande partie démolie pendant la Révolution : il n'en reste plus guère en place que la façade et la chapelle ; l'ensemble sert aujourd'hui de prison.

Quant au portail et aux deux galeries placées dans la seconde cour de l'École des beaux-arts, ils ont été achetés en 1802 par les soins d'Alexandre Lenoir et transportés pierre par pierre au Musée des monuments français.

Le fragment en pierre de Vernon, exposé dans la première cour et que l'on appelle improprement un arc, d'après son apparence actuelle, faisait partie à l'origine de la façade d'un corps de bâtiment placé entre l'avant-cour et la grande cour ; il n'était pas isolé, mais relié à un bâtiment

1. Voy. Deville, *Comptes de dépenses de la construction du château de Gaillon.* Paris, 1850.

plus considérable. Ce morceau est l'œuvre particulière de l'architecte Pierre Fain, de Rouen. L'arc de Gaillon, tel qu'il est constitué à l'École des beaux-arts, comprend deux arcades et quatre fenêtres disposées sur deux étages. Aux extrémités, deux statues sur des consoles, à gauche une femme sans tête, à droite un homme sans bras.

Des piliers à pinacles, des nervures gothiques, des hermines, des culs-de-lampe à marmousets alternent, sur ce magnifique monument du style de transition, avec les colonnes cannelées, les pilastres historiés, les rais de cœur, les rosaces, les oves, les rinceaux. Ils forment un vaste réseau, et comme une dentelle admirable.

Les statues qui ornent aujourd'hui le portail sont toutes étrangères au monument.

La baie supérieure, qui portait à l'origine les armoiries du cardinal, contient, sur un socle, une *Cuve baptismale*, exécutée en 1542 pour l'abbaye de Saint-Victor à Paris, et ornée d'arabesques et de quatre petits bas-reliefs. (Gravée dans l'*Histoire des arts en France*, d'Alexandre Lenoir, pl. LXXXV, et dans l'ouvrage de M. Courajod, t. II, p. 49.)

Les deux statues qui occupent les deux ouvertures latérales représentent, à gauche, un *Mercure* (?), dont les bras ont disparu, à droite, une *Pomone*.

Ces statues figuraient, du temps de Lenoir, sur le portail d'Anet ; elles occupent actuellement la place de deux autres statues reléguées sous la galerie qui sépare la seconde cour de l'École de la cour des Loges.

Sur la face donnant sur la première cour, deux colonnes cannelées encadrent la baie principale, et des pilastres ornés d'arabesques la baie qui la surmonte. L'inscription moderne : « Façade du château de Gaillon bâti en 1500 par le

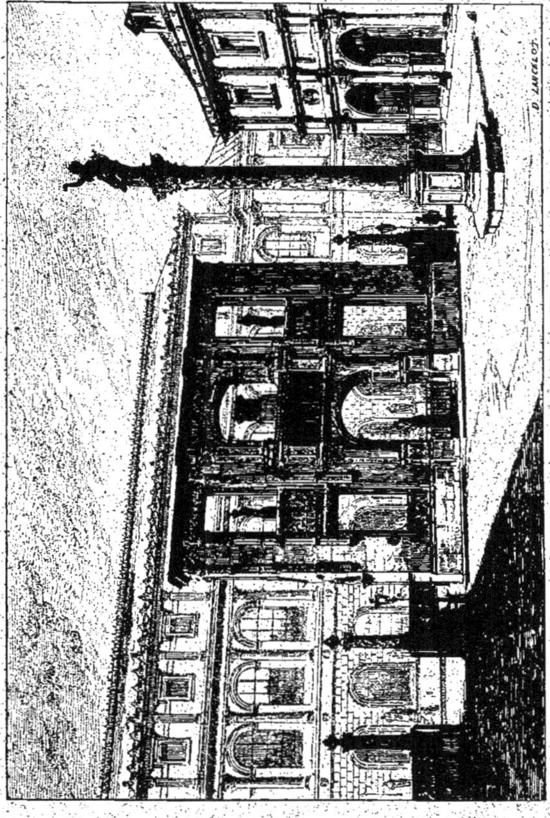

cardinal Georges d'Amboise », est erronée, comme il a été
dit, quant à la date.

A la place où se trouve cette inscription était incrusté autrefois le bas-relief de Michel COLOMBE, *Saint Georges combattant le dragon,* aujourd'hui au musée du Louvre.

La grille qui ferme l'arc de Gaillon se trouvait autrefois à Saint-Denis; d'après M. Peisse, elle daterait du temps de Louis XII et aurait été considérablement retravaillée et modifiée par PERCIER[1]; d'après M. Courajod, elle aurait servi de clôture à la chapelle contenant le tombeau de François I[er][2]. Les deux bas-reliefs qui ornent la grille, l'*Adoration des Bergers* et l'*Adoration des Rois,* font partie de la suite décrite ci-dessus (p. 32).

Les médaillons de *Charles IX* et *d'Elisabeth d'Autriche,* qui servent de cache-serrures, semblent être des surmoulés modernes.

La balustrade et les grilles qui rattachent l'arc de Gaillon aux deux côtés de la cour sont modernes. Sur cette balustrade s'élèvent quatre colonnes, au fût orné d'hermines dans des losanges, et au chapiteau orné de dauphins. Les vases à parfums qui surmontent ces colonnes proviennent vraisemblablement du tombeau de Henri Chabot, tombeau sculpté par MICHEL ANGUIER.

La façade postérieure du portail, celle qui donne sur la seconde cour, est factice; le monument faisant partie, à l'origine, comme il a été dit, du corps même du château de Gaillon; mais les pilastres, les frises, les cartouches, les médaillons, les pendentifs qui l'ornent, proviennent, eux

1. *Revue des Deux Mondes,* 1840.
2. Courajod, *les Débris du Musée des monuments français à l'École des beaux-arts,* p. 19-20, et *Alexandre Lenoir,* t. II, p. 48.

aussi, de Gaillon. Les piliers des contreforts qui les sou-
tiennent ont la même provenance; seules, les statues ont
une origine différente.

Sur cette façade sont incrustés deux médaillons d'empereurs romains, dans des bordures se terminant par des
cartouches, à gauche, *Hadrianus*, à droite, *Vespasianus*.
Le contrefort de gauche supporte une statue demi-nature
de *Diane*, en marbre (xvie siècle), qui provient du château
de Nogent-sur-Seine (Aube), bâti par Diane de Poitiers,
et attribué, mais sans preuves plausibles, à Philibert DE
L'ORME. Cette statue décorait une galerie à colonnes qui
joignait la demeure de la favorite à l'église paroissiale et
qui fut achetée, avec les statues qui l'ornaient, par Alexandre Lenoir. Les statues seules figurent aujourd'hui à
l'École[1].

Le corps même de la façade postérieure contient sur
des culs-de-lampe diverses statues demi-nature, dont voici
l'énumération en commençant par la gauche :

En bas, à gauche, une *Vénus pudique* et un *Enfant portant une urne*.

En haut, à droite, un *Apollon* et un *Silène* (?); en bas,
une *Cérès*.

Sur le pilastre du contrefort, une *Pomone*. Quatre de ces
statues, toutes fort dégradées, proviennent du château de
Nogent-sur-Seine[2].

(Gravures dans le *Musée des monuments français*
d'Alexandre Lenoir, t. III, pl. 130, p. 157.)

1. *Le Musée des monuments français*, t. III, p. 157.
2. Marius Vachon, *Philibert de l'Orme*, dans la collection
des *Artistes célèbres*, p. 54.

L'AMPHITHÉÂTRE
ET LE MUSÉE D'ANATOMIE

A l'intersection de la première et de la seconde cour, s'étend le bâtiment renfermant l'amphithéâtre et le musée d'anatomie.

L'enseignement de l'anatomie, professé avec tant d'éclat depuis 1873 par M. le docteur Mathias Duval, professeur à la Faculté de médecine de Paris[1], a pour complément une collection anatomique des plus complètes et des plus instructives. Cette collection, fondée en 1869 par M. le docteur Huguier, alors professeur à l'École, s'est enrichie considérablement, depuis sa fondation, par des pièces provenant de dons particuliers, par des acquisitions successives, enfin par de nombreuses pièces préparées notamment par M. Cuyer, prosecteur de l'École, au laboratoire d'anatomie dépendant du cours.

La galerie, à laquelle a été donné le nom de son fondateur (musée Huguier), renferme un grand nombre de squelettes destinés à l'étude de l'ostéologie, non seulement

---

[1]. Depuis la fin du siècle dernier, la chaire d'anatomie de l'École a successivement été occupée par Sue (Jean-Jacques), adjoint à professeur le 3 mars 1789, nommé titulaire au mois de décembre 1792, mort le 21 avril 1830; — Eméry (Édouard-Félix-Étienne), nommé le 16 octobre 1830, mort le 6 mars 1856; — Robert (César-Alphonse), nommé le 26 avril 1856, mort le 1er décembre 1862; — Huguier (Pierre-Charles), nommé le 12 février 1863, mort le 12 janvier 1873; —Duval (Mathias-Marie), nommé le 1er février 1873.

dde l'homme, mais encore des animaux. L'étude de ces
ddderniers rentre, en effet, dans le programme de M. le pro-
fefesseur Mathias Duval. Ces squelettes, destinés à l'étude
ddde l'anatomie comparée, se rapportent aux espèces que les
aartistes peuvent avoir à représenter : lion, chien, ours,
imouton, chat, cheval, etc.

Comme complément à l'étude des squelettes, le Musée
ppossède encore de nombreux *écorchés*; d'abord les écorchés
cclassiques de MICHEL-ANGE, BANDINELLI, CAUDRON, etc.,
ppuis des pièces exécutées au laboratoire de l'École, où
ddes régions disséquées sont reproduites par le moulage.
CC'est ainsi qu'ont été exécutés des moulages du dos et des
mmembres, un écorché de chien, une jambe de cheval.

A côté de ces derniers, d'autres moulages tiennent une
llarge place, non seulement à cause de l'intérêt qu'ils pré-
ssentent, mais encore à cause du nom de l'artiste qui les a
eexécutés; ce sont des moulages d'animaux, lion, tigre,
ppanthère, chiens, que l'École a pu acquérir à la vente qui
eeut lieu lors de la mort de BARYE. Ces moulages, exécutés
ssur nature, ne furent pas les seuls souvenirs du maître
qque l'École eut la bonne fortune d'obtenir pour le musée
HHuguier; de nombreux dessins du même artiste furent
aacquis et servent quotidiennement aux élèves qui s'occu-
ppent de la représentation des animaux.

La galerie d'anatomie est ouverte les lundis et ven-
dddredis (jours de cours), de deux heures à quatre.

LA DEUXIÈME COUR

Cette cour comprend : 1° une série de travées disposées en forme d'hémicycle et ornées d'une foule de bas-reliefs originaux ; 2° la grande vasque de Saint-Denis ; 3° des copies en marbre de statues antiques ; 4° deux galeries donnant accès, l'une dans la cour des Loges, l'autre dans le jardin de l'École ; 5° le palais proprement dit ou musée des études.

Beulé, dans son *Éloge de Duban*, lu en 1872 à l'Académie des beaux-arts, a tracé de cette cour un tableau que l'on me saura gré de reproduire ici : « Qu'y a-t-il de plus complet que la place intérieure qui commence à l'arc de Gaillon et s'étend jusqu'au bâtiment central ? D'un côté, les détails exquis du château du cardinal d'Amboise ; de l'autre, la façade de Duban, avec la série de statues de marbre exécutées d'après l'antique par les pensionnaires de la villa Médicis.

« Avec les fragments de Gaillon, deux cours ont été composées et déterminent les deux autres extrémités, tout en laissant la perspective du jardin. Ces quatre points cardinaux sont reliés par des constructions circulaires sur lesquelles les fragments des xv⁰ et xvi⁰ siècles sont appliqués comme des tableaux. Au milieu de la cour, une vasque est le centre d'une décoration écrite sur le sol par les ingénieuses combinaisons des dalles de marbre et du pavé. Il faut être là le matin, quand le soleil darde des rayons

obliques et fait projeter de grandes ombres. La cour est
encore solitaire ; aucun bruit ne trouble le recueillement
du visiteur, pour qui bientôt ce n'est plus une cour. Tantôt
il se croit à l'entrée d'un palais italien, car tant de belles
copies annoncent les abords d'un musée ; tantôt il entre-
voit une place de l'Italie du nord, ornée par un de ces
habiles Lombards que les papes appelaient à Rome. »

Les statues exposées dans la seconde cour sont toutes,
sauf une, des copies d'après l'antique, exécutées à Rome,
par les pensionnaires de la villa Médicis.

Les trois statues placées devant l'arc de Gaillon sont, en
commençant par la droite :

Le Discobole au repos. Musée du Vatican. (Copie de
BARTHÉLEMY, 1863.)

Mars assis et l'Amour. Rome, villa Ludovisi. (Copie de
GODDE, 1842.)

Le Discobole de Miron. Musée du Capitole. (MAILLET,
1849.)

Dix autres statues décorent la façade du palais ; ce
sont, en commençant par la gauche :

Sophocle. Rome, musée de Latran. (DIÉBOLT, 1843.)

La Vénus du Capitole. (MARÉCHAL, 1845.)

Démosthène. Musée du Vatican. (LOUIS BRIAN, 1834.)

Danaïde. Musée du Vatican. (A. HUSSON, 1831.)

Le Gladiateur mourant. Musée du Capitole. (SIMART, 1835.)

Le Torse du Belvédère. (OTTIN, 1838.)

Le Faune de Praxitèle. Musée du Capitole. (GRUYÈRE, 1841.)

Zénon. Musée du Capitole. (CHAMBARD, 1830.)

Le Discobole au repos. Musée du Vatican. (FAGEL, 1881.)

Hermès. (Connu sous le nom de *Phocion;* la tête est rapportée.) Musée du Vatican. (BONNASSIEUX, 1838.)

Les deux autres statues, placées sous l'arcade, sont :

Antinoüs. Musée du Capitole. Copie de BOURGEOIS, 1866.

L'Apoxyomenos. Musée du Vatican. (Signé : Ch. SOU-LACROIX. Rome, 1854.)

AILE GAUCHE DE LA DEUXIÈME COUR[1]

PREMIÈRE TRAVÉE

I. — *Un combat de gladiateurs,* bas-relief en marbre, par LEGROS. Ancienne collection Panckoucke. (Gravé dans l'ouvrage de M. Courajod, p. 111.)

II. — *Le Temps découvrant la Vérité,* bas-relief en

1. On trouvera les gravures de toutes ces travées avec des notices explicatives dans le second volume du savant ouvrage de M. Courajod : *Alexandre Lenoir. Son Journal et le Musée des monuments français.* Paris, Champion, 1886. Un grand nombre de sculptures de l'École ont été photographiées par H. Giraudon, 15, rue Bonaparte.

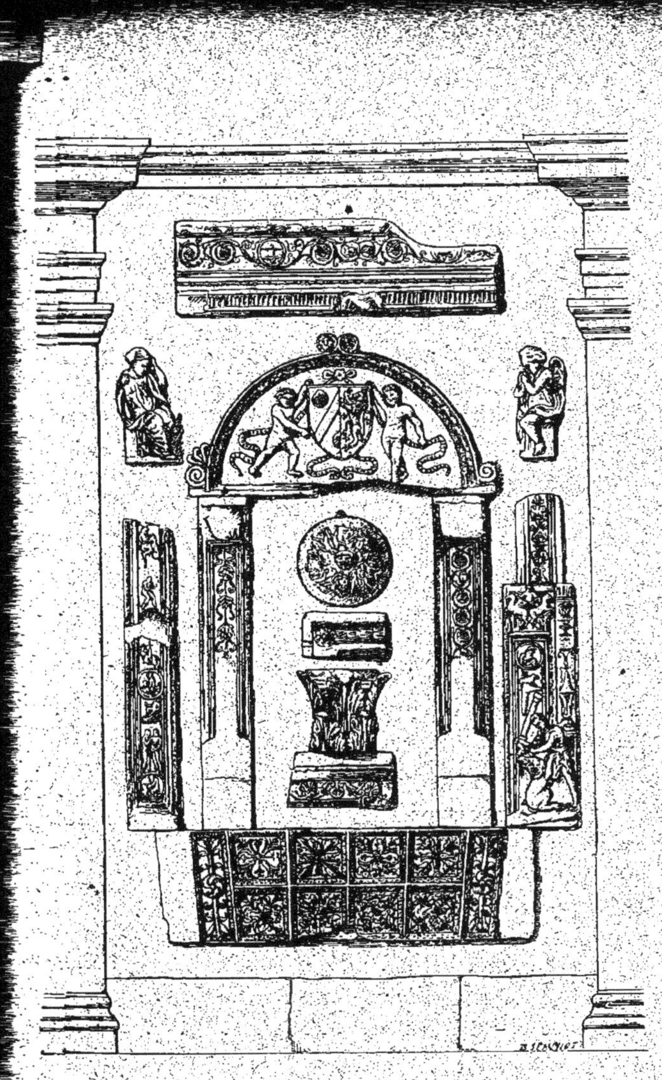

La La première travée (aile gauche). Gravure tirée de l'ouvrage de M. Courajod :
Alexandre Lenoir, son Journal et le Musée des monuments français.

marbre, par René Frémin, 1701. Morceau de réception à l'Académie royale de peinture et de sculpture.

III. — Un fragment d'architecture ; rinceaux, cordons de perles, etc. Château de Gaillon.

IV. — Au-dessous, à droite et à gauche, deux *Génies en pleurs*, assis. Marbre. Église SS. Paul et Louis, à Paris.

V. — Le fronton semi circulaire, incrusté au-dessous, provient du tombeau de l'historien Philippe de Commines (mort en 1509), dans l'église des Grands-Augustins, ainsi que les n°s VI, VII, VIII, IX de la même travée.

VI-VII. — Deux pilastres ornés de pampres et de fruits.

VIII. — Le pilastre incrusté à gauche mérite une mention particulière. Il contient, sculptées en bas-relief, des scènes destinées à montrer la puissance de l'Amour ; dans le bas, inscrit dans un médaillon, on voit l'illustration du *Lai d'Aristote*, c'est-à-dire Aristote réduit, par une passion sénile, après avoir prêché son élève Alexandre le Grand, à servir de monture à la belle Campaspe. Au-dessus, debout, se regardant mélancoliquement, *Adam et Ève*, puis *Hercule sur le bûcher*, *l'Amour vainqueur du monde*, *Virgile suspendu dans un panier par une femme artificieuse* (légende du moyen âge qui formait le pendant de celle d'Aristote) ; enfin, dans le haut, *Orphée jouant du violon*, et *la Licorne se réfugiant auprès d'une vierge*. Ce pilastre est gravé dans *la Renaissance au temps de Charles VIII*, p. 477.

IX. — Le pilastre de droite montre *les Exploits de*

Samson : Samson déchirant la gueule du lion (gravé dans *la Renaissance au temps de Charles VIII*, p. 478) ; puis la colonne brisée, la mâchoire d'âne, le renard portant les torches enflammées, et, dans un médaillon dont les figures ne sont plus reconnaissables, peut-être Samson et Dalila. Quant au chapiteau, il a pour ornement un personnage debout entre deux coursiers ailés (épisode de la légende d'Alexandre le Grand?).

X. — Le bouclier placé entre les pilastres (orné d'une frise de combattants) a été fondu par les soins d'Alexandre Lenoir avec du métal de cloches, sur un modèle de la Renaissance. On l'appelle improprement bouclier de Benvenuto CELLINI.

XI. — Fragment d'architecture avec une rose.

XII. — Chapiteau corinthien.

XIII. — Fragment de cadre avec palmettes. Écouen.

XIV. — Fragment de soffite en pierre, avec des quatre-feuilles, des torches, etc. Château de Gaillon.

DEUXIÈME TRAVÉE

I. — Bordure de médaillon (vide).

II. — Cul-de-lampe.

III. — Fragment d'entablement et pilastres.

IV. — Médaillon de *Minerve* dans une bordure circulaire se terminant par un cartouche. Ce médaillon très fin, qui semble être l'œuvre d'un artiste italien, reproduit exactement, ainsi que l'a montré M. Courajod, une plaquette en bronze (gravé t. II, p. 114).

V. — Fragment d'arcade.

Ce fragment et ceux de même nature qui se trouvent dans les autres travées faisaient partie de la frise qui s'étendait au-dessus des arcades du château de Gaillon, sur la façade du côté sud de la cour.

Les médaillons d'empereurs, dispersés dans la deuxième cour de l'École, ornaient les intervalles des fenêtres du premier étage sur la même façade.

VI. — Frise avec divers personnages, centaure, etc., s'avançant vers trois femmes nues. A gauche et sur le côté, deux femmes (figures allégoriques).

Tous ces morceaux proviennent du château de Gaillon.

TROISIÈME TRAVÉE

I. — Bordure de médaillon (vide). Château de Gaillon.

II. — Casque et gants de marbre sur un cul-de-lampe, tombeau du connétable Anne de Montmorency.

III. — Fragment d'entablement.

IV. — Fragment de frise à rinceaux.

V et VI. — Deux *Génies* nus, assis, l'un lisant, l'autre écrivant.

VII. — Niche en style de la Renaissance, contenant la statue de l'*Ange Gabriel* (voy. p. 64, 3e travée, n° IV).

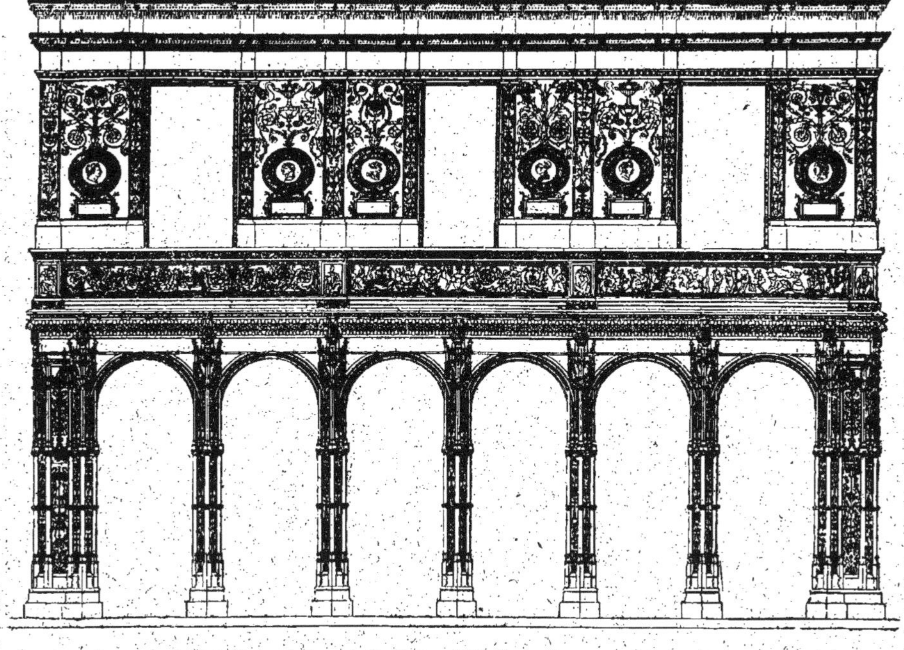

Façade du château de Gaillon, au Musée des monuments français.

(Gravure tirée de l'ouvrage de M. Courajod : *Alexandre Lenoir.*)

VIII et IX. — Deux pilastres.

X. — Frise avec des rinceaux, un dragon et un groupe composé d'une femme et de deux enfants dont le corps se termine par des rinceaux. Château de Gaillon.

QUATRIÈME TRAVÉE

I. — Bordure d'un médaillon (le centre vide).

II. — Cul-de-lampe.

III. — Frise et chapiteaux.

IV. — Médaillon de *Mars* dans une bordure circulaire se terminant par un cartouche (gravé dans l'ouvrage de M. Courajod, t. II, p. 116).

V et VI. — Ornements d'architecture avec une arcade trilobée.

VII. — Frise avec des combattants à cheval.

Tous ces morceaux proviennent de Gaillon.

CINQUIÈME TRAVÉE

I. — Deux lions provenant de l'église Saint-Jean-de-Latran à Paris et attribués, par A. Lenoir, à François An-GUIER (gravés dans *les Souvenirs du Musée des monuments français*, de Brès et Biet, et dans les *Vues pittoresques et perspectives des salles du Musée des monuments français*, de Réville et Lavallée).

II. — Trois mascarons (une rosace, une femme tenant

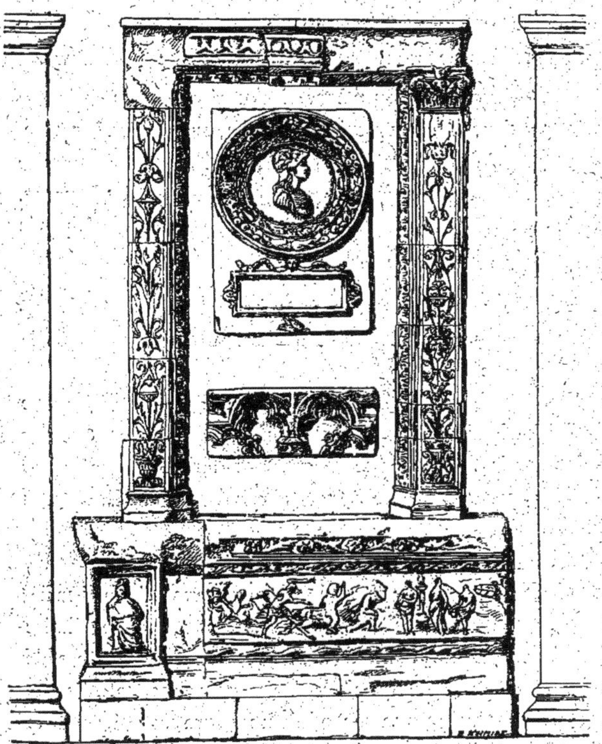

La deuxième travée (aile gauche).
Gravure tirée de l'ouvrage de M. Courajod.

une écharpe — *Iris ?* — et un enfant nu et ailé, assis).
Château de Gaillon.

III. — Pilastres provenant de la chapelle de Comminés. (ornements : pampres et raisins, autruche lançant une pierre, autruche cachant sa tête, pélican nourrissant ses petits, le lion de saint Marc et le bœuf de saint Luc).

IV. — Le soffite en pierre, incrusté au milieu de la travée, contient, dans sa partie inférieure, un masque de satyre, une rose, deux boucliers croisés, un aigle, un buste de jeune homme, un buste de pape (Léon X?) et un bucrane. Ce soffite, d'après M. Courajod, semble avoir fait partie du château d'Écouen.

Dans la paroi qui fait suite aux travées disposées en hémicycle, sont incrustées trois dalles tombales, dont voici la description :

I. — Dalle de *Michel de Troye*, grand prieur de l'abbaye de Saint-Denis († 1517). Autrefois conservée à l'abbaye de Saint-Denis. Reproduite en gravure dans les *Inscriptions de la France du* v*e au* xviii*e siècle* de M. de Guilhermy (t. II, p. 188).

« Riche architecture gothique, dit M. de Guilhermy, sans influence aucune du style alors nouveau de la Renaissance ; emblèmes des évangélistes, anges, l'âme admise dans le sein d'Abraham, figures d'apôtres, au nombre de huit, dans l'arcature des pieds-droits, tels sont les éléments de l'ornementation que reproduit notre gravure. La clef de saint Pierre, l'épée de saint Paul, la croix en sautoir de saint André, le bâton de pèlerin de saint Jacques le Majeur sont encore visibles. Le prieur, en chasuble, a la tête rasée, comme il convient à un religieux ; ses deux mains tiennent un calice à large coupe. La fleur de lis est

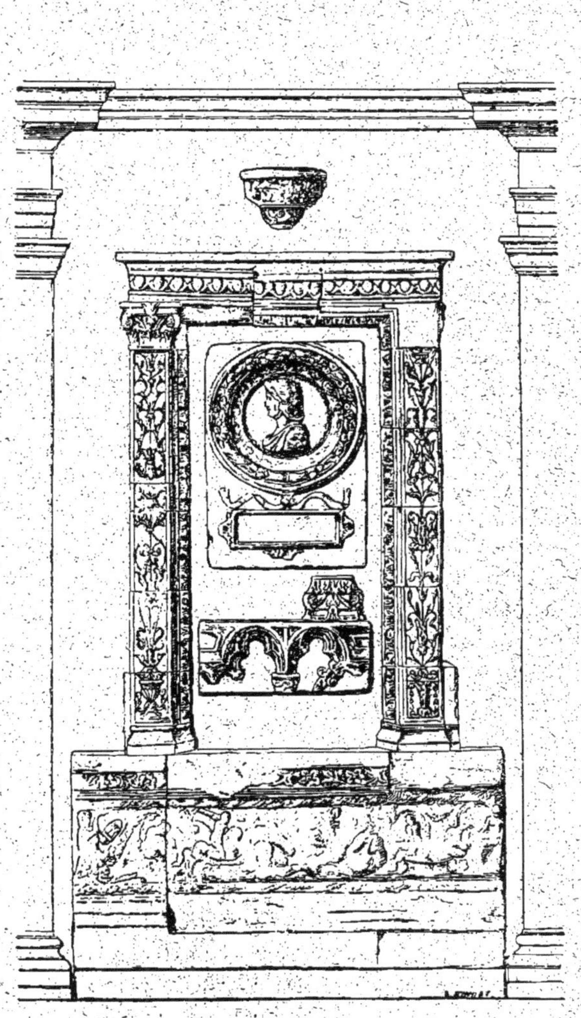

La quatrième travée (aile gauche).
Gravure tirée de l'ouvrage de M. Courajod.

répandue à profusion sur les galons du costume. Le griffon des armoiries particulières du défunt se montre au milieu de chacun des deux grands côtés de la dalle. On aperçoit quelques traces d'incrustations colorées dans les plis du vêtement. ,

L'inscription tracée autour de la dalle est conçue comme suit :

Sub lapide hoc quiescit F. Michael de Troye : Nobili genere nat. moribus ipse nobilior : Agente virtutum istius opulentia hujus Regii Cenobii magn. prior annis XL extitit : Eclesia quam zelo semp. zelatus corp. habet : dns animam excipiat. Spiravit in dno anno salutis millesimo quingente (sic) X° septimo Junii septima.

II. — Dalle de *Jean Disse* (ou *Caisse*) du diocèse de Poitiers, chanoine de Notre-Dame de Noyon († 1350). Cette dalle, qui provient de l'abbaye de Sainte-Geneviève, a été gravée dans la *Statistique monumentale de Paris*, de M. Albert Lenoir (t. Ier, Sainte-Geneviève, pl. XVIII, texte p. 67, 68), dans les *Inscriptions de la France du ve au xviiie siècle*, de M. de Guilhermy, t. Ier, p. 361, et dans *l'Architecture du ve au xviiie siècle* de Gailhabaud (t. III).

« Disse tient en main un calice, il est très richement vêtu. A sa gauche une vigne, et à sa droite une longue tige de fleurs sortant de la gueule d'un animal qu'il foule aux pieds, l'entourent entièrement et remplissent l'arcade finement dessinée dans laquelle il est placé. Cette arcade est encadrée par de nombreuses lignes d'architecture formant trois étages, contenant les niches de six figurines avec inscriptions : ce sont un archange, un évêque, un abbé, un guerrier, un moine et une femme. Une zone formée de légères arcatures sépare cette partie de la composition de celle qui

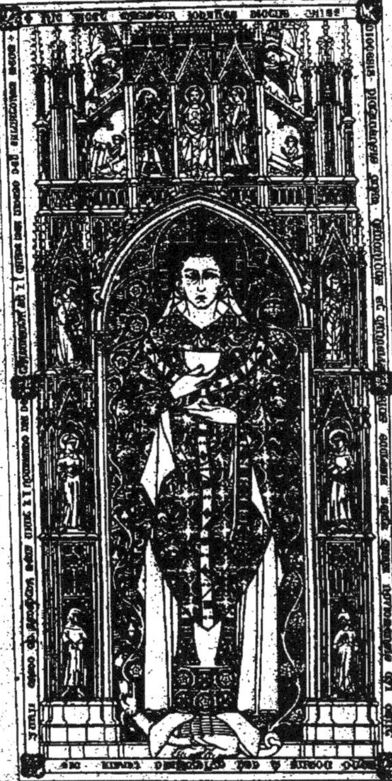

Dalle funéraire de Jean Disse.
D'après l'ouvrage de M. Courajod.

la domine, et sur laquelle sont trois niches richement
ornées ; dans celle du milieu est figuré le Christ, saint Jean-

Baptiste est à sa droite et saint Jean l'évangéliste à sa gauche. De nombreux clochetons et des arcs rampants accompagnent ces niches; sous les arcs sont figurés des morts sortant de leurs tombeaux. Deux anges portant des trompettes descendent des régions supérieures et remplissent les vides ménagés entre l'encadrement des trois niches et les clochetons qui les avoisinent[1]. »

III. — Dalle de *Jacques Longuejoé*, grand prieur de l'abbaye de Saint-Denis. « Ce personnage, revêtu du costume sacerdotal, est placé debout, dans une chapelle gothique tracée en perspective. Le visage et les mains jointes, rapportés par incrustation de marbre ou de métal, n'existent plus. De la prière inscrite sur une banderole qui semblait sortir de la bouche du défunt, on ne lit plus que les deux derniers mots... *memento mei*. A peine reste-t-il quelques traces des personnages, au nombre de douze environ, qui peuplaient l'arcature. On voit mieux, à la pointe du pignon, Abraham et les deux anges qui l'accompagnent. Le père des croyants, debout sur un socle, reçoit dans son sein l'âme suppliante. Près de la tête de l'effigie du prieur, à sa droite, on remarque l'écusson de ses armes, de gueules au cep de vigne d'or chargé de trois grappes de même.

L'épitaphe est gravée sur les deux grands côtés et sur le bord inférieur de la dalle. La fracture qui nous prive d'une partie de la date existait déjà du temps de Félibien. Le texte donné par le savant bénédictin ne nous fournit à introduire dans l'espace demeuré vide que les deux mots... *anima ejus*, qui précédaient le *Requiescat*.

1. Albert Lenoir, *Statistique monumentale de Paris*, p. 67, 68. L'inscription est donnée par M. de Guilhermy.

L'inscription tracée autour de la figure est ainsi conçue :

Hic jacet Religiosus vir et devotus frater Jacobus Longuejoe quondam magnus prior hujus ecclesie. qui obiit octava die mensis decenbris, anno domini millesimo quadringentesimo..... Requiescat in pace. Amen.

Jacques Longuejoé vivait encore en 1423. Cette année même, sa courageuse résistance aux dilapidations des agents de l'abbé Jean de Bourbon provoqua un arrêt par lequel le parlement de Paris mit en mains sûres la gestion du temporel de l'abbaye [1]. — Cette dalle provient, comme la première, de l'abbaye de Saint-Denis.

Au-dessous des trois dalles sont exposées trois consoles provenant du palais des Tuileries.

Ces consoles alternent avec trois chapiteaux entiers et deux moitiés de chapiteaux, de style roman, d'une exécution excessivement grossière, appartenant, d'après M. de Guilhermy, au XIe siècle ; mais cette date paraît trop reculée (ancienne église Sainte-Geneviève, à Paris). On remarque sur ces chapiteaux les ornements suivants :

I. — Rinceaux. *Le Taureau et les Poissons* (signes du zodiaque) ; gravés dans le *Musée des monuments français* d'Alexandre Lenoir (pl. 233) et dans l'*Atlas des monuments des Arts libéraux*, pl. XIV.

II. — *La naissance d'Eve.* — *Adam et Eve tentés par le serpent* (gravés dans la *Statistique monumentale de Paris*,

[1]. De Guilhermy, *Inscriptions de la France du* v[e] *au* xviiie *siècle*, t. II, p. 186-187.

de M. Albert Lenoir; Sainte-Geneviève, pl. XI). *Adam et Ève chassés du Paradis; Oiseaux fantastiques affrontés.*

III. — Le *Verseau* (signe du zodiaque) et des Animaux fantastiques. Au-dessus, un chapiteau de dimensions plus petites et d'un style différent.

Les arcades qui séparent, de ce côté, la seconde cour de la cour des Loges proviennent du château de Gaillon (gravées dans *la Renaissance au temps de Charles VIII*, p. 437). Elles contiennent deux statues, une d'homme et une de femme, drapées à l'antique, qui ont la même origine. Ces deux statues sont reproduites dans les *Voyages pittoresques* de Taylor et Nodier (*Normandie*, t. II, pl. 217-218. Cf. p. 222 et suiv.).

LES LOGES ET L'ATELIER DE MOULAGE

Le bâtiment des Loges, construit par DEBRET (voy. p. 18), renferme, au rez-de-chaussée, un amphithéâtre servant aux cours de chimie, de construction, de stéréotomie, de mathématiques, de littérature, puis le laboratoire de chimie, et vers la droite l'atelier de moulage.

Cet atelier a été dirigé à partir de 1848 par un des plus habiles mouleurs modernes, Alexandre de Sachy († 1886), l'inventeur du staff, procédé qui permet de remplacer le moulage en plâtre plein par des linges contre-collés, recouverts de plâtre, et d'obtenir ainsi infiniment plus de légèreté. C'est une entreprise particulière, aujourd'hui placée sous la direction de M. de Sachy fils. L'établissement possède près de 3,000 moules et a contribué puissamment à répandre les bons modèles. M. Alexandre de Sachy a publié en volume le catalogue de la riche série formée en grande partie par ses soins [1].

Au centre de la cour s'élève une VASQUE gigantesque, datant du commencement du XIIIᵉ siècle (probablement exécutée entre 1197 et 1204) et provenant de l'abbaye de Saint-Denis où elle servait de lavabo aux moines. Cette vasque, formée primitivement d'un seul morceau de pierre de liais [2], a été installée en 1809-1810 au Musée des monuments français par les soins de Lenoir.

Sur le bord de la cuve sont sculptés en relief vingt-huit bustes (dont quelques-uns ont été restaurés dans ce siècle). L'eau qui jaillit du centre s'échappe par vingt-huit ouvertures correspondant aux vingt-huit bustes. Ces bustes, accompagnés chacun d'un nom latin, représentent *Jupiter*, *Junon*, *Hercule*, le *Lion*, *Gérion*, *Thétis*, *Paris*, *Hélène*, le *Riche*, le *Pauvre*, *Flore*, *Sylvain*, *Faune*, un *Nègre*, l'*Avarice*, l'*Ivresse*, un *Singe*, un *Bélier*, un *Loup*, *Diane*, l'*Eau*, le *Feu*, l'*Air*, *Neptune*, *Cérès*, *Bacchus*, *Pan* et *Vénus*.

La cuve de Saint-Denis a été décrite et en partie reproduite par M. de Guilhermy, dans son *Itinéraire archéologique de Paris* (Paris, 1855, p. 364-365) et dans ses *Ins-*

---

1. *École nationale et spéciale des beaux-arts. Atelier de moulage. Catalogue des moulages provenant de monuments, musées, collections*, etc. Paris. Imprimerie nationale. 1881. Un volume de 232 pages. En vente, 14, rue Bonaparte. Prix : 2 francs.

2. Fendue pendant l'été de 1887 par l'action de la chaleur, elle a été habilement restaurée en 1889 sous la direction de M. Coquart.

criptions de la France (t. II, p. 144), par Viollet-le-Duc, dans le *Dictionnaire raisonné de l'Architecture française* (t. VI, p. 174), et par M. Courajod, dans le *Journal d'Alexandre Lenoir* (t. II, p. 50-52).

LA DEUXIEME COUR

(côté droit)

PREMIÈRE TRAVÉE.

I. — *Alliance de la France et de la Savoie* (1698). Bas-relief en marbre. Morceau de réception de Claude POIRIER, en 1703, à l'Académie de peinture et de sculpture.

II. — *La Charité romaine.* Morceau de réception à l'Académie royale de peinture et de sculpture, de Jean CORNU. 1681.

III. — Fragment de frise avec rosaces, bucranes et triglyphes. Château d'Écouen.

IV. — Génie armé de l'épée de connétable. École de Jean GOUJON. Château d'Écouen. Gravé dans l'ouvrage de L.-P. Baltard, *Paris et ses monumens,* pl. VI; 1803-1805.

V. — Casque. Château d'Écouen (Baltard, pl. 10).

VI. — Fragment du tombeau de Commines. Fronton semi-circulaire et pilastres avec l'inscription :

Recordatus est dominus misericordiæ suæ. MVᵉVI.

VII et VIII. — Chapiteaux, base et fragments de frise. Château d'Écouen.

DEUXIÈME TRAVÉE

I. — Médaillon d'empereur romain, avec bordure de fruits et de fleurs. Château de Gaillon.

II. — Cul-de-lampe en pierre. Même provenance.

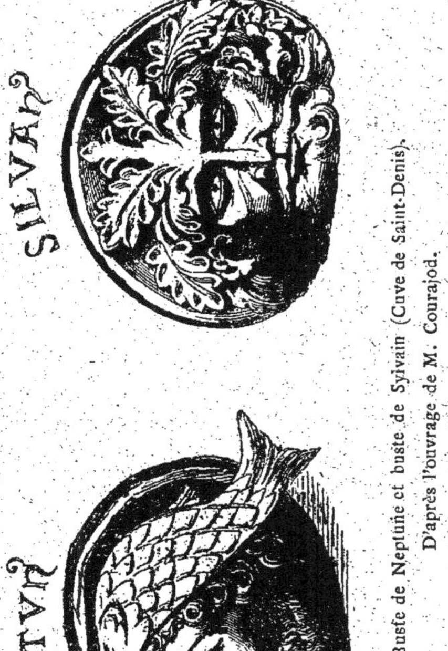

Buste de Neptune et buste de Sylvain (Cuve de Saint-Denis).
D'après l'ouvrage de M. Courajod.

III. — Grand panneau d'arabesques en pierre de Vernon. Au centre un médaillon vide. Même provenance.

IV. — Au-dessous, frise excessivement fruste, avec des rinceaux et une figure allégorique. Même provenance.

TROISIÈME TRAVÉE

I. — Médaillon avec le buste d'un empereur jeune, dans une bordure analogue aux précédentes. Château de Gaillon.

II. — Au-dessous : cul-de-lampe.

III. — Fragment d'entablement, avec roses, oves, rais de cœur, perles, etc. Château de Gaillon.

IV. — Un édicule sous lequel est placée une statue de la *Vierge* à genoux (fragment d'une *Annonciation*; l'ange *Gabriel* se trouve du côté opposé de la cour). Château de Gaillon. — Décrit et gravé dans le *Musée des monuments français* de Lenoir, t. IV, pl. 164, n° 538 *bis*; et dans les *Comptes de Gaillon* de Deville, atlas, pl. VIII.

V et VI. — Culs-de-lampe.

VII. — Fragment d'entablement pareil au n° III.

VIII. — Frise avec trois figures (une femme embrassant deux enfants) dont le corps se termine par des rinceaux, et avec des arabesques et une sorte de sphinx. Château de Gaillon.

IX et X. — Deux colonnes octogonales en marbre. Château d'Écouen.

QUATRIÈME TRAVÉE

I. — Médaillon avec le buste de Vespasien, tourné à droite, dans une bordure analogue aux précédentes. Château de Gaillon.

II. — Cul-de-lampe.

III. — Grand panneau d'arabesques, analogue à celui de la deuxième travée ; au centre, un médaillon de *Titus Vespasianus*, tourné à droite. Château de Gaillon (gravé dans *la Renaissance au temps de Charles VIII*, p. 527).

IV. — Frise avec un squelette saisissant par les cheveux une femme dont le corps se termine en rinceaux (gravé dans *la Renaissance au temps de Charles VIII*, p. 473). Arabesques, vases, tête de satyre. A droite, une femme assise tenant une colonne et une sorte de tablette (gravé dans le même ouvrage, p. 528) ; plus loin, une femme assise et un monstre avec une tête humaine et des pieds de cheval.

CINQUIÈME TRAVÉE.

I et II. — La *Foi* et la *Charité*, bas-reliefs en pierre de Vernon, très frustes. Château de Gaillon (?).

III, IV et V. — Deux chapiteaux historiés et un fragment d'angle avec une tête de bélier. Château de Gaillon.

VI, VII et VIII. — Un linteau et deux pilastres à arabesques et à grotesques. Château de Gaillon.

IX. — Bas-relief funéraire de Jacques Cappel, avocat

du roi au Parlement de Paris, mort en 1510 (encadré par deux pilastres cannelés). Dans le haut, la Vierge assise avec l'enfant Jésus ; autour d'elle, deux groupes d'adorateurs ; d'un côté, les filles sous la protection de sainte Marguerite ; de l'autre, les fils sous la protection de saint Jacques. Provient du cimetière des Innocents. Voy. Lenoir, *Musée des monuments français*, n° 252 ; Guilhermy, *Itinéraire archéologique de Paris ;* Courajod, t. II, p. 106-108.

X. — *L'Amende honorable.* Bas-relief en pierre. Ce bas-relief représente la réparation publique faite aux Augustins et à l'Université pour l'attentat commis en 1440 par des sergents envers deux religieux parisiens, dont l'un fut tué et l'autre blessé. Provient des Grands-Augustins. — Dubreuil, *Théâtre des Antiquités* (1612), p. 554 ; Lenoir, *Musée des monuments français,* n° 88. — Gravé dans le *Magasin pittoresque*, 1843, p. 160.

L'inscription, d'après la transcription de M. de Guilhermy, est conçue comme suit :

C'est la représentacion de l'amende honorable faite
à l'université,
de... eux et convent de céans pour l'occision de
feu fr. .... is.....e et religieux profes de.......is
yci devant piteusement..............née mil
cccc. XI. dieu ait l'ame de lui. Amen.

*Conditur hic Petrus Gougis cognomine dictus
Huius professor ordinis assiduus.
Proth* (sic) *dolor occubuit preventus morte nephanda
Transfossus latere sacrilego gladio.
........ste sui perfusus sanguine leti.
Inficitur grandi crimine mortifero.
Hoc tamen ulla dies memori ne substrahat.* (sic) *evo*

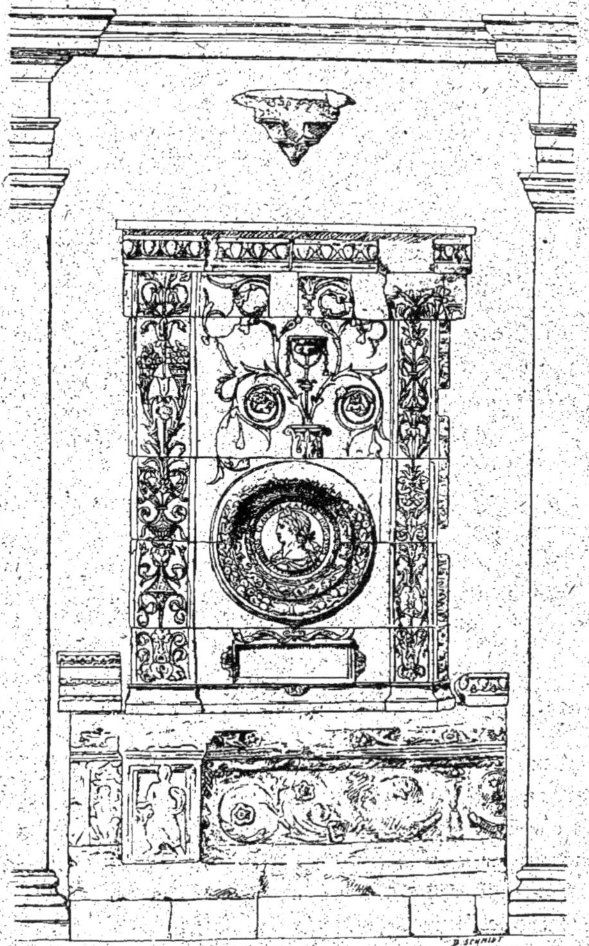

La deuxième travée (aile droite).
Gravure tirée de l'ouvrage de M. Courajod.

> *Indicio firmo figitur iste la.......*
> *... ta . quam protulit hujus.*
> *Urbis-prefectus judicis arce sedens.*
> *Exegit fieri mundi jubar atque soph...*
> *Doctrine alma parens......*
> *...... tris auxiliis Petri quem cernitis omnes*
> *Signum jungatur cetibus angelicis* [1].

A la suite des travées disposées en hémicycle, la cour contient, du côté du jardin, une console provenant du palais des Tuileries, puis trois chapiteaux provenant de l'ancienne église de Sainte-Geneviève (xɪᵉ-xɪɪᵉ siècle), et ornés, le premier, de rinceaux, le second et le troisième, de signes du zodiaque (le bélier, le lion, le sagittaire, les gémeaux), etc.

Sur ces chapiteaux sont placés divers fragments d'architecture.

Les quatre arcades, richement décorées, qui donnent sur le jardin de l'École, proviennent de Gaillon (gravées dans *l'Art pour tous*, 1877, n° 398).

LE JARDIN

A travers une des arcades de Gaillon, du côté droit de la cour, on aperçoit un pan de mur dans lequel sont incrustés d'assez nombreux bas-reliefs, dont plusieurs se distinguent par leurs dimensions monumentales. Six compartiments, qui occupent la partie supérieure de ce mur, proviennent de l'attique de la cour du Louvre, détruit en 1806 par Percier. Ils représentent : 1° la *Religion*, sous la figure

---

1. *Inscriptions de la France*, t. 1ᵉʳ, p. 400.

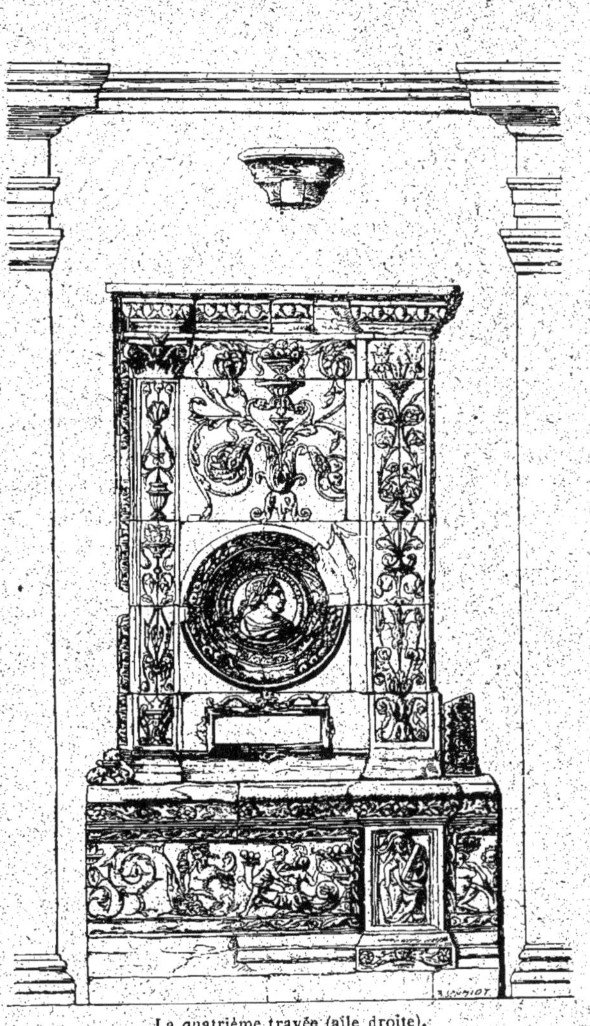

La quatrième travée (aile droite).
Gravure tirée de l'ouvrage de M. Courajod.

d'un vieux prêtre et d'un jeune homme faisant des sacrifices ;
2° la *Charité romaine ;* 3° le *Jugement de Cambyse* (le fils
du juge prévaricateur rendant un jugement, assis sur la
peau de son père, que le roi Cambyse avait fait écorcher);
4° et 5° la *Justice,* sous les figures de Zaleucus et de son
fils qui se crèvent, avec la pointe d'un poignard, l'un l'œil
droit, l'autre l'œil gauche ; 6° *Deux soldats romains* [1]. Ces
bas-reliefs ont souvent été attribués au sculpteur Paul
PONCE.

Entre les deux derniers bas-reliefs, se trouve un sarcophage dont le couvercle supporte deux hommes nus assis.
Ce sarcophage, sculpté par François ANGUIER, appartient
au mausolée de Jacques-Auguste de Thou († 1617), autrefois dans l'église Saint-André-des-Arts, aujourd'hui au
Musée du Louvre [2].

L'arcade au-dessous contient au sommet un mascaron,
dans les écoinçons deux têtes de lion (provenance inconnue), au centre une guirlande (autrefois dorée), ornée
dans le haut d'un buste de *Mercure* entre deux cornes
d'abondance, dans le bas d'un masque de *Méduse.* Cette
guirlande décorait autrefois une cheminée de l'hôtel d'O,
dans la rue Vieille-du-Temple. Lenoir, qui en attribuait
la sculpture à Germain PILON, l'enleva en 1813 pour
l'exposer au Musée des monuments français [3].

A gauche et à droite de cette guirlande sont incrustées

1. Gravés dans l'ouvrage de Baltard : *Paris et ses monumens,* 1803-1805, et dans l'*Alexandre Lenoir* de M. Courajod,
t. II, p. 138-139.
2. Courajod, p. 139-145.
3. *Idem,* p. 148.

deux statues de femmes assises, dans le style de Jean
Goujon : l'une, celle de gauche, représente la *Force* ; l'autre,

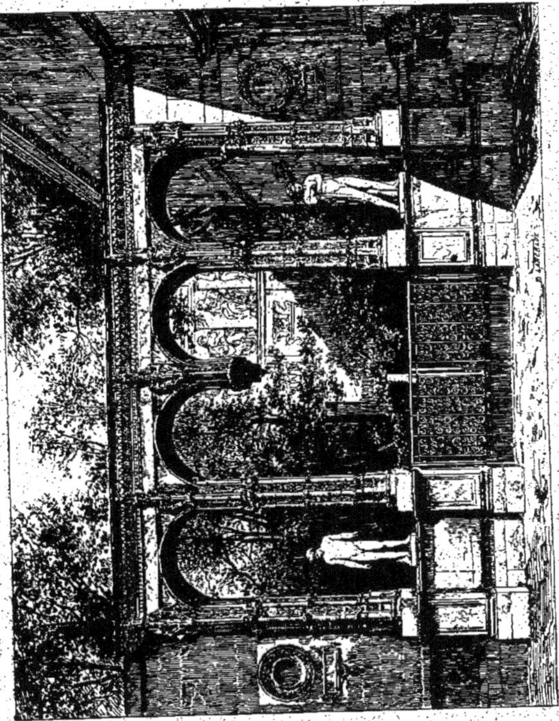

Le Jardin de l'École.

celle de droite, la *Paix*, tenant une corne d'abondance
dans une main, une torche renversée dans l'autre.

Plus bas encore, un bas-relief en marbre, en forme de
frise, analogue à la face d'un sarcophage, représente le

Gouvernement français, sous le règne de Louis XIV, recevant la *Paix* des mains d'*Hercule* ; la Victoire le suit, et
près d'elle un génie debout tient Cerbère enchaîné ; plus
loin, l'Envie, réduite au désespoir, dévore ses serpents. Les
Arts et les Sciences s'approchent de la France et semblent
concourir à la félicité publique. Dans le bas est tracé le
mot *Quies*. Ce marbre, dû au ciseau d'ANGUIER et exécuté pour le château de Vincennes, fit partie, pendant la
Révolution et l'Empire, du Musée des monuments français[1].

Les intervalles entre ces différents morceaux de sculpture sont occupés par cinq mascarons excessivement
frustes, à têtes de satyres, et par quatre mufles de lion
provenant soit de l'hôtel d'O, soit d'une maison du pont
Saint-Michel[2].

Le jardin contient en outre les arcades de l'étage inférieur de la façade principale de l'hôtel Torpanne, construit
au milieu du XVIᵉ siècle dans les terrains voisins des Bernardins. Lorsque l'hôtel fut démoli, en 1830, l'entrepreneur
céda ces fragments au ministère de l'intérieur. Le rez-de-
chaussée se composait de six arcades, sur les pieds-droits
desquelles s'appuyaient de longues consoles surmontées de
têtes de lion et soutenant un balcon. Une porte, auprès de
laquelle s'élevaient des colonnes d'ordre dorique, occupait
le milieu de la galerie. Sur l'entablement de ces colonnes
reposaient deux *Sphinx* servant de support à la partie
moyenne du balcon.

1. Courajod, p. 150.
2. *Idem*, p. 148-149.

Les sculptures qui décorent les six arcades, la porte d'entrée et les œils-de-bœuf de la façade principale, datent de 1567, d'après l'inscription tracée sur l'un des étendards. Un *Satyre assis*, vu de face, et levant les bras, orne les clefs des six arcades. Quant aux arcs, deux d'entre eux ont pour motifs de décoration des *Renommées assises, tenant des trompettes;* deux autres, des *Renommées tenant des palmes;* les deux dernières, des *Trophées* au milieu desquels se trouvent des prisonniers [1].

On trouvera dans l'ouvrage de M. Courajod (t. II, p. 151 et suiv.) la description de plusieurs autres morceaux de sculpture conservés dans le jardin de l'École, description qu'il n'y a pas lieu de reproduire ici, dans ce guide sommaire.

LE PALAIS DES ÉTUDES

Le palais, dont l'aile gauche a été construite par DEBRET, la façade et les autres parties par DUBAN (voy. p. 18-19), dans le style de la Renaissance, comprend un rez-de-chaussée reposant sur un stylobate, et qui est percé de dix fenêtres et d'une porte, toutes cintrées. Le premier étage, percé de onze fenêtres également cintrées et séparées par des colonnes corinthiennes cannelées à demi engagées, se termine par un entablement à modillons. Quant à l'attique, il est percé de fenêtres rectangulaires, séparées les unes des autres par des pilastres. Des ailes, avec de fausses

1. Albert Lenoir, *Statistique monumentale de Paris,* texte, p. 248-249.

ouvertures, flanquent la façade principale. L'ensemble mesure 74 mètres de long. Au centre de l'attique, sur un vaste cartouche en marbre, est gravée l'inscription : ÉCOLE NATIONALE ET SPÉCIALE DES BEAUX-ARTS; plus bas, au-dessus de la porte d'entrée, sont tracés les mots : PEIN-TURE, ARCHITECTURE, SCULPTURE.

La frise qui s'étend entre le rez-de-chaussée et le premier étage, à droite et à gauche de la porte d'entrée, contient les inscriptions suivantes : VAN EICK, CIMABUE, ERWIN DE STEINBACH, MANTEGNA, GHIBERTI, TITIEN, BRA-MANTE, RAPHAEL, MICHEL-ANGE, LÉONARD DE VINCI, BRUNELLESCHI, DONATELLO, PAUL VÉRONÈSE, GIOTTO, ROBERT DE LUZARCHE, FIESOLE.

Les deux médaillons en bronze qui surmontent la porte du palais représentent, à gauche, *Jean Goujon,* à droite, *Philibert de l'Orme;* ils sont l'œuvre de J.-J. M. C. V. ELSHOECHT (1797-1856); deux autres médaillons, sculptés en marbre par M. LANNO (1800-1852), offrent les portraits, à gauche, de *Nicolas Poussin,* à droite, d'*Eustache Le Sueur.*

Cette porte, avec des vantaux en bois et des ornements à jour en bronze, d'un modèle aussi riche qu'élégant, con-tient l'inscription : MUSÉE DES ÉTUDES.

Les sculptures — originales — en marbre ou en pierre, incrustées dans les fenêtres bouchées des ailes du palais, proviennent de la collection formée en Italie par l'architecte Léon DUFOURNY (1760-1818) vers la fin du siècle dernier. Ces sculptures sont, en commençant par la gauche :

Fenêtre supérieure : Grand chapiteau et partie de fût corinthien cannelé.

Chapiteau de pilastre mutilé.
Autre chapiteau.

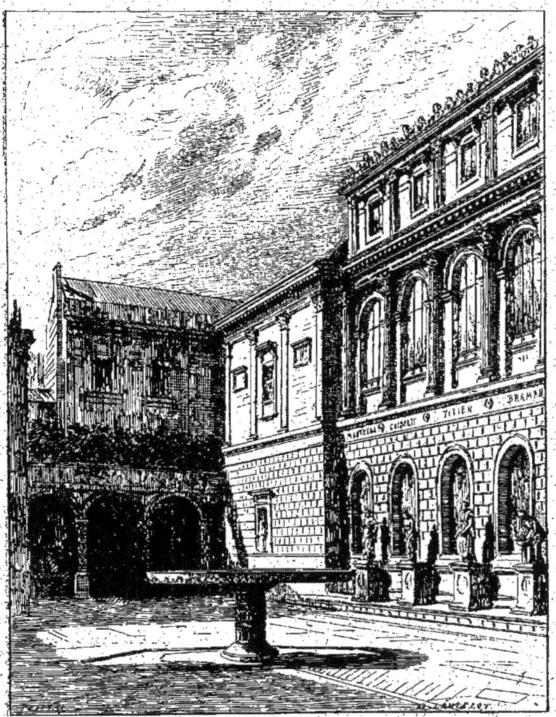

Le Palais des études, la vasque de Saint-Denis
et le bâtiment des Loges.

Corniche supportant le tout.
Fragment de frise à rinceaux et à roses.

Fenêtre inférieure : Fragment de mufle de lion en granit rose.

Fragment de frise à rinceaux, très fruste.

Fragment d'entablement avec palmettes, acanthes, lions ailés.

Autre fragment avec rinceaux et volute.

Torse de *Bacchus* avec la nébride, ronde bosse.

Deux cônes se terminant en acrotère à mascarons.

Au-dessous, sur le mur, trois patères, trois roses, dont l'une, celle du milieu, est ornée de palmettes; les deux autres ont un fleuron au centre et des lignes rayonnantes jusqu'aux bords. Ces deux dernières sont semblables entre elles.

Fenêtre supérieure de droite : Grand chapiteau corinthien et partie d'un fût cannelé.

Masque angulaire d'un autel ou sarcophage.

Antéfixe, palmette.

Frise dorique, triglyphe, rose, autre rose.

Fenêtre inférieure de droite : Rosace à riches pétales.

Fragment de corniche, palmes, feuilles d'acanthe, feuilles d'eau.

Fragment de frise, palmettes, oves, rais de cœur, torsades, perles.

Fragment analogue au précédent.

Chapiteau corinthien dégradé.

Fragment de chapiteau.

Autre fragment de chapiteau.

Deux antéfixes, vases, palmettes semblables aux cônes acrotères de la fenêtre gauche.

Statuette de femme sans tête ni attributs, drapée, assise.
Derrière la statue, un fleuron entre les deux frises (peu
visible) — trois rosaces — comme à la fenêtre inférieure
de gauche.

(Les statues placées devant le palais ont été décrites ci-
dessus, p. 45-46.)

LE VESTIBULE DU PALAIS

Nous pénétrons à l'intérieur du palais. Le vestibule qui
occupe une partie du rez-de-chaussée est consacré aux
moulages de divers frontons antiques, à des moulages
d'après des sculptures égyptiennes et assyriennes, à des
moulages de torses et enfin à des copies de peintures
antiques. Il contient, en outre, au centre, deux précieux
torses originaux, d'une excellente époque, l'un, à gauche, de
Vénus, l'autre à droite, de *Mars* ; ces deux morceaux,
qui se trouvaient autrefois à la villa Médicis, ont été
envoyés à l'École des Beaux-Arts par Ingres, alors directeur de l'Académie de France à Rome (1834-1840).

Les quatre frontons dont les moulages garnissent les
épines placées dans le vestibule sont :

A gauche, au premier plan : le fronton occidental du
Parthénon par PHIDIAS (de 444 à 432 avant Jésus-Christ).
Ces sculptures se trouvent aujourd'hui à Londres, au Bri-
tish Museum.

Le fronton occidental du Parthénon n'offre plus qu'un

petit nombre de figures, fort mutilées ; celles-ci représentaient à l'origine la *Querelle d'Athéna* (Minerve) *et de Poseidon* (Neptune), pour la possession de l'Attique. Au centre
se trouvent les deux divinités, Poseidon faisant jaillir du
sol une source d'eau salée, Athéna faisant naître l'olivier.
Plus loin, dans l'aile gauche, le char d'Athéna conduit par
Niké, et attelé de deux chevaux qui se cabrent ; au second
plan, derrière le char, Hermès (Mercure) ; puis, plus près
de l'angle, cinq figures formant un ensemble, un homme
(Cécrops ?) et sa fille se serrant contre lui (Aglaure, Pan-
drose, ou Hersé ?), puis les deux autres filles de Cécrops et
le petit Erysichthon qui semble effrayé à la vue de l'attelage d'Athéna. Plus loin, un dieu fluvial, dans une pose
nonchalante, l'Ilissus d'après les uns, le Céphise d'après
d'autres. Dans la partie de droite, du côté de Poseidon,
se trouvait son char, guidé par Amphitrite, faisant pendant
à Hermès. Les autres figures sont trop mutilées pour qu'il
soit possible de les identifier avec quelque certitude. L'angle
du tympan est occupé par deux divinités fluviales, l'Ilissus,
accroupi, la jambe droite ramenée sous le corps, la source
Callirhoé, couchée [1].

Au fond, contre la paroi, sont exposés les moulages du
groupe des Niobides, c'est-à-dire de Niobé et de ses enfants succombant sous les traits d'Apollon et de Diane.

Ces statues, découvertes à Rome en 1583, près du Latran, ont figuré jusqu'en 1775 à la villa Médicis. A ce
moment, elles furent transportées à Florence, où elles sont
exposées depuis 1794, au Musée des Offices. On s'accorde

1. Voy. Collignon, *Phidias*, p. 52-62.

à y reconnaître des copies romaines d'originaux sculptés soit par Scopas, soit par Praxitèle [1].

L'École des beaux-arts est redevable des moulages des Niobides à la munificence du grand-duc de Toscane (1822).

A droite, sont exposés sur une épine les fragments du fronton oriental du Parthénon, sculpté par PHIDIAS.

Ce fronton semble avoir, à l'origine, comporté dix-neuf figures, non compris les têtes de chevaux placées aux extrémités : aujourd'hui il n'en reste que onze, plus ou moins mutilées, dont deux à Athènes et le reste à Londres. L'artiste a choisi le moment où Athéna, sortie du cerveau de Jupiter, s'offre aux regards des immortels. A gauche, près du centre, une déesse, probablement Iris, se dirige vers la gauche, pour annoncer aux déesses voisines le merveilleux événement. Ces deux déesses, assises sur un siège très bas, passent pour être Déméter et Coré (Cérès et Proserpine), les deux grandes déesses d'Éleusis. Près d'elles, à demi couché, un jeune dieu, aux bras mutilés, étendu sur un rocher, soit Thésée, soit Hercule. A l'extrémité gauche du fronton, Hélios, dieu du soleil, guidant son char, qui sort de la mer (seules, les têtes du dieu et des chevaux sont apparentes).

La partie droite du fronton est encore plus maltraitée. Du groupe central, il ne reste que le torse d'Héphaistos (Vulcain). Au groupe de Déméter et de Coré répondent trois statues de femmes, communément appelées les Trois

1. Voyez le catalogue des moulages du Musée de Berlin (*Kœnigliche Museen zu Berlin. Die Gipsabgüsse antiker Bildwerke in historischer Folge erklært*), par MM. Friedrichs et Wolters (Berlin, 1885), p. 444.

Parques, dans lesquelles M. Collignon, le dernier en date des historiens de Phidias, croit reconnaître les Trois Charites. Plus loin, vers l'extrémité du triangle, Séléné à cheval, faisant pendant à Hélios[1].

Derrière le fronton oriental du Parthénon se trouvent les statues des deux frontons du temple d'Athéna dans l'île d'Égine. Exécutées vers 470, elles représentaient, sur le fronton oriental, un épisode du *Combat d'Hercule et de Télamon contre Laomédon*, sur le fronton occidental, le *Combat autour du cadavre de Patrocle*. Ces statues ont été découvertes, en 1811, par une société d'explorateurs anglais et allemands; elles ont été acquises en 1812, pour la somme de 10,000 sequins (environ 150,000 francs), par le prince Louis de Bavière, qui les a fait restaurer par THORWALDSEN et placer dans la Glyptothèque de Munich.

Au-dessus du fronton des Niobides et du fronton d'Égine sont incrustés seize hauts-reliefs, les MÉTOPES DU PARTHÉNON, représentant *le Combat des Centaures contre les Lapithes à l'occasion des Noces de Pirithoüs*. Ces sculptures célèbres, aujourd'hui conservées au Musée britannique, à Londres, ont été exécutées sous la direction de PHIDIAS.

Le long des fenêtres et dans les embrasures sont exposés un grand nombre de moulages de statues ou de bas-reliefs égyptiens, assyriens, grecs ou romains.

A signaler parmi eux les morceaux suivants :

1. Collignon, *Phidias*, p. 38 et suiv.

Côté gauche du vestibule

La Reine Améniritis (XXV⁰ dynastie), statue égyptienne
en albâtre. Musée de Boulaq.
Télamon, statue de type égyptien, marbre. Rome, Musée
du Vatican.

Au fond du vestibule

L'Enfant adorant. Bronze grec. Musée de Berlin.
La Flore Farnèse. Musée de Naples.

Côté droit du vestibule

Sarcophage égyptien. Musée de Boulaq.
Le roi Chephren, statue assise, granit. Musée de Boulaq.

Deuxième fenêtre : *Lionne blessée,* bas-relief assyrien,
marbre. Londres, Musée britannique.

Troisième fenêtre : *Osiris,* statuette en basalte. Musée de
Boulaq. — *Setis offrant de l'encens,* bas-relief. Ruines
d'Abydos, don de M. le comte Lepic (1882). — *Isis,* statuette en basalte. Musée de Boulaq.

Quatrième fenêtre : *Ramsès II* ou *Sésostris.* Ruines
d'Abydos.
Hathor, Vénus égyptienne : tête formant chapiteau, basalte. Musée de Boulaq.

Les moulages exposés au fond sont :

Guerrier debout, monument funéraire en marbre. Athènes.

Démétria et Pamphile, stèle funéraire en marbre. Athènes.

L'Hercule Farnèse, marbre. Musée de Naples. Ce moulage, le plus ancien que possède l'École, a été exécuté sous Louis XIV, par les soins de Charles Érard, directeur de l'Académie de France à Rome.

Trois statues provenant du temple d'Égine (Glyptothèque de Munich).

Le vestibule renferme en outre un grand nombre de moulages, principalement des *Torses*, qu'il n'y a pas lieu de décrire ici, ces moulages pouvant être déplacés dans un délai très rapproché par suite de l'aménagement de l'hôtel de Chimay.

Les copies de peintures antiques placées sur la paroi du fond reproduisent, en commençant par la gauche :

I. — *Thésée vainqueur du Minotaure*. D'après la fresque d'Herculanum, conservée au Musée de Naples. Copie de M. JANMOT, 1872.

II. — *Hercule et Télèphe*. D'après la fresque du Musée de Naples. M. JANMOT, 1872.

III. — *Vue d'une rue de Rome*, d'après une fresque de la maison de Livie, au Palatin, à Rome. M. LAYRAUD, 1870.

IV-V. — *Cérémonies religieuses*. Même provenance. M. LAYRAUD, 1870.

VI. — *Polyphème et Galatée dans un paysage ; l'Amour*

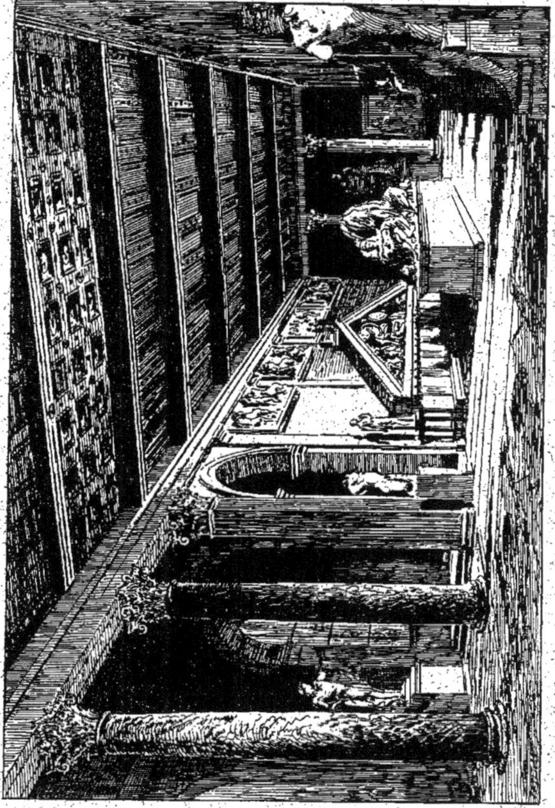

et deux Nymphes se jouant sur les eaux. Même provenance.
M. Layraud, 1870.

VII. — *Io, Argus, Hermès et Héro.* Même provenance. M. LAYRAUD, 1870.

VIII. — *Pomone* (ou l'Arcadie). Fragment de la fresque représentant *Hercule et Téléphe.* Musée de Naples. M. MOTTEZ, 1873.

IX. — *Hercule et Omphale.* D'après la fresque de la maison des musiciennes, à Pompéi. M. JANMOT, 1873.

Les moulages exposés aux côtés de la porte qui donne sur la salle vitrée sont, à gauche, la *Diane à la biche* ou *Diane de Versailles* (Musée du Louvre), à droite, *l'Apollon du Belvédère* (Musée du Vatican).

LA COUR VITRÉE

Cette cour, terminée en 1837 et pendant longtemps ouverte, a reçu en 1863 l'armature en fer qui supporte le vitrage. Elle a été transformée en musée en 1874 par M. COQUART, architecte de l'École. Les peintures décoratives qui l'ornent sont dues à Charles CHAUVIN († 1889).

Au-dessus de l'arcade qui fait face à la porte d'entrée est tracée l'inscription : INCOEPTVM A LVDOVICO XVIII, LVDOVICVS PHILIPPVS PEREGIT MONVMENTVM. ANNO M.DCCC.XXXVII.

Huit médaillons, dont quatre en lave de Volvic coloriée et émaillée, et quatre en marbre doré ornent la cour. Les quatre premiers représentent les quatre siècles de l'art : *Périclès, Auguste* (tous deux par M. Louis-Jules ETEX), *Léon X, François Ier* (par ORSEL et PERRIN). Les quatre

autres sont les portraits de *Phidias*, de *Vitruve*, de *Pierre
Lescot* et de *Raphaël*, par SEURRE jeune [1] (1798-1858).

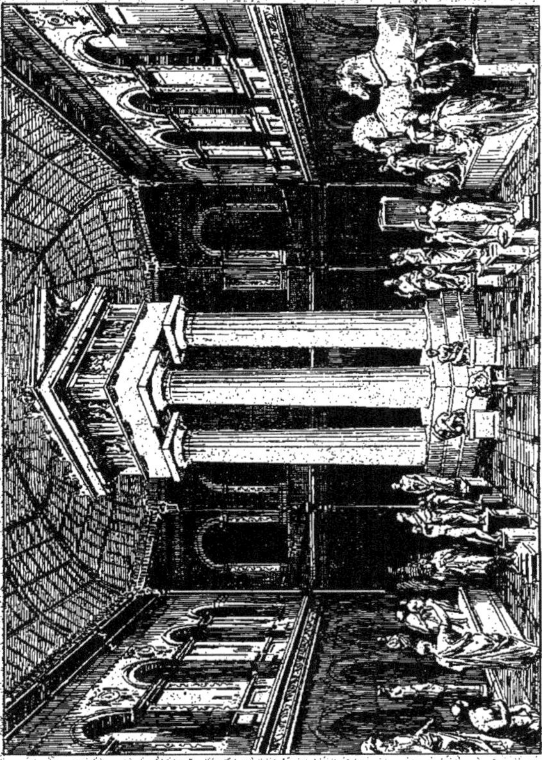

La Cour vitrée (côté des colonnes du Parthénon).

Les noms tracés sur la frise sont, en commençant par

1. Peisse, *Revue des Deux Mondes*, 1840.

la gauche, PHIDIAS, ICTINUS, POLYGNOTE, PRAXITÈLE, ZEUXIS, RUBENS, VELASQUEZ, RUYSDAEL, MURILLO, VAN-DYCK, PALLADIO, ANDRÉ DEL SARTE, LUCA DELLA ROBBIA, CORRÈGE, VIGNOLE, BERNARD PALISSY, PISANELLO, DOMINIQUIN, MARC-ANTOINE, CELLINI, HOLBEIN, A. DURER, P. FISCHER, REMBRANDT, INIGO-JONES, MARCUS-LUDIUS, APOLLODORE, DIOSCORIDE, POLYCLÈTE.

I. — SCULPTURES ORIGINALES

La cour vitrée contient, dans six fenêtres bouchées, une précieuse collection de sculptures antiques originales — toutes inédites — recueillies en Italie, et principalement à Rome, par Léon DUFOURNY (1754-1818), qui les donna à l'École des beaux-arts et qui reçut en échange le titre de professeur et de conservateur (1804).

Voici l'énumération de ces sculptures, en commençant par la gauche :

Première fenêtre (21 pièces)

I. — Grand fragment d'ornement, tige et rinceaux.

II. — Petit ornement en forme de console, feuillage.

III. — Petite frise, feuilles et palmettes.

IV. — Petite console avec du feuillage.

V. — Petit fragment de soffite, modillons et canaux.

VI. — Frise composée de cornes d'abondance, de roses et de fleurons, encadrée de rais de cœur.

VII. — Petit fragment de soffite, ou entablement avec modillons.

VIII. — Fragment de frise, fleurs sortant d'un culot, brisé.

IX. — Fragment d'entablement avec palmettes, denticules et modillons.

X. — Fragment de pilier à feuilles d'acanthe avec fleuron et roses.

XI. — Fragment de frise ou entablement avec une ligne de feuilles d'acanthe et une ligne de perles ; dans le haut, un sphinx sans tête.

XII. — Bas-relief avec une statuette sans tête dans un fleuron.

XIII. — Bas-relief : un bouquet de fleurs.

XIV. — Fragment de torsade.

XV. — Fragment de méandres.

XVI. — Balustre à feuilles d'acanthe.

XVII. — Pilastre orné de rameaux de lierre et pilastre orné de roses et de feuilles d'acanthe.

XVIII. — Beau chapiteau de piliers à feuilles d'acanthe.

XIX. — Riche entablement avec ligne de modillons, palmettes et feuillage supportant ledit chapiteau.

XX. — Petite colonne sur laquelle s'enroulent des pampres, avec feuilles et raisins.

XXI. — Petit génie ailé dormant, une main sur l'épaule. Rameaux de feuilles et fruits supportant ledit génie.

Deuxième fenêtre (27 pièces)

I. — Fragment en forme d'antéfixe, deux serpents adossés à un cippe.

II. — Masque barbu, la bouche ouverte.

III. — Aigle accroupi, les ailes éployées, formant acrotère.

IV. — Petite frise, rinceaux de roses, rangées de rais de cœur.

V. — Frise avec balustre au centre, trois panthères, têtes canéphores.

VI. — Frise avec vase, rinceaux, feuilles et fleurs.

VII. — Palmette formant acrotère.

VIII. — Panneau à rinceaux disposés sur trois rangées.

IX. — Fragment de vase avec fleurs formant antéfixe.

X. — Fragment de petit entablement, avec feuilles d'eau et pirouettes.

XI. — Fragment de palmette en bas-relief.

XII. — Autre pareil.

XIII et XIV. — Deux petits chapiteaux de pilier, avec dauphins.

XV. — Fragment de palmette.

XVI. — Fragment de frise avec palmettes alternant et pirouettes.

XVII. — Torse d'homme, avec une draperie jetée sur l'épaule gauche.

XVIII. — Fragment d'entablement, avec modillons.

XIX. — Autel quadrangulaire, surmonté d'un buste d'homme se montrant de face, entre deux mascarons acrotères vus de face. Au milieu d'une guirlande suspendue à deux têtes, se lit l'inscription :

D. M. IVLIA CHRESTE. M· JVLIO SECVNDINO
FILIO DVLCISSIMO. B. M. F.

Dans le bas, deux oiseaux.

XX. — Chapiteau avec rinceaux et volutes.

XXI. — Chapiteau analogue au précédent.

XXII et XXIII. — Deux frises de palmettes et d'imbrications.

XXIV. — A gauche de l'autel, fragment de colonne, avec chapiteau orné d'oves.

XXV. — Belle fleur formant le centre d'un rinceau.

XXVI. — Rose appliquée sur le support de l'autel.

XXVII. — Génie nu (sans tête) tenant une guirlande.

XXVIII. — Terme. Tête de femme demi-nature.

Troisième fenêtre (22 pièces)

I. — Fragment d'entablement, avec modillons, oves, rais de cœur.

II. — Chapiteau de pilastre avec fleurons, enroulements, roses et acanthes.

III. — Fragment de frise, rangée de palmettes, imbrications et torsades.

IV. — Chapiteau de pilastre analogue au précédent.

V. — Fragment de pilastre, branches et feuilles.

VI. — Grand fragment de frise avec rinceaux, roses, torsades et perles.

VII. — Fragment de pilastre orné de deux motifs superposés, enroulement de rinceaux.

VIII. — Fragment d'architecture, rangées de feuilles d'eau et de pirouettes.

IX. — Deux monstres marins accroupis se faisant suite.

X. — Feuillages enroulés s'ouvrant de face.

XI. — Montant orné de pampres, de feuilles, de grappes et d'oiseaux.

XII. — Cadre élégant avec un casque vide entouré d'une guirlande de fleurs, de fruits et de rubans.

XIII. — Montant orné de pampres, avec un oiseau, un serpent et une cigale; semble faire partie du même ensemble que le n° XI.

XIV. — Encadrement orné de légers rinceaux.

XV. — Palmette formant support.

XVI. — Fragment de frise avec torsade, imbrications, perles et roses.

XVII. — Tête de lion formant console.

XVIII. — Fragment orné de pampres, comme les n°ˢ XI et XIII.

XIX. — Grand fragment de caisson ou entablement, avec des rinceaux et des feuilles.

XX. — Fragment d'un bas-relief représentant un centaure.

XXI. — Tête de griffon.

XXII. — Pilier orné de rinceaux.

Quatrième fenêtre (25 pièces)

I. — Fragment de corniche, dauphin, feuillages, roses.

II. — Moitié d'une rosace.

III. — Rosace entière.

IV. — Fragment de frise à palmettes, à rinceaux, à pirouettes, à chapelets.

V. — Fragment de chapiteau avec oves, rais de cœur, volute, rinceau.

VI. — Pampres. Bas-relief.

VII. — Une danseuse nimbée, dans un riche encadrement. Bas-relief.

VIII. — Statuette drapée de Minerve (sans tête).

IX. — Une danseuse nimbée, pendant du n° VII.

X. — Petit fragment d'ornement, feuilles d'acanthe.

XI. — Fragment d'un autre ornement, feuillage.

XII. — Une Sirène, se montrant de face, tenant dans ses bras deux queues de poisson; le bas du corps manque.

XIII. — Tête de Sirène ou de Sphinx.

XIV. — Génie ou enfant chargé de fleurs et de feuilles formant cariatide.

XV. — Tête de bélier, ornement d'angle.

XVI. — Feuilles et raisins arrangés autour d'une colonnette.

XVII. — Éros et Psyché s'embrassant. Fragment de sarcophage du III° ou du IV° siècle. (Ce morceau est à ajouter au catalogue des représentations du mythe de Psyché, dressé par M. Collignon.)

XVIII. — Fragment de petite corniche.

XIX. — Grand chapiteau de pilastre corinthien.

XX. — Petite corniche.

XXI. — Bas-relief, génie assis et dormant (sans la tête).

XXII. — Griffon formant console.

XXIII. — Fragment de base; oves, rais de cœur.

XXIV. — Génie de face portant une guirlande; à droite, un sanglier qui se précipite vers lui.

XXV. — Deux pieds de griffon en console, palmettes au milieu.

Cinquième fenêtre (12 pièces)

I. — Buste d'impératrice (?), avec une chevelure bouclée, ronde bosse.

II. — Mascaron posé en acrotère à gauche.

III. — Fleuron posé de même à droite.

IV. — Frise : un candélabre entre deux griffons affrontés.

V. — Fragment d'ornement, palmette et feuillage.

VI. — Balustre.

VII. — Frise avec encadrement de roses et de perles.

VIII. — Fragment de console imbriquée.

IX. — Moitié de chapiteau ionique, volute, acanthe et rose.

X. — Chapiteau de pilastre avec volutes, acanthes et roses.

XI. — Statue de femme au torse nu, drapée par le bas ; manquent la tête et les bras.

XII. — Chapiteau ionique, pareil au n° IX.

XIII. — Petite corne d'abondance.

XIV. — Fragment, feuille et fleuron.

XV. — Montant triangulaire, orné de feuillage sur ses faces.

XVI. — Corniche d'angle, encadrement, oves, rais de cœur.

XVII. — Console formée d'une tête de lionne, d'une feuille d'acanthe et d'un pied de griffon.

XVIII. — Grand fragment d'un chapiteau de pilastre, acanthes et rinceaux.

XIX. — Dans ce fragment est incrusté un petit bas-relief, avec un vase et des rinceaux.

XX. — Console formée d'une tête de lionne, pareille au n° XVII.

XXI. — Balustre.

XXII et XXIII. — Fragments d'un ornement avec feuillage.

Sixième fenêtre (27 pièces)

I. — Grand fragment d'entablement, palmettes, imbrications, rais de cœur.

II. — Petit fragment, palmettes.

III. — Petite frise, rangée de palmettes et de torsades.

IV. — Autre, avec rangées d'imbrications et une rangée de roses.

V. — Chapiteau de petit pilastre, mascaron entouré de rinceaux.

VI. — Grand fragment d'architrave, avec lignes de rais de cœur et de cordes.

VII. — Fragment carré, orné d'un vase à deux anses entouré de rinceaux.

VIII. — Fragment avec fruits, feuilles et oiseau ; relief peu saillant.

IX. — Chapiteau de pilastre corinthien avec des tiges, des acanthes et des fleurs.

X. — Petit fragment de montant. Ceps de vigne, feuilles et raisin. A rapprocher des n°ˢ XI, XIII et XVIII de la troisième fenêtre.

XI. — Petit angle d'encadrement.

XII. — Riche montant où se démêlent, à travers les rinceaux, un enfant et des têtes de cerf.

XIII. — Autre montant avec un vase décoratif, d'où s'élancent des rinceaux, des feuilles et des fruits, avec des oiseaux buvant dans le vase.

XIV. — Bas-relief en terre cuite, avec ornement, figure d'homme, oiseaux.

XV. — Riche culot d'où s'élève un rinceau de feuillage avec un serpent.

XVI. — Montant avec plusieurs rangées parallèles de torsades et d'entrelacs.

XVII. — Grand fragment de mosaïque rouge et noire sur fond blanc.

XVIII. — Masque tragique.

XIX. — Corniche à oves et palmettes.

XX. — Ornement de feuilles de vigne et raisins; à rapprocher du n° X.

XXI. — Fragment de fût et chapiteau ionique, supportés par une base de colonne ornée de feuilles, de rais de cœur et de perles.

XXII et XXIII. — Deux petites volutes avec rinceau.

XXIV. — Petit autel avec une guirlande, soutenue par deux têtes de bélier; oiseaux; au centre, un cartouche vide.

XXV. — Petit bas-relief avec des oiseaux. A rapprocher des n°ˢ X et XX.

XXVI. — Fragment de grand chapiteau corinthien.

XXVII. — Tailloir de chapiteau, orné d'oves, de girouettes et de torsades, supporté par un fragment de fût en pierre, sous lequel est encastré un mufle de lion en marbre.

II. — MOULAGES

Les moulages exposés dans la cour vitrée reproduisent les plus beaux spécimens de la statuaire antique. Comme il a été impossible, eu égard aux dimensions de beaucoup de ces reproductions, de les ranger dans un ordre chronologique rigoureux, on a dû se borner à grouper, à droite,

autour des colonnes du Parthénon, la série grecque ; à
gauche, autour des colonnes du temple de Castor et Pollux,
la série romaine.

PARTIE DROITE DE LA COUR VITRÉE

Parmi les principaux moulages exposés à droite en en-
trant (à partir de la porte principale), on signalera :

Un molosse. Musée du Vatican.

Lécythe funéraire décoré de bas-reliefs. Musée d'Athènes.

Le Faune endormi (dit Barberini). Glyptothèque de
Munich (trouvé au XVIIe siècle près du fort Saint-Ange.

Deux des chevaux de bronze de Venise. Basilique de
Saint-Marc à Venise.

Première épine

Torse d'homme. École des beaux-arts (voy. p. 77).
Hermaphrodite (mi-figure). Musée de Berlin.
La Victoire. Musée de Brescia (trouvée en 1826 dans le
temple de Vespasien, à Brescia).
Mercure et Bacchus enfant. Jardin Boboli, à Florence.
Torse d'athlète. Villa Ludovisi à Rome.

Derrière l'épine :

Tête et torse du Pasquino (Ménélas soutenant le corps
de Patrocle). Place de Pasquino (trouvé à Rome au
XVIe siècle).

Deuxième épine

Faune ou Silène dansant et jouant des cymbales (époque
alexandrine). Villa Borghèse à Rome (trouvé en 1824 près
du Monte-Calvo, restauré par THORWALDSEN).

Buste d'Amazone ou de Sapho. Musée d'Oxford.
Torse de Faune. Musée de Berlin.
Buste d'Alexandre le Grand. Musée du Louvre.
Mercure. Musée d'Athènes.

Derrière l'épine :

Esculape. Musée de Florence.

Dans l'angle :

Jeune fille d'Elis, victorieuse à Olympie. Musée du Vatican.
Buste de Jupiter-Sérapis. Musée du Vatican.
Minerve, style archaïque. Musée de Naples.
Statue archaïque, dite l'Apollon de Tenea. Glyptothèque de Munich (vi° siècle avant J.-C.), trouvée en 1846 à Tenea, près de Corinthe.

Troisième épine

Silène et Bacchus enfant. Musée du Louvre. (Frœhner, n° 250).
Personnage assis (fragment). Villa Borghèse à Rome.
L'Enfant à l'oie. Musée du Louvre. Copie d'un original perdu, sculpté par BOETHOS.

Derrière l'épine :

Buste de Bacchus indien, en bronze (désigné à tort sous le nom de Platon). Musée de Naples.

Devant la porte :

Deux Canéphores. Villa Albani à Rome. Attribuées à CRITON et à NICOLAOS.

Quatrième épine

L'Enfant au masque ou le Génie tragique. Musée du
Capitole à Rome.

Hylas ou Génie bachique. Villa Borghèse à Rome.

Nymphe allaitant Bacchus. Palais Lante, à Rome. Voy.
les Sculptures antiques de Rome, de MM. Matz et Duhn,
t. Ier, p. 92.

Guerrier grec, dit Gladiateur combattant. Musée du
Louvre (par AGASIAS d'EPHÈSE).

Dans l'angle :

Buste colossal de Junon. Villa Ludovisi, à Rome.

Tête colossale de cheval. Bronze du musée de Naples.

Grand vase décoratif. Musée britannique à Londres.

Cinquième épine

Apollon. Musée du Capitole.

Eros. Villa Massimi alle Colonne, à Rome.

Eros. Musée du Vatican.

Mars Borghèse. Louvre.

Bacchus. Villa Ludovisi à Rome.

Aux deux côtés de la porte

Deux cariatides du « Pandrosium » à Athènes.

Sixième épine

Discobole au repos. Musée du Vatican. Trouvé en 1792
sur la voie Appienne.

Torse d'homme. Jardin Boboli, à Florence.

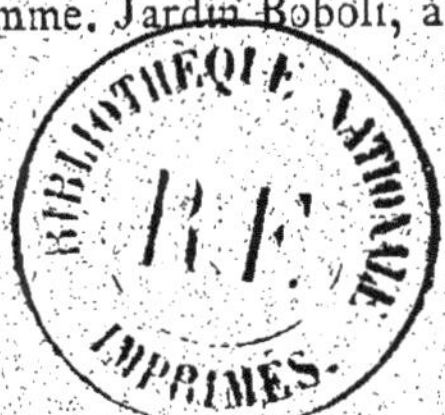

7

La Paix et Plutus (autrefois appelé Ino Leucothée). Copie antique d'un original de CÉPHISODOTE. Glyptothèque de Munich.

Torse de Bacchus. Jardin Boboli, à Florence.

Discobole en action, dit Discobole de MYRON. Musée du Vatican. Trouvé en 1791 dans la villa de Tivoli.

Différents bustes, parmi lesquels le buste du Jupiter d'Otricoli. Musée du Vatican.

Les deux Tyrannicides (Harmodius et Aristogiton). Copie en marbre d'un bronze de KRITIOS. Musée de Naples.

Le Diadumenos Farnèse. Musée britannique (acquis en 1864). École de POLYCLÈTE.

Pallas de Velletri. Musée du Louvre.

Autel circulaire avec des bas-reliefs *(Naissance de Minerve)*. Musée de Madrid.

Urne avec le Bacchus indien. Campo-Santo de Pise.

Vers le milieu de la section grecque s'élèvent trois colonnes d'ordre dorique, supportant un entablement avec quatre métopes *(Combat des Centaures et des Lapithes)* et un angle de fronton. Cette reproduction du *Parthénon d'Athènes* (terminé vers 432 avant Jésus-Christ) a été exécutée sur place, dans la cour vitrée, d'après les mesures et les cotes de l'original, par M. Alexandre de Sachy, directeur de l'atelier de moulage de l'École.

Devant les colonnes du Parthénon sont groupées les statues suivantes :

A gauche :

Posidippe assis (époque alexandrine). Musée du Vatican.

Démosthène. Musée du Vatican.

Faune au chevreau. Musée de Madrid.

Sapho (?). Villa Albani, à Rome.

Cestiaire. Provenance inconnue.

Faune au repos (Faune de PRAXITÈLE). Musée du Capitole.

Au centre :

Deux Danseuses (théâtre d'Herculanum). Bronzes du Musée de Naples.

Les Lutteurs. Musée de Florence.

Mars au repos. Villa Ludovisi, à Rome.

Groupe des trois Grâces. Musée de la cathédrale de Sienne.

La Vénus de Milo. Musée du Louvre.

Tête de la Vénus d'Arles, restaurée par M. BONASSIEUX.

Le Tireur d'épine. Bronze du Musée du Capitole.

A droite :

Ménandre assis (époque alexandrine). Musée du Vatican.

Minerve. Musée du Vatican.

Vénus Anadyomène. Musée du Vatican.

Minerve. Villa Albani, à Rome.

Mercure dit l'Idolino. Musée de Florence.

Vénus genitrix (trouvée à Fréjus). Musée du Louvre.

Dans les embrasures des fenêtres du premier étage :

Vénus génitrix. Musée du Louvre (voy. p. 99).
Vénus Anadyomène. Musée du Vatican.
Amazone. Musée du Vatican.
Apollon, style archaïque. Londres, Musée britannique.
Diane de Gabies. Musée du Louvre.

Au-dessus de la porte centrale, pratiquée dans le mur du fond, est placé un précieux marbre grec original, le torse d'une Athéna, autrefois conservé à la villa Médicis à Rome, envoyé à l'École par Ingres. Ce torse est gravé dans le *Musée de sculpture* de Clarac (pl. 474. A). Voy. aussi Schreiber, *die Athena Parthenos*.

PARTIE DE GAUCHE

Le long du mur d'entrée

Un molosse. Musée du Vatican.
Calendrier romain. Musée de Naples.
Ménélas soutenant le corps de Patrocle. Loggia dei Lanzi, à Florence (groupe trouvé à Rome et acquis en 1570 par le grand duc de Toscane; restauré par P. TACCA).
Copie d'un des chevaux de Venise, par le baron Bosio.
Autel antique, avec l'inscription *GENIO HVIC DEC. SACRVM*. Musée du Capitole.
Vase Farnèse. Bacchantes. Musée de Naples.
Cheval antique. Musée du Capitole à Rome.

Première épine

Minerva, dite Medica ou Giustiniani. Musée du Vatican.
Torse de Vénus au collier. Musée du Louvre.
Électre et Oreste par MENELAOS. Villa Ludovisi. Voyez
Schreiber, *les Sculptures de la villa Ludovisi à Rome,*
p. 89.
Torse d'homme. Musée du Louvre.
La Vénus d'Arles. Musée du Louvre.

Deuxième épine

Doryphore ou Athlète. Musée de Florence.
Danseuse. Musée du Louvre.
Méléagre. Musée du Vatican.
Torse d'Eros. Musée du Louvre.
Doryphore. Musée de Naples.

Dans l'angle

Buste de Marc-Aurèle. Musée du Louvre.
Hercule et Télèphe, ou Hercule et Commode. Musée
du Vatican.
Buste colossal de Lucius Vérus. Musée du Louvre.

Troisième épine

Vase Borghèse. Musée du Louvre.
Le Nil (fragment). Musée du Vatican.
L'Amour endormi. Musée de Turin.
Vénus (sans tête). Musée de Naples.
La Vénus de Vienne. Musée du Louvre.

Aux deux côtés de la porte donnant sur la Salle romaine :

Domitien en triomphateur. Musée du Vatican.
Auguste en triomphateur. Musée du Capitole.

Quatrième épine

Vénus callipyge. Musée de Naples, ancienne collection Farnèse).
Niobide étendu sur le dos. Glyptothèque de Munich.
Torse d'homme, avec un bout de draperie sur l'épaule gauche. Villa Médicis à Rome.
Vase dit de Médicis. Musée de Florence.

Dans l'angle :

Buste colossal d'Auguste. Musée du Vatican.
Mercure ou Antinoüs. Musée du Vatican.
Buste de Junon. Villa Ludovisi, à Rome.

Cinquième épine

Junon. Musée de Naples.
Torse de jeune femme.
Candélabre. Musée du Vatican.
L'Amour tendant son arc. Musée du Vatican.
Aurige. Musée du Vatican.

Aux côtés de la porte de la salle de l'Ornement :

Deux prisonniers barbares. Musée de Naples.

Sixième épine

Vénus et Cupidon (groupe mutilé). Villa Borghèse.

Torse de Diane. Musée du Vatican.

Laocoon et ses fils. Œuvre d'Agésandre de Rhodes, d'Athénodore et de Polydore. Musée du Vatican. (Trouvé en 1506 à Rome.)

Torse de jeune fille. Musée du Vatican.

Torse de femme. Jardin Boboli, à Florence.

Castor. Statue colossale. Place de Montecavallo, à Rome. Cette statue et celle de Pollux, qui lui fait pendant, ont été données à tort, pendant le moyen âge, à Phidias et à Praxitèle. On les attribue à l'époque de Lysippe.

Tête colossale de cheval. Même provenance.

Uranie assise, avec les attributs de l'Astronomie. Musée du Vatican.

César. Statue colossale. Musée du Capitole.

Vers le milieu de cette section se dressent les moulages de deux colonnes du temple de Castor et Pollux (aussi appelé temple de Jupiter), sur le Forum de Rome.

Devant ces colonnes sont rangés :

La Louve romaine allaitant Romulus et Rémus. Musée du Capitole.

Autel circulaire avec un bas-relief représentant la mort de Narcisse. Musée du Capitole.

Autel avec les douze dieux. Musée du Capitole.

À gauche :

La Vénus du Capitole.
Jeune fille romaine. Musée du Louvre.
Dame romaine (la Fille de Titus?). Musée du Vatican.
Mercure (en bronze). Musée de Florence.
La Diane de Gabies. Musée du Louvre.

Au centre :

Le Scythe s'apprêtant à écorcher Marsyas, dit le Rémouleur. Musée de Florence.
Agrippine l'ancienne (statue assise). Musée du Capitole.
Rhyton. Musée du Capitole.
Statue connue sous le nom de Germanicus, par CLÉOMÈNE D'ATHÈNES, fils de Cléomène. Musée du Louvre.
Ariane dormant (autrefois appelée Cléopâtre). Musée du Vatican (1er siècle de notre ère) ; trouvée à Rome au début du XVIe siècle.
La Joueuse d'osselets. Musée de Berlin.

À droite :

Mercure ou Antinoüs. Musée du Capitole.
Jeune Romain tenant une épée. Musée du Vatican.
Commode jeune. Musée du Louvre (Clarac, n° 2465).
La Vénus de Médicis. Musée de Florence.
Aulus Métellus (l'Orateur étrusque). Musée de Florence.

Embrasures des fenêtres du premier étage :

Mercure ou Antinoüs. Musée du Capitole.
Vénus de Médicis. Musée de Florence.
Vase de Nîmes. Anses en bronze doré par ROGER et LEGAY, fond bleu lapis par LECHT. Manufacture de Sèvres. Don du ministère des beaux-arts, 1884.
Diane d'Éphèse. Musée du Vatican.
Adonis. Musée du Vatican.

LA SALLE ROMAINE

Au fond de la salle vitrée, à gauche, s'étend la SALLE ROMAINE, qui renferme, entre autres, les moulages de l'*Arc de triomphe de Titus*, de la *Colonne Trajane*, du *Monument chorágique de Lysicrate* (lanterne de Démosthène), ainsi que les moulages d'importants fragments d'architecture.

Cette salle sera prochainement ouverte aux études.

LA SALLE DE L'ORNEMENT

L'arcade qui fait face à la porte d'entrée de la cour vitrée conduit, par un double escalier, dans la salle dite l'HÉMICYCLE, dont nous nous occuperons tout à l'heure.

Des deux côtés de cette sorte de vestibule, et prenant jour en partie sur la galerie vitrée, s'étendent deux salles, consacrées, l'une, celle de gauche, à des moulages d'ornements classiques, d'où son nom de SALLE DE L'ORNEMENT ; l'autre, celle de droite, a des moulages d'après les marbres récemment trouvés à Olympie, d'où son nom de SALLE D'OLYMPIE.

La SALLE DE L'ORNEMENT contient, outre de nombreux spécimens d'ornements antiques, chapiteaux, corniches, vases, trépieds, triglyphes, etc., les moulages des bas-reliefs incrustés sur l'Arc de Constantin, à Rome, bas-reliefs qui proviennent en réalité de l'arc de triomphe élevé en l'honneur de Trajan. Le bas-relief de gauche représente *Trajan vainqueur des Daces, couronné par la Victoire*; celui de droite, *Trajan combattant contre les Daces*. Ces moulages, exécutés par les soins d'INGRES, alors directeur de l'Académie de France à Rome, ont été envoyés par lui à l'École en 1841.

L'HÉMICYCLE

La salle dite de l'Hémicycle (consacrée aux cours et aux distributions de prix) doit sa célébrité au chef-d'œuvre de PAUL DELAROCHE (1797-1856), rendu si populaire par la gravure de M. HENRIQUEL-DUPONT [1].

Cette peinture — à la cire — a été terminée en 1841 et li-

---

1. Nous devons à l'obligeance de MM. Boussod et Valadon, éditeurs de la gravure de M. Henriquel, de pouvoir joindre à notre description le croquis des têtes qui figurent dans la peinture de Delaroche. Ces croquis sont empruntés à une brochure intitulée : *Notice explicative de l'hémicycle de l'École des beaux-arts.*

Consulter en outre sur la peinture de Delaroche les *Études sur l'histoire des Beaux-Arts* de Vitet, t. III, p. 282 et suiv., et les *Mélanges sur l'Art contemporain* du vicomte Henri Delaborde (Paris, 1866, p. 334-358).

vrée à l'admiration du public la même année. (On lit, à gauche, la signature : PAUL DELAROCHE, 1841.) Endommagée par un incendie en 1855, elle a été très habilement restaurée par M. CLAUDE MERCIER (1803-1873), assisté de MM. ROBERT-FLEURY et vicomte HENRI DELABORDE.

La première pensée de la peinture de Delaroche se trouve au Musée de Nantes ; une étude à la plume, *le Génie des Arts distribuant des couronnes*, figure dans les collections de l'École des beaux-arts (voy. plus loin, salle Gatteaux).

La composition de Paul Delaroche ne comprend pas moins de soixante-quatorze figures, toutes de grandeur nature : au centre, *Ictinus, Apelle* et *Phidias*, transformés en juges ; devant eux, quatre figures de femmes symbolisant les *Quatre grandes périodes de l'Art* ; au milieu le *Génie des Arts distribuant des couronnes* ; enfin à gauche et à droite, soixante-sept artistes, les uns assis, les autres debout, paraissant converser entre eux (quarante peintres et graveurs, quatorze sculpteurs, treize architectes).

Dans ses *Études sur l'histoire des Beaux-Arts*, M. Vitet a donné de la peinture de l'hémicycle une vivante et poétique analyse qui fera bien comprendre les beautés et le sens de cette grande composition décorative. Je ne saurais mieux faire que de la reproduire ici dans ses traits généraux.

« Un long portique à colonnes, d'une élégante simplicité, occupe tout le fond de la scène. Vers le milieu de cette colonnade, c'est-à-dire au centre de l'hémicycle, on voit dans une sorte d'enfoncement, auquel on monte par des degrés, un banc de marbre sur lequel sont assis deux vieillards, et entre eux un homme dans la force de l'âge.

Tous trois ils portent pour vêtement un manteau blanc qui couvre à peine leurs épaules ; leur front est ceint d'une couronne d'or ; leur attitude est calme, majestueuse ; il y a dans leur visage cette sérénité presque divine dont les anciens se servaient pour exprimer l'apothéose... Le plus jeune de ces trois hommes est *Apelle*, les deux autres *Phidias* et *Ictinus* ; Apelle, le dernier des grands peintres de la Grèce ; Ictinus, l'architecte du Parthénon, le représentant du grand siècle de l'architecture ; Phidias, le créateur de la sculpture à la fois idéale et vivante, de la plus grande et de la plus vraie des sculptures...

« C'est sous leurs yeux, c'est en leur nom, que cette noble et belle fille au teint oriental, au regard bienveillant, ramasse une couronne et se dispose à la lancer au lauréat.

« A leurs pieds sont deux jeunes femmes assises de chaque côté des degrés : elles gardent un respectueux silence. L'une, par son profil, rappelle le type grandiose de certaines médailles grecques ; l'autre, le front ceint d'un diadème, a plutôt le caractère des figures impériales. C'est l'image et la personnification de l'art antique sous ses deux formes les plus saillantes : la forme grecque et la forme romaine...

« Mais voici deux autres femmes, qui, debout sur le devant des degrés, ont un aspect moins sévère et semblent se rattacher encore, par quelques liens secrets, au monde des vivants. L'une porte au ciel un regard rêveur : sur ses épaules, qu'enveloppe un étroit et chaste manteau, ses blonds cheveux retombent en nappes onduleuses ; une grâce virginale se mêle dans ses traits à une tendre et suave lan-

gueur, et sur son front, où brille l'inspiration céleste, on
aperçoit ce découragement mélancolique que nous inspire
le sentiment de notre infirmité comparée à la grandeur de
Dieu. Une palme à la main, ce serait une sainte; mais ce
modèle d'une église gothique nous trahit son secret. C'est
le génie de l'art du moyen âge, de ce sublime novateur qui
trouva le chemin du beau sans autre guide que la foi...

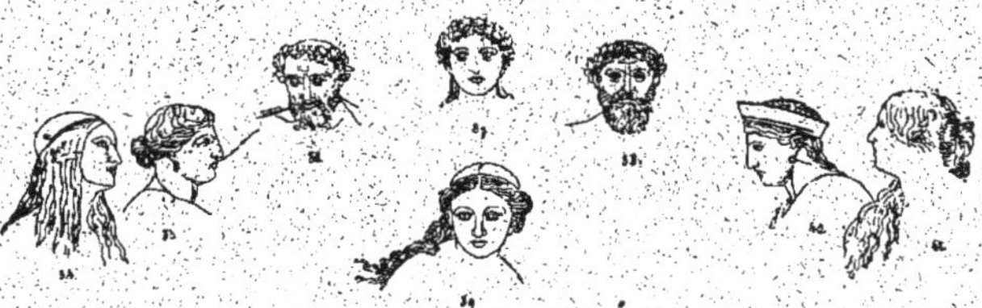

34. L'Art gothique. — 35. L'Art grec. — 36. Ictinus.
37. Apelle. — 38. Phidias.
39. Génie des arts. — 40. L'Art romain. — 41. La Renaissance.

« Ces deux femmes sont comme le chaînon qui relie la partie antique et tout idéale du tableau avec sa partie moderne
et presque vivante. Tournons en effet les yeux à droite et
à gauche de ce muet aréopage : là, plus de graves et im-
mobiles figures; c'est une foule qui se meut et qui parle;
étrange et brillant assemblage des costumes les plus variés,
des figures les plus diversement caractérisées. Ces hommes-
là ne sont pas séparés de nous par vingt siècles comme les
divins maîtres de l'art antique; le feu sacré qui les anima
sur la terre ne doit pas cesser de briller dans leurs yeux;
on dirait qu'ils ont encore un pied dans ce monde, tant ils

parlent avec plaisir, tant ils s'interrogent avec curiosité sur
ce qu'ils y ont vu, sur ce qu'ils y ont fait.

« Ils sont là sans façon, sans apparat, les uns debout, les
autres assis sur un long banc de marbre en avant du portique. Entre eux point de hiérarchie de talent ; point de
distinction de pays ; le Florentin se confond avec le Français, le Flamand et l'Espagnol avec le Vénitien ; seulement,
ce qui est bien naturel, les architectes cherchent de préfé-
rence les architectes, les sculpteurs s'adressent aux sculpteurs, et quant aux peintres, eux qui sont de beaucoup les
plus nombreux, ils se partagent et se divisent selon leur
nature et leurs sympathies : les grands dessinateurs d'un
côté, les grands coloristes de l'autre.

« Ainsi l'ensemble de la composition se fractionne en cinq
groupes distincts, mais artistement enchaînés. Au milieu,
le groupe idéal, l'art antique dans une sorte de demi-teinte
et d'éloignement vaporeux ; à droite, le groupe des architectes, et de l'autre côté, les sculpteurs, puis, aux deux
extrémités, les peintres.

« Du côté des grands dessinateurs, les yeux sont frappés
d'abord d'une noble figure de vieillard dont la longue barbe
blanche laisse tomber ses reflets argentés sur une riche
pelisse de velours cramoisi. C'est *Léonard*, le patriarche
du dessin ; il expose de la voix et du geste ces fécondes et
savantes idées dont son esprit ne cessa d'être assailli
durant sa vie. Autour de lui tous gardent le silence ;
Raphaël lui-même l'écoute avec respect, sinon avec une
entière soumission. *Fra Bartolommeo* le contemple dans
un pieux recueillement ; le *Dominiquin* s'attache à ses
paroles avec une ardente curiosité ; *Albrecht Dürer* admire

la justesse de ses démonstrations et *Fra Beato Angelico*
lui-même, s'arrachant à ses prières et à ses saintes visions,
s'avance pour l'écouter. Mais tout le monde ne lui prête
pas ainsi l'oreille. Seul, *Michel-Ange* semble faire bande
à part; absorbé dans ses propres idées, il ne cache pas
son dédain pour celles des autres, et veut rester étranger à

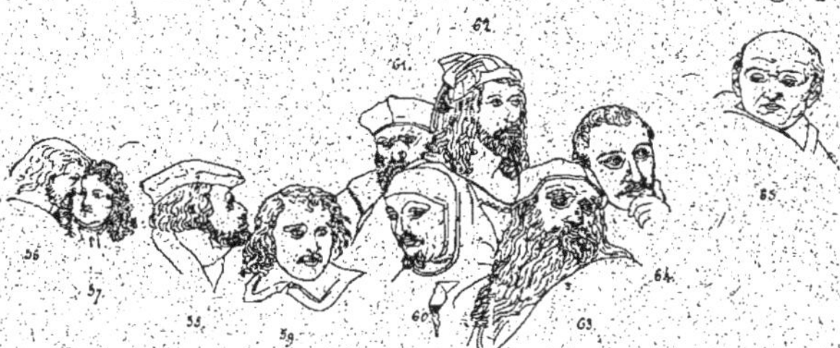

56. Marc-Antoine. — 57. Edelinck. — 58. Holbein.
59. Le Sueur. — 60. Orcagna.
61. Sébastien del Piombo. — 62. Dürer. — 63. Léonard de Vinci.
64. Dominiquin. — 65. Fra Bartolommeo.

tout ce qui se passe autour de lui. Plus loin le *Giotto,
Cimabue, Masaccio,* sont aussi dans une sorte d'isolement ;
ils écoutent à peine Léonard, et leur regard étonné semble
dire qu'ils ne peuvent s'accoutumer aux étranges déviations
dans lesquelles l'art est tombé depuis ces jours où ils
essayèrent de lui frayer son chemin. Enfin, à l'extrémité
du tableau, cette grande figure vêtue de noir, au front
large, à l'œil vif, vous la connaissez, c'est notre *Poussin,*
penseur sublime, esprit solitaire ; lui aussi il s'écarte de la
foule, mais ses yeux se tournent avec amour sur cet audi-
toire où se trouveront désormais réunies toutes les espérances de la peinture française : ce regard du Poussin sur

notre école, regard paternel, mais sévère, est en quelque
sorte le résumé et la pensée morale de tout le tableau.

« Dans le groupe des architectes, c'est le vieux *Arnolfo
di Lapo* qui prend la parole, c'est autour de lui que sont
réunis presque tous les maîtres du grand art de bâtir.
Debout dans sa grande robe florentine, l'architecte de

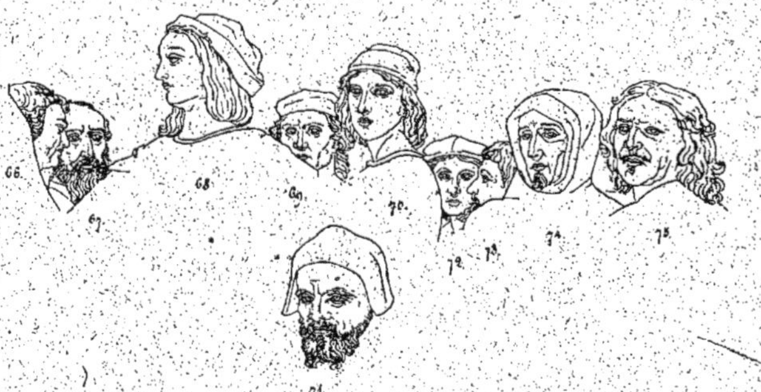

66. Mantegna. — 67. Jules Romain. — 68. Raphaël.
69. Pérugin. — 70. Masaccio.
71. Michel-Ange. — 72. Andrea del Sarto. — 73. Cimabue.
74. Giotto. — 75. Poussin.

Sainte-Marie des Fleurs raconte sans doute au milieu de
quelles ténèbres il dirigea ses pas, quels furent ses efforts
et ses hésitations, alors que l'Italie, n'acceptant pas encore
le retour aux règles antiques, résistait néanmoins à l'inva-
sion de ce système dont toute la chrétienté du Nord admi-
rait les saintes témérités. *Robert de Luzarche*, qui détourne
la tête, lui dira tout à l'heure quels trésors renfermait ce
mystérieux système, et combien, sous son apparence hasar-
deuse et incorrecte, il cachait de science et de pureté.

Bramante, à son tour, indiquera tout ce que le génie moderne pouvait épuiser de noblesse et de grâce, non dans l'imitation, mais dans l'intelligence des grands modèles de l'antiquité; et quant à *Palladio,* il expliquera sans doute, pour se justifier, comment devaient s'altérer sitôt entre ses mains ces traditions de simplicité et de grandeur

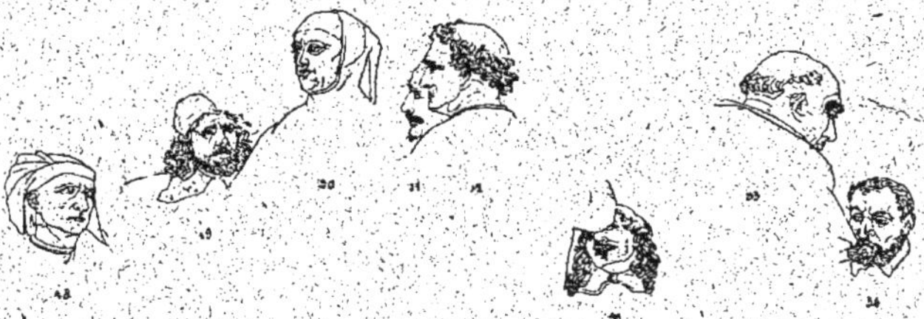

48. Brunelleschi. — 49. Jones. — 50. Arnolfo di Lapo.
51. Lescot. — 52. Bramante.
53. Mansart. — 54. Vignole. — 55. Beato Angelico.

qu'il avait reçues encore si fraîches et si pleines d'avenir. En attendant, le vieillard continue son récit, et tous ils le regardent en silence. *Brunelleschi,* assis sur le banc de marbre, l'écoute d'un air un peu distrait : on voit qu'il pense encore à sa coupole. *Pierre Lescot,* avec la pétulance d'un Français, s'avance pour écouter le vieux Florentin, et s'appuie familièrement sur l'épaule de Bramante... Au contraire, il est tout à fait probable que, si le *Sansovino* et *Erwin de Steinbach* se sont jamais rencontrés, ils auront eu mille choses à se dire; je ne m'étonne donc pas de les voir causer là, sur ce banc, en tête à tête, et tellement appliqués à ce qu'ils disent qu'ils n'aperçoivent rien de tout ce qu'on fait autour d'eux... A cet aparté entre

8

Erwin et Sansovino, ajoutez la figure isolée de *Philibert de Lorme*, dont la pensée soucieuse semble poursuivre quelque problème de construction; puis, à l'autre extrémité, *Vignole* convenant avec lui-même que, s'il revenait au monde, ce n'est pas seulement dans sa grammaire qu'il apprendrait l'art de bâtir.

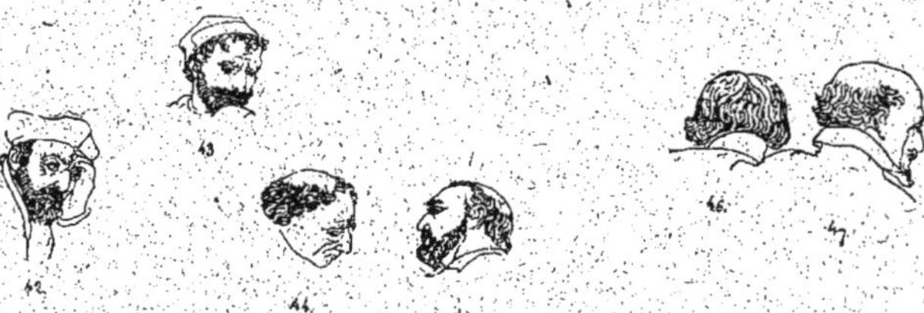

42. Delorme. — 43. Peruzzi. — 44. Erwin de Steinbach.
45. Sansovino. — 46. Robert de Luzarches. — 47. Palladio.

«La scène principale, dans le groupe des sculpteurs, est une conversation entre le vieux *Andrea Pisano* et *Luca della Robbia. Donatello* et *Ghiberti* se disposent à y prendre part; ils ont bien le droit de dire aussi leur mot. Derrière les deux interlocuteurs on aperçoit ce présomptueux *Bandinelli*, qui, comme de coutume, laisse percer dans son sourire une envieuse malignité. *Jean Goujon*, au contraire, et plus loin *Germain Pilon*, cherchent à écouter avec un empressement qui témoigne de leur déférence. *Puget*, assis au bout du banc, ne fait pas attention aux paroles des deux vieillards; il est retenu par *Jean Bologne*, qui paraît un intrépide causeur. Derrière eux, *Benvenuto Cellini*, distrait et dédaigneux, s'éloigne en murmurant quelque sarcasme, pendant que *Bernard Palissy* rêve à ses expériences.

et regrette ses fourneaux. Enfin le groupe est terminé par deux figures calmes et silencieuses : notre *Pierre Bontemps,*

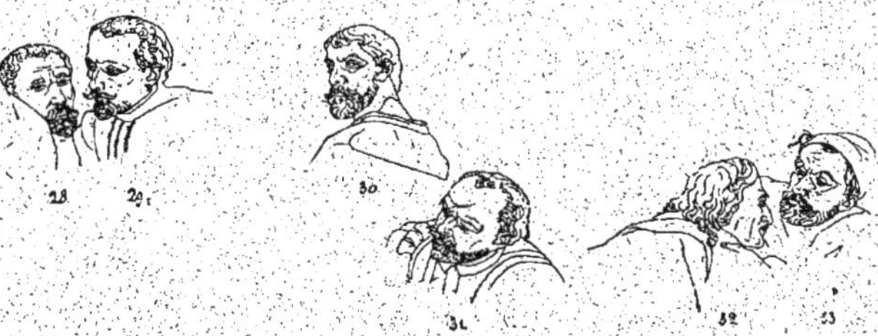

28. Palissy. — 29. Goujon. — 30. Cellini. — 31. Pilon. 32. Puget. — 33. Jean Bologne.

qui recueille précieusement les leçons de *della Robbia,* et le rustique et naïf *Peter Vischer,* qui a l'air tout résolu à

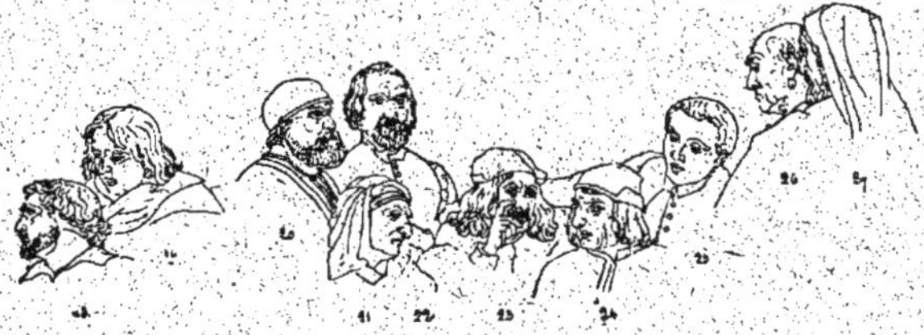

18. Claude Lorrain. — 19. Guaspre Poussin. — 20. Peter Vischer. 21. Bontemps. — 22. Luca della Robbia. 23. Benedetto da Maiano. — 24. Giovanni Pisano. 25. Bandinelli. — 26. Donatello. — 27. Ghiberti.

conserver ses idées aussi bien que son costume germaniques.

« Parvenus à l'autre extrémité de l'hémicycle, nous voici

de nouveau en présence des peintres ; mais ici c'est le rendez-vous de ces génies lumineux qui ont cherché la poésie de leur art moins dans la beauté des lignes et dans l'expression de la pensée que dans les mystérieuses harmonies de la couleur. Ce groupe renferme, comme les autres, plusieurs scènes distinctes. Et d'abord nous rencontrons

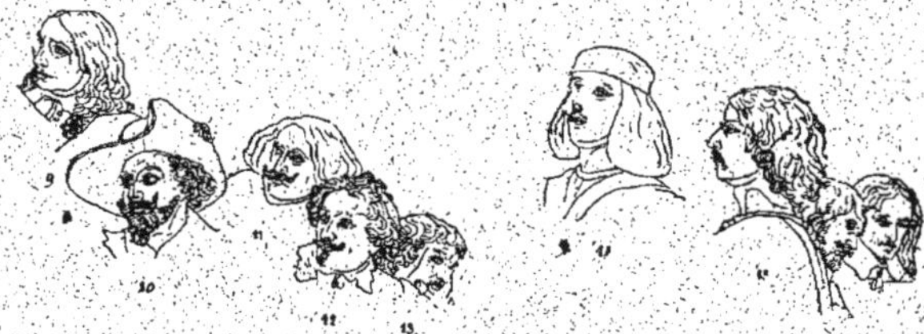

9. Van der Helst. — 10. Rubens. — 11. Velasquez.
12. Van Dyck. — 13. Caravage. — 14. Bellini. — Giorgione.
16. Ruydsael. — 17 Potter.

les quatre plus grands artistes qui aient jamais exprimé les beautés du paysage, *Claude le Lorrain, Guaspre Poussin, Ruysdaël* et *Paul Potter*. Ils sont là se racontant en confidence par quels artifices ils ont pu lutter victorieusement, les uns contre les pompes de la nature, les autres contre toutes ses naïvetés. Plus loin le théâtre s'agrandit : c'est *Rubens, Van Dyck, Rembrandt, Murillo, Velasquez…*, qui écoutent la savante parole du *Titien. Van Eyck* lui-même prend plaisir à l'entendre, lui le précurseur et le père de tous ces grands coloristes. Vêtu d'une de ces robes de brocart d'or dont son pinceau vigoureux rendait si bien les éblouissants reflets, il préside avec la majesté d'un doge cette brillante assemblée de famille. Debout à ses côtés, *Antonello de Messine* semble faire l'office d'un page soumis et docile... Pour écouter *Titien*, le sombre *Caravage* lui-même semble imposer silence à sa mauvaise humeur; *Jean Bellini*, malgré son imperturbable gravité, se complaît intérieurement aux paroles de son illustre élève; et quant

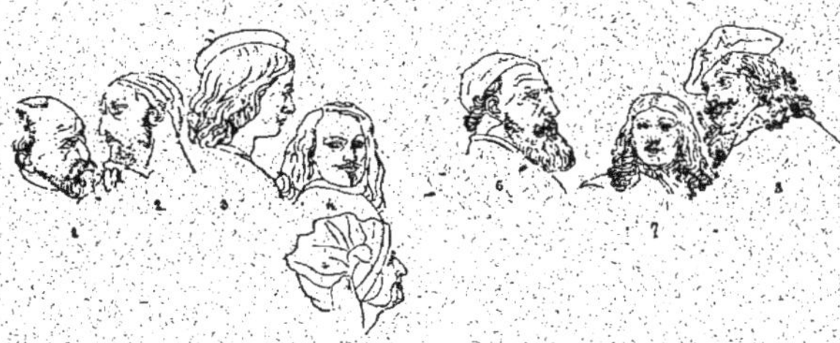

1. Le Corrège. — 2 Paul Véronèse. — 3. Antonello de Messine.
4. Murillo. — 5. Van Eyck.
6. Titien. — 7. Terburg. — 8. Rembrandt.

à *Giorgione*, son admiration a quelque chose de guerroyant; il se pose en spadassin, tout prêt à tirer la dague pour l'honneur du lion de Saint-Marc et pour la suprématie de son école. *Paul Véronèse*, au contraire, a l'air plus modeste et plus tolérant; à la manière dont il se retourne vers le *Corrège*, ne semble-t-il pas dire : « Avancez donc, « et venez aussi nous raconter vos secrets, vous qui êtes « lumineux comme nous, qui faites aussi de la couleur une « éclatante satisfaction pour les yeux, et qui, de plus, avez « trouvé moyen de la faire parler à l'âme [1]. »

1. Vitet, *Étud es sur l'histoire de l'Art*, t. III, p. 281 et suiv.

A la peinture de Delaroche fait face le célèbre tableau d'INGRES : *Romulus vainqueur d'Acron porte les dépouilles opimes au temple de Jupiter Férétrien*. Ce tableau (à la détrempe), peint à Rome en 1812, pour le palais du Quirinal, transporté ensuite au palais de Latran, fut envoyé en 1867 à Paris, pour figurer à l'exposition des œuvres d'Ingres, et donné par Pie IX à Napoléon III, qui en fit don à l'École.

Le *Romulus* a été gravé par M. HAUSSOULLIER pour la Chalcographie du Louvre; il a été en outre reproduit dans l'*Ingres*, de Charles Blanc (p. 32). Voy. Delaborde, *Ingres, sa vie, ses travaux, sa doctrine*; Paris, 1870 (p. 214), et Charles Blanc, *Ingres, sa vie et ses ouvrages*; Paris, 1870 (p. 31-32).

LA SALLE D'OLYMPIE

La SALLE D'OLYMPIE contient cinq groupes principaux de moulages : ceux d'Olympie, ceux de Pergame, ceux du tombeau de Mausole à Halicarnasse, les bas-reliefs du temple de la Victoire Aptère à Athènes, les métopes de Sélinonte.

Les sculptures d'Olympie se divisent en deux sections, l'une trouvée en 1829-1830, lors de l'expédition de Morée dirigée par Dubois et Abel Blouet[1], et aujourd'hui con-

1. *Expédition scientifique de Morée*. Paris, 1831-1839.

servée au Louvre ; l'autre, mise à jour en 1875-1881, lors
des fouilles entreprises par le gouvernement alle-
mand, et qui est restée à Olympie. Dans cette dernière,
il convient de signaler les figures des deux frontons, la
métope avec Héraclès et Atlas, la *Victoire* de Pæonios,
l'*Hermès* de Praxitèle, tous conservés dans le Musée construit à Olympie même [1].

Mur de gauche

Statue dite d'Apollon sur l'Omphalos (l'Omphalos n'appartient pas à la statue). Athènes. Musée central.

Porte d'un tombeau antique avec deux bas-reliefs superposés symétriquement. Deux sirènes affrontées et deux
petits lions. Musée britannique à Londres.

Bas-reliefs du tombeau de Mausole à Halicarnasse, représentant les *Combats des Grecs et des Perses*. Cette
frise se continue sur trois parois de la salle. Musée britannique à Londres.

Une partie des sculptures (employées au xve siècle à la
construction du château de Budrun, par les chevaliers de
l'ordre de Saint-Jean) a été envoyée au British Museum
en 1846 par le vicomte Stratford de Redcliff ; l'autre, découverte en 1857 par M. Newton, est entrée dans la
même collection.

1. Curtius, Adler et Hirschfeld, *Die Ausgrabungen zu
Olympia*. Berlin, 1876-1883. 5 vol. in-folio. Voyez également, à la Bibliothèque de l'École des beaux-arts, la belle
restauration de M. Laloux.

Les auteurs des sculptures sont Skopas, Leochares, Bryaxis et Timotheos.

Deux fragments de palmettes de Phigalie.

La Paix et Plutus. Statue mutilée. Musée d'Athènes. Envoi de M. Le Bas, 1844. (Voir Le Bas, *Voyage archéologique*, éd. Reinach, pl. 24.)

Métopes de la frise du pronaos et de l'opisthodome du temple de Jupiter à Olympie (*Travaux d'Hercule*), Ve siècle avant Jésus-Christ. A Olympie et au musée du Louvre.

« Le temple de Zeus à Olympie fut commencé par les Éléens après la prise par eux de la ville de Pisa, en 572, et terminé environ cent trente ans après. L'édifice, construit, suivant l'usage du VIe siècle, en pierre calcaire recouverte de stuc, était d'ordre dorique, avec six colonnes sur les façades et treize sur les côtés.

« La longueur de l'édifice était de 63 mètres, sa largeur de 27; l'angle supérieur du fronton était à plus de 21 mètres au-dessus du sol environnant. A l'intérieur du naos, deux ordres superposés de colonnes doriques, sept de chaque côté, soutenaient la charpente de la toiture. Des métopes sculptées étaient placées, non pas, comme d'ordinaire, entre les triglyphes de la frise extérieure, au-dessus du péristyle, mais sur la frise intérieure, au-dessus des entrées du pronaos et de l'opisthodome : il y en avait six de chaque côté. Sur ces métopes étaient représentés les travaux du fondateur mythique du sanctuaire, Héraclès. La décoration des deux frontons avait été confiée aux deux artistes les plus renommés du Ve siècle, après Phidias. ALCAMÈNES D'ATHÈNES avait sculpté sur le fronton ouest le *Combat des Centaures et des Lapithes aux noces de Pirithoüs*; PÆONIOS DE MENDÉ, en Thrace, avait représenté sur le fronton est, celui de la façade principale, la fameuse *Course de chars* qui coûta la vie au roi Œnomaos et donna à Pélops l'empire du pays [1].

Épine du milieu

Sculptures du temple de Jupiter à Olympie. Fragments du fronton oriental, attribué à PÆONIOS DE MENDÉ. Vᵉ siècle avant Jésus-Christ. Musée d'Olympie.

« Le fronton est d'Olympie, d'après M. Rayet, révèle dans Pæonios une originalité puissante. On cherchait, ajoute M. Rayet, un élève assagi de Phidias, et on se trouve face à face avec un maître rude et quelque peu bourru, une manière de paysan thrace ignorant du décorum, soucieux avant tout d'être compris de la foule et de frapper fort, fallût-il pour cela être parfois incorrect et presque trivial. Ce qui distingue en effet ces marbres, ce qui en est, malgré leur variété, le caractère commun, c'est la préoccupation de l'effet décoratif. Ils sont conçus pour être vus à distance, et non pour être examinés de près. Replaçons-les par la pensée dans le tympan pour lequel ils

1. O. Rayet, *Études d'archéologie et d'art*, publiées par S. Reinach; Paris, Didot, 1888, p. 42 et suiv. L'attribution des sculptures des deux frontons à Pæonios et à Alcamènes n'est justifiée que par le témoignage de Pausanias; on a quelques raisons de la contester. (Voir Boetticher, *Olympia*, 2ᵉ édition.) M. Kékulé voit dans les marbres d'Olympie l'œuvre de sculpteurs siciliens, se rattachant à l'École de la Grande-Grèce (*Arch. Zeitung*, 1883, p. 241).

étaient faits, à 17 mètres au-dessus du sol : les négligences disparaissent, les brutalités s'adoucissent; ce qui subsiste, ce qui devient au contraire plus visible, c'est la franchise des lignes, la magistrale simplicité du travail, l'énergie du mouvement, l'intensité de la vie. »

Mur du fond

Une métope du temple le plus ancien de Sélinonte (Sicile), représentant *Hercule vainqueur portant les Cercopes*. Deux fragments de métopes appartenant à un temple plus récent : *un Dieu combattant contre un géant; — une Déesse combattant contre un géant*. Musée de Palerme. Fin du vi^e ou commencement du ve siècle avant Jésus-Christ.

Bas-relief funéraire d'Aristion (connu sous le nom de Soldat de Marathon), par ARISTOCLÈS. Deuxième moitié du vi^e siècle avant Jésus-Christ. Découvert en 1838 à Velanidéza, dans l'Attique. Musée d'Athènes.

Deux chevaux du quadrige du fronton oriental d'Olympie. Musée d'Olympie.

Ordre du temple de Jupiter à Sélinonte (fût de colonne, chapiteau et tailloir).

Un cheval (fragment), quadrige du fronton d'Olympie.

Hermès moscophore. Mission de M. Albert Dumont, 1879. Athènes.

Chapiteau à volutes, rais de cœur. — Bas-relief d'angle : Hermès criophore, Bacchante. Mission de M. Albert Dumont, 1879.

Autre bas-relief d'angle. Homme assis devant un bouclier. Mission de M. Albert Dumont, 1879. Athènes.

Sculptures du tombeau de Mausole à Halicarnasse. (Milieu du IV⁰ siècle avant Jésus-Christ.) — Fouilles de
M. Newton (1857). Musée britannique à Londres.

Statue colossale du roi Mausole.

Une tête d'homme. Même provenance.

Lion du tombeau de Mausole. Même provenance.

Ordre du temple de Junon à Sélinonte.

Métopes de Sélinonte : *Persée en présence de Minerve,
tranchant la tête de Méduse.* — Un *Quadrige.* Musée de
Palerme. VI-V⁰ siècle avant Jésus-Christ.

Une cariatide, style archaïque.

Trois chevaux. Quadrige du temple d'Olympie (seconde
moitié; voy. p. 122). Musée d'Olympie.

Mur de droite

Fragments des bas-reliefs de la balustrade et de la frise
du temple de Victoire Aptère à Athènes (fin du V⁰ siècle
avant Jésus-Christ). Athènes et Musée britannique.

Au-dessus de la porte

Fragment d'ornement, trois rangées d'oves et de rais de
cœur superposés. Musée britannique.

Une femme assise (sans tête) et un fragment de jambe.
Stèle. Musée du Louvre.

Stèle à fronton ou antéfixe. Deux femmes, l'une assise, et l'autre debout devant elle, tenant une cassette. Musée du Louvre.

Antéfixe à palmettes.

Deux petits bas-reliefs superposés avec deux personnages chacun de face.

Cariatide sans tête. Villa Albani, à Rome.

Mur donnant sur la cour vitrée

Stèle représentant quatre personnages debout. Musée d'Athènes.

Silène formant cariatide. Théâtre de Bacchus à Athènes.

Fragment de la *Gigantomachie*. Géant combattant contre l'aigle de Zeus. Fouilles de Pergame. Musée de Berlin.

Les sculptures de Pergame, découvertes de 1873 à 1880 par M. Humann, et aujourd'hui conservées au musée royal de Berlin, proviennent de l'autel élevé à Zeus et à Athéna sur l'Acropole de Pergame, pendant le règne d'Eumène II, entre les années 197 et 159 avant Jésus-Christ. Elles retracent les différents épisodes de la *Gigantomachie*, c'est-à-dire le combat de Jupiter et des autres dieux contre les Titans.

« L'école de Pergame, écrit M. Collignon, a une physionomie qui lui est propre ; elle s'est engagée résolument dans la voie nouvelle vers laquelle inclinait déjà l'école de SCOPAS, et s'y fraye son chemin. Comparez la frise du

mausolée d'Halicarnasse, découverte à Boudroun par
M. Newton, avec la frise de l'autel, et vous apprécierez
les éléments nouveaux que les sculpteurs d'Eumène II ont
mis en œuvre. Dans les marbres de Boudroun, on retrouve
déjà ces allures violentes, ces poses mouvementées qui
sont chères aux artistes de Pergame. Mais ceux-ci vont
plus loin. La préoccupation de l'effet dramatique les domine; ils y atteignent par l'expression de la douleur physique, par des contrastes saisissants entre les visages
sereins des dieux et ceux des Titans où se peint l'angoisse;
par ces figures d'animaux mêlées à la lutte, et qui tradui-
sent toutes les formes de la fureur bestiale, déchaînée et
sans frein. Cette recherche du pathétique s'accuse dans
toutes les parties de la composition; c'est elle qui nous
donne, en face de la frise, cette sensation nouvelle à
laquelle les œuvres grecques des périodes antérieures ne
nous ont pas habitués.

« Mais elle apparaît surtout dans les groupes principaux,
comme celui d'*Athéna*. La scène est composée avec un
sentiment dramatique très puissant. Bien que les visages
d'Athéna et de Gæa soient malheureusement mutilés, les
gestes, les attitudes des personnages disent assez l'expression qui devait les animer : au fier mouvement de la
déesse, on devine l'orgueil du triomphe, mais sans passion ni colère; les yeux de Gæa, levés vers Athéna, semblent supplier, tandis que le jeune géant est en proie à
toutes les tortures de la douleur. N'est-ce pas comme le
tableau final d'une sorte de drame? De là à un art plus
théâtral, il n'y a pas loin sans doute, et l'on sait avec
quelle facilité les autres écoles asiatiques franchiront la

limite. Mais il n'y a rien ici qui dépasse encore la mesure [1]. »

Stèle avec deux femmes debout, l'une portant un enfant. Musée du Louvre.

L'Hermès de PRAXITÈLE. Musée d'Olympie.

Stèle avec trois personnages; au milieu, une femme assise; derrière elle, une autre femme, et devant elle, une jeune fille. Athènes.

Déesse montant sur un char. Musée d'Athènes.

La Victoire d'Olympie, œuvre de PÆONIOS DE MENDÉ, et offrande des Messéniens et des Naupactiens à Jupiter. Musée d'Olympie.

Stèle avec plusieurs personnages entourant une femme assise. Athènes.

Grande statue dite la *Pudicité* (ou Mnémosyne), drapée à la manière d'une Muse; la tête manque. Athènes.

Séléné assise sur un mulet. Fouilles de Pergame. Musée de Berlin.

Grande stèle avec trois personnages, un assis et deux debout devant lui à droite. Athènes.

LA GALERIE GRECQUE

A la suite de la salle d'Olympie s'étend une galerie dans laquelle sont exposés les moulages d'un certain nombre de statues grecques célèbres, ainsi que des bas-reliefs et des bustes, dont l'énumération ne saurait trouver place ici.

1. Collignon, *l'Art*, 1883, t. III, p. 7-8.

Ce couloir communique avec la SALLE DE L'ENSEIGNE-
MENT SIMULTANÉ (ancienne SALLE GRECQUE), salle réservée
aux exercices des élèves et qu'il est, par conséquent, impossible d'ouvrir régulièrement au public. On y remarque
une série très riche de moulages de bas-reliefs grecs
ou romains, incrustés dans les épines.

Les statues ou bas-reliefs les plus importants exposés
dans cette galerie sont, en commençant à partir de la salle
d'Olympie :

La Vénus dite Anadyomène (réplique de la Vénus de
Cnide de PRAXITÈLE). Musée du Vatican.

Apollon avec le carquois, surnommé l'Apollino. Musée
de Florence.

L'Apoxyomenos. Copie d'après LYSIPPE. Trouvé par
Canina, en 1849, à Rome, dans le Transtévère. Musée du
Vatican.

Castor et Pollux (aussi appelé Antinoüs et son génie),
groupe très fortement restauré. Musée de Madrid.

Génie funèbre. Musée du Louvre.

Vénus d'Arles (trouvée en 1651). Musée du Louvre.

Amazone tenant une flèche. Musée du Vatican.

Eschine (improprement appelé Aristide). Trouvé à Herculanum. Musée de Naples.

La Muse Polymnie. Musée du Louvre.

Apollon. Statue archaïque mutilée, trouvé à Andros.
Musée d'Athènes (Le Bas, éd. Reinach, p. 118).

Jason ou Hermès mettant sa chaussure. Musée du Louvre.

Sophocle. Musée du Latran à Rome.

Métope du Parthénon. Combat d'un Centaure et d'un
Lapithe.

Apollon en bronze, de Lillebonne. Musée du Louvre.

Monument de Dexileos. Stèle avec antéfixe. Trouvé en 1863 à Athènes. IVe siècle avant J.-C. Athènes.

Statue ébauchée. Musée d'Athènes.

Torse colossal d'Apollon. Musée d'Athènes.

Stèle. Fragment d'un personnage, marchant à droite. Musée d'Athènes.

Stèle. Deux hommes affrontés. Musée d'Athènes.

Stèle. Deux femmes, dont l'une assise, l'autre debout, entre elles un enfant. Musée d'Athènes.

Stèle. Femme assise, autre femme debout. Musée d'Athènes.

Partie inférieure d'une figure archaïque. Musée d'Athènes.

Hermès (improprement appelé Phocion ; la tête est rapportée). Trouvé à Rome sur le Quirinal, en 1737. Musée du Vatican.

L'ESCALIER DE LA BIBLIOTHÈQUE

Dans le vestibule du palais, près de la cour vitrée, prennent naissance deux escaliers : l'un, celui de gauche, conduisant à la Bibliothèque et à différentes sections du Musée, l'autre, celui de droite, conduisant aux ateliers de peinture.

Nous prenons l'escalier de gauche. Il a pour principal ornement la copie d'une fresque exécutée par BERNARDINO PINTURICCHIO (1454-1513) dans la Bibliothèque (la célèbre « Libreria ») du dôme de Sienne, vers 1504. Cette

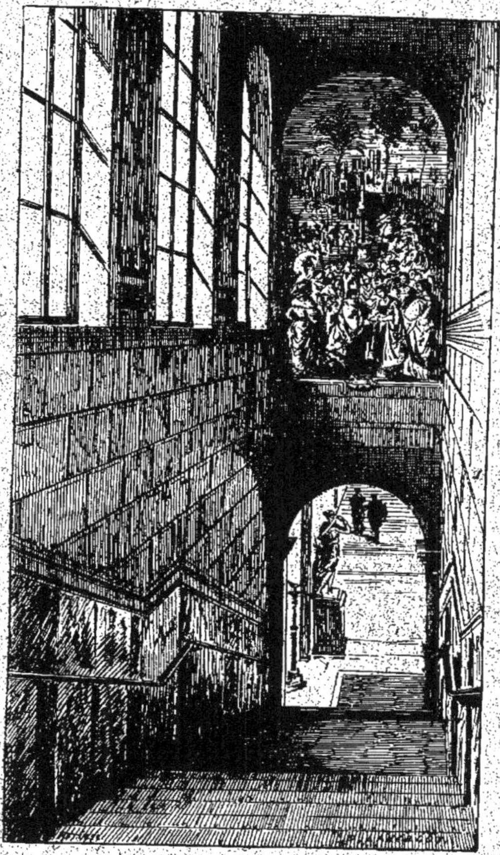

L'escalier de la Bibliothèque.

fresque représente *Æneas Sylvius Piccolomini* (le futur

pape Pie II) *fiançant l'empereur Frédéric III avec la princesse de Portugal.* Copie de M. GIACOMOTTI.

LA BIBLIOTHÈQUE [1]

La galerie qui sert actuellement de Bibliothèque était occupée, jusqu'en 1862, par des modèles d'architecture (voy. p. 20). La transformation en salle de lecture est due à Félix DUBAN, qui a doté cette salle d'un mobilier aussi simple et élégant que véritablement moderne. M. COQUART, successeur de Duban, a donné le dessin des lustres qui ont été installés dans la salle après qu'une décision du ministère eut organisé des séances du soir en faveur des élèves de l'École (1879) ; c'est lui également qui a transformé en salle annexe de la Bibliothèque la salle Dubois de l'Estang.

La décoration de la partie centrale de la Bibliothèque — l'encadrement de la porte donnant sur l'escalier qui conduit à l'attique — se compose, dans le haut, de six génies, groupés deux par deux ; chaque couple tenant un cartouche sur lequel est inscrit, à gauche, le mot PEINTURE ; au centre, le mot ARCHITECTURE ; à droite, le

1. La Bibliothèque est ouverte aux élèves tous les jours, de midi à quatre heures, du 15 octobre au 1er mai, et de midi à cinq heures du 1er mai au 1er août. Les personnes étrangères à l'École doivent s'adresser au conservateur de la Bibliothèque pour obtenir du directeur une carte d'admission qui leur sera envoyée à domicile. Des séances du soir, spécialement réservées aux élèves, ont lieu entre sept heures et demie et dix heures du soir, du 15 octobre au 1er mai. La Bibliothèque est fermée du 1er août au 15 octobre.

mot Sculpture. Dans le bas, de chaque côté de la porte, sont sculptées en haut-relief deux Muses, debout près d'un cartouche. Ces sculptures sont l'œuvre de M. Mercier; elles ont été mises en place en 1858.

Quant à la belle porte sculptée et dorée, elle provient du château d'Anet (voy. p. 30).

ŒUVRES D'ART EXPOSÉES DANS LA BIBLIOTHÈQUE

Tableaux et dessins

Les tableaux exposés dans la bibliothèque proviennent du musée de l'ancienne Académie royale de peinture et de sculpture. Ce sont des morceaux de réception; en d'autres termes, les morceaux sur la vue desquels les candidats étaient agréés à l'Académie [1].

Vestibule

Vulcain enchaînant Prométhée au rocher, par l'ordre et sous les yeux de Jupiter, par Jean-Charles Frontier (1744).

La Charité romaine, par Jean-Jacques Bachelier (1764), reçu à l'Académie en 1752.

[1]. La liste des morceaux de réception et l'indication des collections dans lesquelles ils se trouvent actuellement ont été données par M. Duvivier dans les *Archives de l'Art français*, t. Ier, p. 353-391. Sur les morceaux de réception sculptés conservés à l'École, voyez ci-dessus p. 63. Un morceau de réception pour la gravure, le dessin de la colonne Théodosienne, par Paillet, figure à la Bibliothèque de l'École. Voyez la *Revue des études grecques*, 1888, p. 318-325.

Paysage avec temple et monument en ruines, par Giovanni Geronimo SERVANDONI (1695-1766), reçu en 1731.

Saint André, par Hyacinthe RIGAUD (1659-1743), reçu en 1700.

Paysanne cauchoise assise avec sa famille, par J.-B. DESCAMPS (1706-1791), reçu en 1764.

Apollon poursuivant Daphné, par L.-Michel VANLOO (1707-1771), reçu en 1733.

Diplôme des récompenses de l'Exposition universelle de 1878. Dessin original de Paul BAUDRY (1828-1887).

Série de paysages, par Edouard BERTIN (1797-1871), données en 1872 par Mme veuve Bertin[1].

Deux paysages de Paul HUET (1803-1869), donnés par son fils en 1880.

Paysage, par CARUELLE D'ALIGNY (1798-1871), donné par Mme veuve d'Aligny en 1875.

Etude de jeune taureau, par J.-R. BRASCASSAT (1804-1867), donnée par M. Hugues Krafft.

Diplôme des récompenses de la Société centrale des Architectes, par M. Paul SÉDILLE, donné par l'auteur en 1885.

Dans la salle principale, au-dessus des casiers :

Apollon favorisant les Arts (allusion à Louis XIV), par Nicolas DE PLATE-MONTAGNE, reçu en 1663.

Marsyas écorché par ordre d'Apollon, par Louis DE NAMEUR (1665).

---

1. La *Gazette des Beaux-Arts* a consacré aux dessins d'Edouard Bertin deux études spéciales, dues, l'une au vicomte H. Delaborde (1864), l'autre à M. Taine (mai 1889).

Le Roi (Louis XIV) *donnant la paix à l'Europe*, par Jacques FRIQUET, dit de Vauroze (1670).

Busiris sacrifiant les étrangers à Jupiter au mépris du droit de l'hospitalité, par J.-B. CORNEILLE (1675).

Les Amours de Rhéa Sylvia, par Nicolas COLOMBEL (1694).

Abigaïl apportant des présents à David, par Louis LICHERIE (1680).

Laomédon puni par Neptune et par Apollon, par Pierre DULIN ou D'ULIN (1707).

Hercule tuant Cacus, par François LEMOYNE (1718).

Marsyas écorché par ordre d'Apollon, par Carle VANLOO (1735).

Le Port de Ripetta à Rome, par HUBERT ROBERT (1766).

Au fond de la salle :

L'Étude arrêtant le Temps, par MÉNAGEOT (1780).

Énée guéri de ses blessures, par Jean-Charles-Nicaise PERRIN (1787).

Dédale attachant les ailes d'Icare, par Joseph-Marie VIEN (1754).

Jupiter endormi sur le mont Ida, par Jean-Jacques-François LE BARBIER (1785).

BUSTES D'ARTISTES, DE SAVANTS, DE PROTECTEURS DE L'ART

Périclès. Bronze, d'après l'antique.

Michel-Ange (1475-1564). Terre cuite, par BOICHOT (1735-1814).

Alexandre le Grand. Bronze d'après l'antique.

J.-B. Colbert (1619-1683). Bronze.

J.-J. Rousseau. Plâtre, d'après Houdon (1741-1828).

Eustache Le Sueur (1616-1655). Terre cuite, par Blaise (1738-1819).

J.-J. Rousseau (1712-1778). Terre cuite originale de Houdon (1741-1828).

J. David Leroy, architecte (1719-1808). Marbre, par Chaudet (1763-1810).

Louis XV. Très belle terre cuite originale du siècle dernier.

Nicolas Poussin (1594-1665). Terre cuite, par Blaise (1807).

Falconnet, statuaire (1716-1791). Bronze. Epreuve moderne.

Charles Percier, architecte (1764-1838). Marbre, par L.-M. Petitot (1839). Don de Mme Villain (1854).

Ingres (1781-1867). Terre cuite, par Ottin. Don de M. Eugène Guillaume.

Michel-Ange. Moulage en plâtre du buste en bronze conservé au musée national de Florence.

Le baron Boucher-Desnoyers, graveur (1797-1857). Marbre, par Nanteuil.

L'empereur Auguste. Bronze d'après l'antique.

Jules César. Bronze, d'après l'antique (legs de M. Gatteaux, 1881).

Le baron Gros, peintre (1771-1835). Marbre par J.-B.-J. Debay le père. Don de Mme veuve Gros, 1842.

Julien de Médicis (fragment). Bronze d'après Michel-Ange. Legs Gatteaux, 1883.

Homère. Bronze d'après l'antique.

Hérodote. Bronze d'après l'antique.

Quatremère de Quincy, archéologue (1755-1849). Plâtre d'après NANTEUIL (1792-1865).

Eustache Le Sueur (1616-1655). Statuette en pied, plâtre par FOUCOU (1739-1815).

Jacques Sarrasin, sculpteur. Statuette en pied, plâtre, par le même.

Jules Romain (1492-1546). Plâtre, d'après BLAISE (1803).

Nicolas Poussin. Statuette en pied, plâtre, par FOUCOU (1739-1815).

L'empereur Auguste (fragment). Copie en marbre de la statue découverte en 1862 à Prima Porta, aujourd'hui au musée du Vatican.

Euripide. Bronze d'après l'antique.

Pierre Puget (1622-1694). Statuette en pied, plâtre, par FOUCOU (1739-1815).

Le Baron Gérard (1770-1837). Marbre, par PRADIER (1786-1852).

Brunellesco (1379-1446). Plâtre, d'après le buste d'Andrea BUGGIANO (1412-1462). Cathédrale de Florence.

Le même. Masque funéraire, plâtre. Musée de la cathédrale de Florence.

Sebastiano del Piombo (1485-1547). Bronze, par M. GATTEAUX (1788-1881). Legs Gatteaux, 1881.

MEUBLES TOURNANTS

Le meuble de gauche contient un choix de dessins de maîtres modernes, des études anatomiques sur le cheval

par GÉRICAULT, données par M. le marquis de Varennes
en 1883; des dessins d'Alexandre HESSE (1806-1879),
légués par cet artiste; deux feuillets provenant des
deux précieux albums de CARPEAUX, donnés à l'École
par le prince Stirbey en 1882, albums qui renferment
693 dessins du maître; puis des dessins de Théodore
VALERIO (1819-1879), de D.-A.-M. RAFFET (1804-1860),
des croquis d'architecture d'Abel BLOUET (1795-1853), de
J.-B.-C. LESUEUR (1794-1883), de J.-J. CLERGET (1808-
1877), etc.

Le meuble placé au milieu est consacré à un choix de
gravures d'ornements et d'architecture tirées de la riche
collection de gravures donnée à l'École en 1883-1884
par M. Victor Schœlcher. Cette collection, qui comprend
environ 8,000 gravures au burin, à l'eau-forte, à la manière noire, au lavis, sur bois, etc., est destinée à offrir
un spécimen de la manière de chaque graveur. Près de
8,000 artistes y sont représentés. Une partie de la collection est classée par époques et par noms d'artistes dans
une centaine de volumes in-folio, l'autre est encadrée
(voy. plus loin, SALLE SCHŒLCHER). Des catalogues très
développés, rédigés par M. Schœlcher, facilitent l'étude de
cet ensemble véritablement unique en son genre.

Le meuble placé à droite contient une série d'études
d'après les monuments anciens, et des compositions originales exécutées par M. Alexandre DENUELLE (1818-1879),
l'éminent architecte décorateur. Cette collection a été
donnée à l'École par Mme Taine, fille de M. Denuelle,
en 1882.

Sur les épines sont placées un certain nombre de réductions en liège de monuments antiques (le Parthénon d'Athènes, le Temple de Neptune à Pæstum, le Temple de la Concorde à Agrigente, le Tombeau de Cecilia Metella, le Tombeau de la famille Plautia à Rome, le Temple de la Fortune virile, à Rome).

L'épine placée au bout de la salle contient deux précieuses terres cuites originales : une tête de lion en terre cuite polychrome, du plus beau style grec, trouvée à Métaponte en 1828[1], et donnée à l'École par M. Debacq, architecte, en 1884; une statuette d'*Hercule assis*, par Pierre PUGET, donnée par M. His de la Salle (décrite par Lagrange, dans son catalogue de l'œuvre de Puget, sous le numéro 1062)[2].

On remarquera aussi un vitrail du commencement du XVIe siècle, un fragment de *Descente de croix* (deux hommes, la Vierge, les saintes Femmes), encastré dans la huitième fenêtre à partir de la porte.

---

1. Voyez *Métaponte*, par le duc de Luynes et F.-J. Debacq; Paris, 1833, p. 42.

2. « Hercule, assis sur un rocher, sa massue sous le bras droit, le bras gauche ramené sur la massue, la tête et le corps ramenés vers la gauche. La tête est plus sèche et plus jeune que celle de l'Hercule gaulois. Les deux pieds sont brisés. A Paris, chez M. His de la Salle.

Ou c'est la première idée de l'Hercule gaulois, idée complètement modifiée dans l'exécution, ou c'est la maquette de la statue d'Hercule exécutée en pierre de Vernon pour M. Girardin dans sa terre de Vaudreuil (voir p. 59 et n° 59 du Catalogue). Je m'arrêterais plus volontiers à cette dernière hypothèse. » (Lagrange, *Pierre Puget*; Paris, 1868.)

Plusieurs dessins sont exposés au centre de la Bibliothèque : *la Cène*, copie au crayon noir, d'après LÉONARD DE VINCI, par F. GAILLARD (1858), des vues d'Héliopolis (basse Égypte), par JOYAU (1865).

La Bibliothèque contient, en outre, un grand nombre de moulages de médailles et de monnaies antiques ou modernes, provenant en majeure partie de la collection formée par M. de Paulis. Ces moulages, exposés dans les vitrines placées près des fenêtres, sont divisés en deux sections : la première comprend les spécimens de la glyptique antique, au nombre de plusieurs milliers de pièces; la seconde est consacrée aux médailles italiennes, françaises et allemandes de la Renaissance et du XVIIe siècle, classées par maîtres.

Cette collection est autant que possible tenue au courant des découvertes récentes et s'enrichit incessamment de pièces nouvelles. Elle montre le développement d'un des arts qui ont le plus fleuri dans l'antiquité, à l'époque de la Renaissance et au XVIIe siècle.

LES LIVRES, LES MANUSCRITS, LES DESSINS, LES GRAVURES

La Bibliothèque, quoiqu'elle se rattache aux origines mêmes de l'ancienne Académie royale de peinture et de sculpture, et quoiqu'elle ait hérité de la presque totalité des ouvrages de cette célèbre compagnie, n'a été officiellement ouverte au public que le 24 janvier 1864, un peu plus d'un an après la nomination de M. Ernest Vinet

(17 décembre 1862) au poste de bibliothécaire, dans lequel cet esprit si généreux, ce travailleur si ardent, a rendu les plus éminents services [1].

Le noyau de la Bibliothèque se compose, comme il a été dit, des livres et des gravures provenant du fonds de l'ancienne Académie de peinture et de sculpture. A cette collection, dans laquelle on remarque des séries de la valeur du *Cabinet du Roy*, de l'*Œuvre de Rigaud*, de l'*Œuvre de Watteau*, sont venus s'ajouter les dons de l'Administration des Beaux-Arts, les dons ou legs des particuliers (collection de M. Schœlcher, 1879; de M. Gatteaux, 1881, etc.), enfin des acquisitions très importantes, notamment la riche Bibliothèque de M. le marquis de Chennevières. Pour donner une idée de l'accroissement de la Bibliothèque, il suffit de rappeler qu'en 1834 elle ne

1. M. Ernest Vinet est né à Paris le 1er mars 1804; il est mort dans la même ville le 10 février 1878. Après avoir débuté dans la magistrature, M. Vinet se voua aux études archéologiques et collabora à la traduction des *Religions de l'antiquité* de Kreuzer, au *Dictionnaire de l'Académie des beaux-arts*, au *Journal des Débats*, etc. Il a réuni en volume en 1874 une partie de ses études, sous le titre de *l'Art et l'Archéologie* (Librairie académique), et publié de 1874 à 1877 une *Bibliographie méthodique et raisonnée des Beaux-Arts*, (Paris, Didot), dont deux fascicules seulement ont paru. Sa biographie a été retracée par M. Albert Lenoir dans une notice imprimée par l'École des beaux-arts, et par M. Pawlowski, dans *le Polybiblion* (mars 1878).

Deux portraits exposés dans la salle de la bibliothèque nous ont conservé la physionomie du premier bibliothécaire de l'École; l'un, dû au pinceau de M. Paul FLANDRIN (1841), le représente à l'âge de trente-sept ans; l'autre, peint par Mme VINET, le montre à l'âge de soixante ans environ.

comprenait que cinq cent cinquante volumes, tandis qu'aujourd'hui elle possède, en dehors des ouvrages imprimés, plusieurs centaines de mille dessins, gravures ou photographies.

M. Vinet a publié, en 1873, le *Catalogue méthodique de la Bibliothèque de l'École nationale des beaux-arts*, un vol. in-8° de XIII-256 pages (non mis dans le commerce). Mais, par suite des acquisitions, dons ou legs, qui depuis lors ont triplé ou quadruplé le fonds primitif, ce catalogue ne porte plus que sur une petite partie de la Bibliothèque.

M. Eugène Mouton a publié, en 1875, une notice intitulée *la Bibliothèque de l'École nationale des beaux-arts*.

Le catalogue des manuscrits de la Bibliothèque est actuellement sous presse; il paraîtra incessamment chez l'éditeur Champion.

Parmi les dessins modernes conservés à la Bibliothèque, il convient de citer ceux du baron de TRIQUETI (1804-1874), au nombre de près de trois mille, donnés par son gendre, M. Lee Childe en 1887-1888. Deux des spécimens les plus intéressants, deux manuscrits illustrés de nombreux dessins à la plume : *la Vie de N.-S. Jésus-Christ, d'après les saints Évangiles*, et *les Paraboles et Récits extraits des saints Évangiles*, sont exposés dans une vitrine.

Les dessins d'Alexandre HESSE (1806-1879), au nombre de 1,722, méritent également une mention, ainsi que ceux de VALERIO représentant les types et les costumes des populations hongroises, slaves, valaques et tziganes de Hongrie, des frontières militaires et de Bosnie (80 aquarelles et 100 croquis; Exposition universelle de 1855, Salons de 1857 et de 1859).

Au premier rang des collections de la bibliothèque figure la série de dessins d'architecture. Cette série comprend les différents concours scolaires (Perspective, 1875-1889; Géométrie, 1870-1889; Stéréotomie, 1872-1889; Construction: Charpente, 1812-1868; Fer, 1820-1868; Pierre, 1811-1869; Construction générale, 1821-1889; Concours d'émulation, 1700-1889; Projets rendus, 1724-1889; Histoire de l'architecture, 1884-1889; Concours Rougevin, 1857-1889; Composition décorative, 1884; Diplôme des architectes, 1877-1880; Prix Labarre, 1881-1889; Prix Chaudessaigue, 1877-1889; Prix de fin d'année, 1878-1883; Prix Godebœuf, 1882-1889; Prix des architectes américains, 1889; puis les grands prix de Rome (depuis 1723, avec des lacunes), les envois des pensionnaires de l'Académie de France à Rome, consistant les uns en restaurations des monuments antiques de l'Italie, de la Grèce, de l'Égypte et de l'Asie-Mineure (depuis 1788), les autres (de 1828 à 1858) en relevés de monuments antiques (reliés en 30 volumes, dont le détail a été publié par M. Vinet dans le catalogue de la bibliothèque, p. 87-95).

Les restaurations de monuments antiques méritent plus qu'une simple mention. Cette collection, dont l'idée première remonte à une proposition[1] faite par PEIRE jeune, le 23 février 1778, à l'Académie d'architecture, renferme aujourd'hui les relevés et les projets de restauration de la presque totalité des monuments antiques de l'Italie et

1. Voyez le *Courrier de l'Art,* 1886, p. 449-451.

d'une grande partie de ceux de la Grèce et de l'Asie-Mineure[1].

Le règlement élaboré à cette occasion (1778) contenait, entre autres, les dispositions suivantes : « Article 3. Les élèves de l'Académie, pensionnaires à Rome, seront chargés de lever et dessiner avec exactitude, pendant leur séjour en Italie, un monument antique ou moderne avec différens détails dont l'objet, si le monument est entier, sera l'exactitude et la précision ; si le monument ne présente plus que des masses dépouillées des marbres et ornemens et que l'élève ait à les suppléer et restituer, son travail sera conduit par la pénétration et le jugement; et en ce cas, ce qui se trouveroit encore entier, même de moins important, sera dessiné avec exactitude pour donner à connoître autant qu'il sera possible par ces fragmens la vraisemblance des décorations et ornemens suppléés et restitués. »

La bibliothèque est particulièrement riche en relevés de

1. La Direction des Beaux-Arts a commencé en 1877 la publication de cette collection inappréciable, sous le titre de *Restaurations des Monuments antiques par les Architectes pensionnaires de l'Académie de France à Rome depuis 1788 jusqu'à nos jours, publiés avec les mémoires explicatifs des auteurs sous les auspices du gouvernement français.* Paris, Didot, in-fol.

Six volumes ont paru jusqu'ici; ils contiennent les restaurations suivantes : la colonne Trajane, par PERCIER; les temples de Pæstum, par LABROUSTE; la basilique Ulpienne, par LESUEUR; le temple de la Pudicité à Rome, par DUBUT, et le temple de Vesta, par COUSSIN; le temple de Marc-Aurèle à Rome (temple de Neptune), par VILLAIN; le temple de Jupiter panhellénien à Égine, par CHARLES GARNIER.

monuments de la Grèce et de l'Italie. On citera parmi eux :

Un plan de Saint-Pierre de Rome en 1679, par Da-vilier (1653-1700), donné en 1888 par M. Durand.

Deux volumes de croquis d'après le Parthénon, par Paccard.

547 dessins d'Abel Blouet, donnés en 1879 par Mme Blouet, se répartissant comme suit : Toscane (1 vol.), Rome et environs (1 vol.), Naples et environs, Sicile (1 vol.), Voyages en Grèce (1 vol.), Retour de Rome à Paris (1 vol.).

286 dessins de M. Godebœuf (1809-1879), donnés par Mlle Godebœuf.

986 dessins de M. Lesueur, ancien professeur à l'Ecole des beaux-arts et architecte de l'Hôtel de Ville (1794-1883), acquis en 1886. I. Italie et Toscane, — II. Rome, — III. Environs de Rome, — IV. Naples, — V. Environs de Naples, — VI. Pompéi, — VII. De Rome à Paris.

Les croquis de J.-J. Clerget, d'après les monuments antiques et modernes de l'Italie.

Les croquis de Louis-Etienne Deseine, grand prix de Rome en 1777, donnés par M. Le Chatelier en 1888.

A cette série se rattache une collection très considérable de calques pris d'après les fresques des catacombes de Rome ou d'après d'anciennes peintures italiennes par Sa-vinien Petit, le collaborateur de Louis Perret dans le grand ouvrage intitulé *Catacombes de Rome* (1851-1855), puis les calques des peintures de Benozzo Gozzoli dans la chapelle des Médicis à Florence, etc., etc.

LES ARCHIVES

Le service des Archives a été organisé en 1878 ; le conservateur, M. Étienne Arago, ayant quitté en 1879, ces fonctions pour celles de conservateur du Luxembourg, le service a été réuni à la bibliothèque.

Les Archives sont surtout riches en documents sur l'ancienne Académie royale de peinture et de sculpture. Les procès-verbaux de cette Académie, qui y sont conservés, et qui s'étendent de 1648 à 1793 font l'objet d'une publication entreprise par M. de Montaiglon (1875 et années suivantes).

A cette collection font suite les conférences des membres de l'Académie, les mémoires sur la vie et l'œuvre des membres de l'Académie, les pièces comptables, etc.

Parmi les pièces curieuses, on remarque les diplômes royaux, les lettres patentes sur parchemin, les lettres de noblesse de Le Brun, la collection des lettres de faire part des membres de l'Académie de peinture et de sculpture (publiées par M. O. Fidières en 1883), etc., etc.

LA GALERIE DES LOGES

(Galerie de gauche.)

La galerie ouverte qui s'étend au premier étage et qui donne accès à la *Bibliothèque*, à la *salle Dubois de l'Estang*, à la *salle de la Construction*, à la *salle de la Charpente*, et à la *salle Schœlcher*, contient sur les parois d'élégantes peintures ornementales dues à M. CHAUVIN, peintre décorateur de l'Ecole, et, sur les coupoles, les copies des fresques de RAPHAEL, dans les Loges du Vatican, l'*Histoire de l'Ancien et du Nouveau Testament* ou la *Bible de Raphaël*, comme on l'appelle d'ordinaire. Ces copies, à l'huile, au nombre de cinquante-deux (l'autre moitié orne la galerie située à droite), ont été exécutées à Rome par MM. RAYMOND et Paul BALZE (1835 à 1840) d'une part, par MM. Paul FLANDRIN, COMAIRAS, SOURDY et ROUSSEAU de l'autre. L'œuvre de MM. BALZE comprend quarante-quatre tableaux, celle de leurs collaborateurs huit. L'ensemble de la décoration a été exécuté sous la direction de DUBAN, à partir de 1843.

Les peintures de Raphaël reproduites sur les six coupoles de cette galerie sont, en commençant par la gauche :

Première coupole : *Dieu séparant la lumière des ténèbres. — Dieu séparant la terre de l'eau. — La Création du soleil et de la lune. — La Création des animaux.*

Deuxième coupole : *La Création d'Ève. — Le premier Péché. — Adam et Ève chassés du Paradis. — Les Travaux d'Adam et d'Ève.*

Troisième coupole : *La Construction de l'Arche. — Le Déluge. — La Sortie de l'Arche. — Le Sacrifice de Noé.*

Quatrième coupole : *Abraham et Melchisédech. — La Promesse de Dieu à Abraham. — L'Apparition des trois Anges à Abraham. — La Fuite de Loth.*

Cinquième coupole : *l'Apparition de Dieu à Isaac.* — *Isaac et Rébecca épiés par Abimélech.* — *Isaac bénissant Jacob.* — *Isaac et Ésaü.*

Sixième coupole : *L'Échelle de Jacob.* — *Jacob et Rachel.* — *Jacob demandant la main de Rachel.* — *La Fuite de Jacob.*

Les quatre vitrines qui garnissent cette galerie contiennent principalement des moulages de statuettes ou de petits bas-reliefs, soit antiques, soit du moyen âge.

Dans la première sont exposés les moulages d'une infinité de statuettes grecques ou romaines, la plupart en bronze, ainsi que les pièces principales du trésor de Hildesheim (au Musée de Berlin).

La deuxième vitrine contient des moulages de figurines antiques en terre cuite.

La troisième vitrine est consacrée à une petite collection de terres cuites antiques originales : poteries et fragments d'architecture coloriés. Les vases, de formes très élégantes et très variées, proviennent pour la majeure partie de Naples, d'où les a rapportés M. DEBACQ, architecte, qui les a offerts à l'Ecole en 1884. Quant aux fragments d'architecture, ils ont été recueillis à Rome, sur la voie Latine, par M. NORBLIN, peintre, ancien pensionnaire de la villa Médicis (1796-1884), et donnés par lui à l'Ecole en 1877.

La quatrième vitrine contient des moulages de statuettes, de bustes ou de bas-reliefs appartenant à l'antiquité chrétienne, au moyen âge et à la Renaissance. On y remarque

la collection complète des moulages d'ivoires publiés par
les soins de la Société d'Arundel à Londres, depuis les
diptyques consulaires des iiie et ive siècles; depuis le célèbre ivoire des Symmaques, dont un fragment se trouve
au musée de Cluny, et l'autre — une jeune femme debout
— au Kensington Museum; depuis les ivoires byzantins,
provenant de trônes épiscopaux, de reliures de livres, de
coffrets, jusqu'aux boîtes de miroirs français du xive siècle,
jusqu'au *Saint Sébastien* sculpté par quelque maître italien du xve siècle. La vitrine renferme en outre les moulages des statuettes de *Pleureurs* — c'est le terme consacré — du tombeau de *Philippe le Hardi*, duc de Bour-
gogne († 1404), par CLAUX SLUTER, au musée de Dijon,
et du tombeau du *Duc de Berry* († 1416), au musée de
Bourges.

LA SALLE DUBOIS DE L'ESTANG

Cette salle, transformée en 1883 en salle supplémentaire
de la bibliothèque, tire son nom de la riche collection de
costumes militaires formée par M. Dubois de l'Estang,
conseiller à la Cour des comptes, et donnée à l'Ecole, après
sa mort, par sa famille (1883). Elle contient, outre la collection en question, composée d'environ 225 volumes reliés,
de 80 reliures mobiles, renfermant une vingtaine de mille
gravures classées par époques et par pays, et d'un certain
nombre de portefeuilles, une partie de la collection de gravures données à l'Ecole par M. V. Schœlcher (plus de
100 volumes in-folio), la collection de gravures donnée par

M. le baron Cloquet (environ 16,000 pièces), une série de dessins de maîtres en reliures mobiles, etc.

Au-dessus de la porte d'entrée est placée la *Vierge de Foligno*, par RAPHAEL (à la Pinacothèque du Vatican), copie de M. SCHOMMER. Envoi de Rome, 1882.

Sur le plafond se trouve le *Triomphe de Mardochée*, par Paul VÉRONÈSE (église Saint-Sébastien à Venise), copie de M. Arnold SCHEFFER.

LA SALLE DE LA CONSTRUCTION

La SALLE DE LA CONSTRUCTION, autrefois appelée SALLE DES PETITS BRONZES, contient quatre séries principales : 1° les monuments et les dessins d'architecture ; 2° les réductions en liège de monuments de l'antiquité ou du moyen âge ; 3° une partie de la collection de dessins de maîtres donnée par M. His de la Salle ; 4° une collection de moulages de sceaux. On y remarque, en outre, un certain nombre d'objets isolés qui seront mentionnés à part.

COPIES DE TABLEAUX DE MAITRES

Sur le mur qui fait face aux fenêtres : *l'Aurore*, peinture à fresque, par LE GUIDE (1575-1642). Rome, palais Ruspigliosi. Copie de M. Hector LEROUX.

DESSINS D'ARCHITECTURE

Côté des fenêtres (en commençant par la gauche et en allant de haut en bas).

Première rangée. — PACCARD (1813-1867). *Tombeau de Cecilia Métella.* Deux dessins. — *La Voie des tombeaux.* Un dessin (la suite de la *Voie des tombeaux* se trouve plus loin, dans la même salle).

Deuxième rangée. — TÉTAZ (1818-1865). *Basilique de Palestrine.* Deux dessins (1846). Donnés par Mme Tétaz en 1868. — L.-F.-Ph. BOITTE (grand prix de Rome en 1859). *L'Acropole d'Athènes; Les Propylées.* Un dessin. — Abel BLOUET (1795-1853). 1º *Le Temple de Minerve Suniade, à Sunium;* 2º *Le Temple de Jupiter Panhellénien à Égine;* 3º *Le Temple d'Apollon Épicurien à Phigalie;* 4º *Le Panthéon d'Adrien à Athènes.* Don de Mme Blouet.

Troisième rangée. — L.-F.-Ph. BOITTE. *L'Acropole.* Trois dessins (deux pour les fragments, un pour le plan).

Quatrième rangée. — Entablement de la *Basilique d'Antonin* (ancienne restauration). — Alexis PACCARD (1813-1863). *Temple de Mars vengeur,* et rosace. — Charles PERCIER (1764-1838). Un cadre renfermant une grande composition de motifs d'architecture française de la Renaissance, tirés de divers monuments, églises, palais, châteaux.

Cinquième rangée. — Entablement, frontispice du *Temple de Néron,* ancienne restauration. — Entablement, angle de fronton et chapiteau du *Temple de Maximin.* — Entablement et chapiteau de la *Basilique d'Antonin.*

Sixième rangée. — HUYOT (1780-1840) : 1º chapiteau corinthien; 2º *Karnac,* état actuel; 3º *Karnac,* restauré; 4º *Palais égyptien;* 5º Érection des obélisques. Ces dessins ont été acquis par l'École en 1845.

Mur faisant face aux fenêtres, à gauche de *l'Aurore* du Guide.

Première rangée supérieure de gauche. — HUYOT (1780-1840). *Temple de Phra et d'Ipsemboul*, état actuel, restauration, deux dessins. — Vue générale de la ville et de l'Acropole d'Athènes, un dessin. — Les *Pyramides d'Égypte*; un dessin.

Deuxième rangée. — HUYOT. Vue et restauration de *Thèbes*, un dessin. — *Vue du mont Palatin, Palais des Césars*, à Rome; un dessin.

Troisième rangée. — HUYOT. *Vue du Forum de Trajan* et autres édifices, un dessin. — Vue transversale des *Propylées d'Athènes* (restauration), un dessin. — *Temple d'Athor*, état actuel. — *Les Bords du Nil.* — *Karnac*, état actuel, un dessin. — Vue du *Grand Stade d'Athènes*, un dessin. — *Vue du Colysée*, un dessin.

Quatrième rangée. — A. PACCARD. *La Voie des tombeaux*, deux dessins (un autre dessin a été signalé à la page 149).

BOITTE. *L'Acropole d'Athènes*, quatre dessins.

A droite de *l'Aurore* du Guide.

Première rangée. — JOYAU (1831-1872). *Le Temple d'Héliopolis*, deux dessins. — CH.-J. LAMEIRE. *Frise du Katholicon*, quatre dessins. Exposé au Salon de 1866.

Deuxième rangée. — TÉTAZ (1818-1865). *La Basilique de Palestrine* (1845), deux dessins.

Troisième rangée. — CHARLES QUESTEL (1807-1888). *L'Amphithéâtre d'Arles,* un dessin au lavis.

Quatrième rangée. — CONSTANT MOYAUX (grand prix de Rome en 1861). Façade du *Tabularium* à Rome.

Cinquième rangée. — BOITTE. *L'Acropole d'Athènes.*

DESSINS DE MAITRES

Don de M. His de la Salle (1867 et 1876).

École italienne

1. Anonyme du xv⁰ siècle. Ecole vénitienne. Tête de femme, vue de trois quarts, tournée à gauche (étude pour une sainte). Attribué à Gentile BELLINI, dans le *Catalogue descriptif des dessins de maîtres anciens exposés à l'École des beaux-arts, mai-juin* 1879, n⁰ 180. — A la pierre d'Italie. Phot. Braun, n⁰ 180.

2. ANDREA MANTEGNA (1431-1506). *Le Christ aux Limbes.* A la plume, légèrement lavé. Etude non achevée pour la gravure du maître (Duplessis, n⁰ 5), qui est en contre-partie. Ce dessin a été publié dans *l'Histoire de l'Art pendant la Renaissance,* éditée par la maison Hachette, 1889, t. I⁰ʳ, p. 150.

3. Attribué à LÉONARD DE VINCI. *Tête de jeune femme,* vue de trois quarts, inclinée. A la pierre d'Italie, avec des rehauts en bistre.

4. LORENZO DI CREDI (1459-1537). Portrait de moine à barbe blanche, vu de trois quarts, tourné à gauche. Photographie Braun (*Exposition de dessins de maîtres anciens à l'École des beaux-arts en* 1879), n⁰ 53.

5. Attribué à MICHEL-ANGE (1475-1564). *Un Séraphin portant un globe;* à droite, une figure d'homme nu. A la plume et au bistre. Photographie Braun, n° 72. Ancienne collection Mariette.

6. LE TITIEN (1477-1576). *Meurtre d'une femme par son mari.* Etude pour la peinture qui se trouve à Padoue. A la plume. Ancienne collection John Spencer. Photographie Braun, n° 199. Gravé dans *l'Art*, 1879, t. IV, p. 39. Décrit par erreur dans le *Catalogue des dessins exposés à l'École des beaux-arts* (1879) comme une étude pour le Saint Pierre martyr.

7. SEBASTIANO DEL PIOMBO (1485-1547). *La Visitation.* A gauche, la Vierge debout; à droite, Élisabeth s'inclinant devant elle et jetant ses bras autour de sa taille. Au fond, à gauche, un édifice en forme d'hémicycle; au fond, à droite, un paysage. Encre de Chine, bistre, rehauts blancs. Ancienne collection Sir Joshua Reynolds.

8. DOMENICO BECCAFUMI (1486-1551). Un homme nu assis, se montrant de dos; au second plan, une femme, la poitrine découverte, étendant la main droite. Fragment d'un carton pour le pavement du dôme de Sienne : l'*Adoration du Veau d'or;* les deux dernières figures de l'extrémité de gauche. Plume et bistre.

9. DOMENICO BECCAFUMI. Groupe d'une dizaine de figures, les unes debout, les autres assises. Fragment de carton pour le même pavement (groupe de droite : les femmes israélites jettent leurs bijoux sur le bûcher élevé au Veau d'or). Plume et bistre.

10. ANDREA DEL SARTO (1486-1531). Portrait de

Lucrezia Fédi. Buste trois quarts, tourné à gauche. Sanguine. Ancienne collection Mariette. Photographie Braun, n° 87. Gravé dans la *Collection de dessins originaux* de Leroy, et dans *l'Art*, 1879, t. III, p. 299.

11. JULES ROMAIN (1492-1546). Tête de jeune femme. Profil, tourné à droite. Gouache. Fort dégradé.

12. LE CORRÈGE (1494-1534). Tête de saint Jean-Baptiste, vue de trois quarts, tournée à droite, les yeux levés, la bouche souriante. Étude pour le tableau du Musée de Dresde. Crayon noir et sanguine sur papier encollé.

13. POLYDORE DE CARAVAGE (1495-1543). Un *Sacrifice*. Sur un piédestal, une statue de divinité, à droite un groupe de personnages dont l'un étend la main, à gauche un homme s'inclinant pour remplir une urne. Sanguine. Anciennes collections Mariette et marquis de Lagoy.

14. LE PARMESAN (1504-1540). La Vierge, l'Enfant Jésus, un saint (saint Jacques?) et deux saintes (sainte Marguerite et sainte Madeleine?). La Vierge assise se montre de face, tenant sur ses genoux l'enfant Jésus, à côté d'elle un ange, au fond saint Joseph. Encre de Chine, bistre et rehauts blancs.

15. PAUL VÉRONÈSE (1528-1588). *Nymphe poursuivie par un satyre*. A gauche, la nymphe qui fuit; près d'elle des dragons ; au centre, un bouquet d'arbres ; à gauche, un satyre. A la plume, sur papier bleuté; rehauts blancs. Gravé dans la *Collection de dessins originaux* de Leroy.

16. LOUIS CARRACHE (1555-1619). *L'Adoration des Mages*. A gauche, assise sur un escalier de pierre, la

Vierge tendant l'enfant Jésus à un des rois, qui s'agenouille pour baiser sa main. A droite, les deux autres rois accompagnés d'un page, d'un cheval et de deux chameaux. Au fond, saint Joseph debout, puis des ruines au milieu desquelles se tiennent d'autres personnages. A la plume, lavé de bistre.

17. ANNIBAL CARRACHE (1560-1609). *La Mort de saint François.* A droite, le saint à moitié étendu sur un lit, la main droite appuyée sur sa poitrine, autour de lui trois frères qui pleurent. A gauche, dans le haut, un chœur d'anges. A la plume, lavé d'encre de Chine. Ancienne collection Mariette.

École française

18. NICOLAS POUSSIN (1594-1665). *Photion,* d'après un groupe antique (signé : Φωκείων ςὺν μυρ Πλόκαρος ἐποίηρσε). Un vieillard debout; à côté de lui un jeune homme qui le soutient. A la plume, légèrement lavé à l'encre de Chine.

19. Le même. *Un Sacrifice à Jupiter.* Au premier plan, des prêtres, des sacrificateurs et deux adolescents dont l'un tient une flûte. Au fond, un taureau et deux portiques de temples. A la plume, lavé d'encre de Chine.

20. Le même. Deux fragments de la colonne Trajane à Rome. A la plume, lavé de bistre. Ancienne collection Merian de Lagoy.

21. Le même. Divers instruments de sacrifice, d'après l'antique. Avec des notes. A la plume et à l'encre de Chine.

22. N. POUSSIN. *Nymphes et Satyres*. A gauche, deux nymphes étendues sur le sol ; au centre, une autre nymphe accoudée sur un rocher ; à droite, deux satyres se montrant à mi-corps. A la plume. Ancienne collection Mariette.

23. EUSTACHE LE SUEUR (1617-1655). Étude pour la composition de *la France enlevée par le Temps* (Dussieux et de Montaiglon, *Nouvelles recherches sur Eustache Le Sueur*, p. 96 et 107). Ovale. Crayon, lavé à l'encre de Chine.

24. Le même. Étude pour la figure de la *France* dans la composition précédente. Fusain, avec quelques rehauts blancs.

25. Le même. Un ange, un genou en terre, les mains jointes et levées. Dessin à la pierre noire. Mis au carreau. (Dussieux, p. 106.)

26. Le même. Étude pour la figure de Saint Paul, dans le tableau de *Saint Paul à Éphèse*. Le saint, debout, vu de profil, tourné à gauche, porte un paquet de quatre volumes. Pierre noire, avec des rehauts blancs, sur papier gris. Ancienne collection Fréart de Chantelou. (Dussieux, p. 102.)

27. Le même. Jeune homme, tenant de la main droite, derrière son dos, un rouleau déployé. Trois études de mains sur la même feuille. Étude pour le tableau de *Saint Gervais et Saint Protais*, au musée du Louvre. Pierre noire, avec rehauts blancs sur papier gris. Anciennes collections Fréart de Chantelou et Julienne, n° 747. (Dussieux, p. 105.)

28. LE SUEUR. Femme agenouillée, une main étendue. Étude pour le tableau de *Moïse sauvé des eaux*. Fusain, avec des rehauts blancs, sur papier gris. (Dussieux, p. 99.)

29. Le même. Vierge debout, de face, tenant l'enfant Jésus. Draperies très amples, traitées comme dans une statue. Pierre noire, avec rehauts blancs, sur papier gris. (Dussieux, p. 101.)

30. P.-P. PRUDHON (1758-1823). Tête de l'Amour. Étude pour le tableau *l'Amour et l'Amitié*. Croquis au crayon noir et à la craie sur papier bleuâtre. (De Goncourt, *Catalogue raisonné de l'œuvre de Prudhon*, p. 134.)

31. Le même. Étude d'homme nu, vu de profil et à mi-corps, la main gauche posée sur la poitrine.

32. GÉRICAULT (1791-1824). Cavalier en costume de la Restauration, avec un chapeau à haute forme et des bottes montantes, enlevant son cheval qui se cabre. Signé : Géricault. Dessin lavé au bistre. (Ch. Clément, *Géricault*, 3e édit., p. 330, n° 21.)

REPRODUCTIONS EN LIÈGE

Les reproductions en liège de monuments antiques ou de monuments du moyen age, exposées soit sur des tables, soit sur des socles, soit dans les embrasures des fenêtres, proviennent principalement de la collection formée à Nîmes par M. Auguste Pelet, collection qui comprenait à l'origine 24 pièces et qui a été acquise par l'École en 1839 (ces reproductions sont à l'échelle d'un centimètre par mètre). Cette collection a fait l'objet d'une notice imprimée ayant pour titre : *Description des monuments romains de la France, exécutés en modèles à l'échelle d'un centimètre par mètre*, par Auguste Pelet. Paris, 1839, in-8°, 40 pages.

Sur les socles placés près de l'entrée :

L'Arc de Constantin, à Rome.

La Restauration de l'abbaye de Belem (Portugal), élevée en 1500 (modèle en bois). Don de M. le chevalier de Sylva (1866).

Le Temple de Vesta, à Rome.

Notre-Dame de Paris. Reproduction en carton pierre. Ancienne collection Bonnardot.

Sur les tables :

Les Bains d'Auguste à Nîmes. Collection Pelet.

Le Colisée de Rome (reproduction exécutée à Rome de 1792 à 1805, par Carlo LOCHANGELI, à l'échelle d'un millimètre par mètre).

Le Petit temple dit la Maison basse, à Vernègues, près d'Aix. Collection Pelet.

L'Amphithéâtre d'Arles. Même collection.

Les Arènes de Nîmes. Même collection.

Le Tombeau de Théron à Agrigente.

L'Arc de triomphe d'Orange. Collection Pelet.

Le Temple d'Auguste et de Livie, à Vienne. Même collection.

Le Cirque d'Orange. Même collection.

Le Théâtre d'Orange. Même collection.

Au fond de la salle :

Portique du Temple de la Concorde, à Rome.

Trois colonnes du temple de Jupiter Stator, à Rome.

Temple d'Antonin et Faustine, à Rome.

Fouilles du Théâtre d'Arles. Collection Pelet.

Trois colonnes du Temple de Jupiter tonnant à Rome.

Tombeau d'Amyntas, à Macri (en talc). Collection Texier.

La Maison carrée à Nîmes. Collection Pelet.

Tombeau près de Thelmissus (Asie-Mineure). Collection Cassas. (Acquise en 1813.)

Tombeau romain à Palmyre (Syrie). Collection Cassas.

Embrasures des fenêtres :

Le Temple de Vesta, dit de la Sibylle, à Tivoli.

Le Temple de Neptune, à Pæstum.

Le Tombeau de Cecilia Metella, près de Rome.

Le Temple de Vesta, à Tivoli.

La Porte d'Auguste, à Nîmes (état actuel). Collection Pelet.

Ruines de Thermes antiques.

Ruines d'un pont antique.

Tombeau lycien à Macri (en talc). Collection Texier.

Le Pont d'Ambrois, sur le Vidourle, près de Nîmes. Collection Pelet.

La Tour Magne à Nîmes (état actuel). Collection Pelet.

La même (restaurée). Collection Pelet.

Le Temple de Janus, à Autun.

La Porte d'Arroux, à Autun.

La Porte du faubourg Saint-André, à Autun.

L'Obélisque d'Arles.

Colonnes du Forum d'Arles.

L'Arc et le Mausolée de Saint-Rémy (Bouches-du-Rhône).

Les Colonnes de Riez. Collection Pelet.

Les Thermes de Julien, à Paris.

La Porte de France, à Nîmes (état actuel). Collection Pelet.

Cénotaphe de Vienne (Isère). Collection Pelet.

L'Arc d'Orange.

L'Arc de Triomphe de Carpentras.

La Tour penchée de Pise.

LA SALLE DE LA CHARPENTE

La SALLE DES MODÈLES DE CHARPENTE, qui fait suite à la SALLE DE LA CONSTRUCTION, contient, outre la série très riche de modèles de charpente, trois groupes principaux d'œuvres d'art : des antiquités égyptiennes, en originaux ou en reproductions, exposées dans une vitrine spéciale, puis des copies de tableaux des Écoles espagnole, hollandaise et flamande, enfin un certain nombre de bustes de professeurs, ainsi que des sculptures ou des dessins divers.

La collection des modèles de charpente, exécutée sous la direction de M. BELLU, a été donnée à l'École, en 1862, par sa fille, Mme Daunay.

COPIES DE TABLEAUX DE MAITRES

Des deux côtés de la fenêtre :

1° Portrait équestre de *Philippe IV, roi d'Espagne,*

par VELASQUEZ (1599-1660). Musée de Madrid. Copie de M. PRÉVOST, 1873.

2° *Les Fileuses* (« las Hilanderas »), par VELASQUEZ. Musée de Madrid. Copie de M. COLIN, 1861.

Sur le mur du fond :

1° *Le Nain de Vallegas,* par VELASQUEZ. Musée de Madrid. Copie de M. GUIGNET.

2° *L'Idiot* (« El Bobo »), par VELASQUEZ. Musée de Madrid. Copie de GUIGNET.

3° *La Dame au gant,* par VELASQUEZ. Ancienne galelie Aguado. Copie de SÉBASTIEN CORNU.

4° *La Famille de Philippe IV* (« las Meninas »), par VELASQUEZ. Musée de Madrid. Copie de PRÉVOST (1872).

5° *Le premier Nain* (« El nano primo »), par VELASQUEZ. Musée de Madrid. Copie de GUIGNET.

6° *Le Nain barbu,* par VELASQUEZ. Musée de Madrid. Copie de GUIGNET.

Sur le mur qui fait face à la fenêtre :

1° *Les Officiers du tir de Saint-Georges,* par FRANS HALS (1554?-1666). Musée de Harlem. Copie de M. VOLLON (1873).

2° *Le Taureau,* par PAUL POTTER (1624-1654). Musée de la Haye. Copie de LANOUE (1853).

3° *Les Syndics de la corporation des Drapiers,* par REMBRANDT (1607-1669). Musée d'Amsterdam. Copie de M. LÉON GLAIZE (1871).

Un certain nombre de dessins d'architecture ornent cette salle. Ce sont : à droite de la fenêtre : J.-J. CLERGET (1808-1877). *Le Temple d'Hercule Gardien à Rome* (1838), don de M. Lavry ; dans le coin opposé, CONSTANT MOYAU, *le Tabularium du Capitole, à Rome.* — JOYAU, *Vue d'Héliopolis.*

PORTRAITS D'ARTISTES

En commençant par le plus ancien, on remarque un dessin de feu M. PAUL DURAND (donné par son frère, M. Julien Durand, en 1885), représentant le fameux architecte de l'église Saint-Nicaise à Reims, *Hugues Libergier* (XIIIᵉ siècle), d'après la dalle funéraire conservée à la cathédrale de Reims [1].

Un portrait à l'huile, attribué à REDOUTÉ, représente *Thibaut* (1757-1826), membre de l'Institut, professeur de perspective à l'Ecole ; donné en 1871 par M. Prévost, son neveu.

Auguste Bellu, auteur et donateur des modèles de charpente. Buste en bronze, par M. GEOFFROY DE CHAUME ; donné en 1862 par Mᵐᵉ Daunay, fille de M. Bellu.

Jean-François Heurtier, architecte (1739-1822), buste en marbre ; donné en 1843 par son neveu.

Hubert Robert, le célèbre paysagiste, buste en terre cuite par PAJOU ; donné en 1832 par M. Rey.

La salle de la Charpente contient en outre, sur la vi-

1. Voyez *les Annales archéologiques* de Didron, t. Iᵉʳ, p. 245.

trine du fond, la reproduction en liège du pont du Gard. Collection Pelet.

Les deux meubles tournants placés dans cette salle sont consacrés : l'un aux études (dessins, gouaches, etc.) de F. GAILLARD (1834-1887), d'après des peintures antiques, ainsi qu'aux croquis de J.-J. CLERGET (1808-1877), d'Abel BLOUET (1795-1853), et de LE SUEUR (1794-1883), d'après des monuments antiques; l'autre aux études de F. GAILLARD, d'après la *Cène* de Léonard de VINCI, ainsi qu'à des copies de vieilles peintures italiennes, copies exécutées par le baron de TRIQUETI (1802-1874), par L.-F. PAPETY (1815-1849), BLANCHARD, etc.

Le bas-relief en cire, exposé sous verre, qui représente *Ethra pleurant sur la tête de Phalante,* a été exécuté à Rome en 1808 par Pierre-François GIRAUD, grand prix de Rome en 1806, mort à Paris en 1836. Une reproduction en marbre a figuré au Salon de 1814. Ce morceau a été reproduit par le moulage; il a été gravé par A. GUILLAUMOT, en 1844.

LA SALLE VICTOR SCHŒLCHER

Cette salle est ainsi appelée en souvenir du don fait à l'École par M. le sénateur Victor Schœlcher en 1883-1884. (Voy. p. 136.)

Une petite partie seulement de ces gravures a pu être exposée jusqu'ici (au-dessus des dessins qui font le tour de la salle). Le reste de la collection se trouve à la Bibliothèque.

COPIES DE TABLEAUX DE MAITRES

Mur d'entrée

Van Dyck (1599-1641). *Les Enfants de Charles Ier*. Musée de Turin. Copie de M. Vignon (1873).

Rembrandt (1607-1669). *L'Officier de fortune*. Musée de la Haye. Copie de Mlle Van Tuyll.

Velasquez (1599-1660). *Le Tableau des Lances* ou la *Reddition de Bréda*. Musée de Madrid. Envoi de Rome d'Henri Regnault (1869).

Rembrandt (1607-1669). *La Femme de Rembrandt*. Musée de Stockholm. Copie de Bréda.

Mur faisant face aux fenêtres

Le Corrège (1464-1534). *Le Mariage de sainte Catherine*. Musée de Parme. Copie de M. Stéphane Baron (1872).

Paul Véronèse (1528-1588). *Venise recevant la Justice et la Paix*. Envoi de Rome de M. Toudouze (1875).

Van der Helst (1601-1688). *Le Repas des gardes civiques*. Musée d'Amsterdam. Copie de M. Colin (1861).

Paul Véronèse (1528-1588). *Le Martyre de saint Georges*. Eglise de Saint-Georges, à Venise. Envoi de Rome de M. Fournier (1885).

Mur de la cheminée

Velasquez (1599-1660). Portrait équestre du duc d'Olivarès. Musée de Madrid. Copie de M. Prévost (1872).

TURNER (1775-1851). *La Fondation de Carthage.* Galerie nationale de Londres. Copie de Mme STIGANT-BARON.

Sur le plafond

Paul VÉRONÈSE (1528-1588). *Venise triomphante.* Palais ducal de Venise. Copie de M. WAGREZ.

Les deux figures d'*Anges* incrustées de chaque côté de la cheminée sont des originaux de la main de Germain PILON. Elles proviennent du mausolée du chancelier de l'Hôpital, élevé dans la paroisse de Vignai, et ont figuré pendant longtemps au Musée des monuments français[1]. Rendues à la famille, elles ont été offertes à l'École des beaux-arts en 1835, par M. le premier président Séguier, qui les a fait accompagner de l'inscription suivante : « L'arrière-neveu d'un chancelier de France qui fut le patron des beaux-arts a fait, don à l'École fondée pour leur gloire des fragments d'un tombeau de sa famille, par Germain PILON. 1835. »

DESSINS DE MAITRES[2]

Andrea VERROCCHIO (1422-1488). Têtes d'enfants, enfants debout. Au verso : croquis divers : saint Jean-Baptiste, enfant ailé jouant du violon, etc. A la plume. Pro-

1. On trouvera, dans le *Musée des monuments français* d'Alexandre Lenoir (t. IV, 1805, p. 111), une gravure du mausolée restitué par ses soins, pl. 149, n° 541.

2. Tous ces dessins, sauf indication contraire, proviennent de la collection donnée à l'École en 1867 et en 1876, par M. His de la Salle.

vient du livre de dessins décrit par **M.** Bode dans l'*An-nuaire des Musées de Berlin*, 1882.

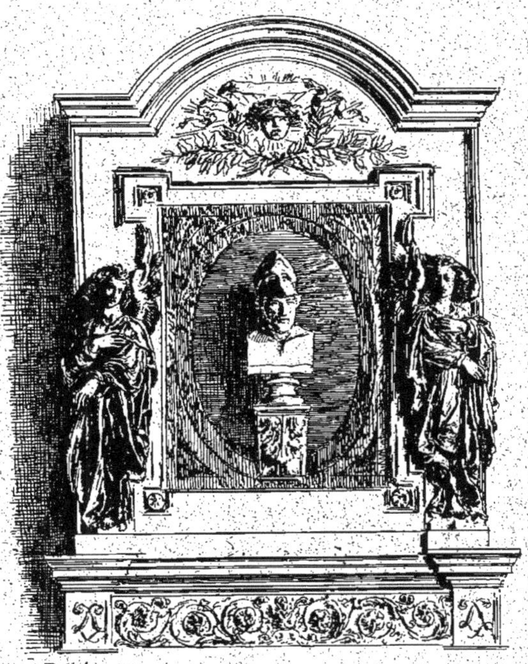

Les deux anges de Germain Pilon.

Filippino **Lippi** (1460-1505). Deux hommes drapés, l'un debout, l'autre assis. Au verso, deux hommes drapés, dans la même attitude. Le premier dessin est gravé dans l'*Histoire de l'Art pendant la Renaissance*, éditée par la librairie Hachette, t. Ier, p. 206.

Léonard de Vinci (1452-1516). Étude d'ange debout, vu de profil, un pied posé sur un gradin ; de la gauche il retient les plis de sa tunique ; sa droite est étendue. La même feuille contient deux études de bras et une étude de main pour l'ange de la *Vierge aux rochers*, au musée du Louvre. Décrit dans la *Revue des Deux Mondes*, 1887, t. LXXXIII, p. 673.

Le Pérugin (1446-1524) Un ange debout, tenant de la gauche une banderole. Étude pour la *Nativité*, au Cambio de Pérouse. A la plume. Gravé dans la *Collection des dessins originaux des grands maîtres*, de Leroy, et dans l'*Histoire de l'Art pendant la Renaissance*, t. Ier, p. 80.

Fra Bartolommeo della Porta (1475-1517). *La Salutation angélique.* A droite, la Vierge assise ; vers le milieu, l'ange levant la droite ; à gauche dans le fond, une femme debout, vue de trois quarts. A la plume, avec traces de rehauts blancs. Ancienne collection Vallardi. A figuré en 1879 à l'Exposition de dessins de maîtres anciens (n° 76).

Le même. Ange soulevant une draperie. Dessin à la pierre noire, bordure historiée. La bordure (ajoutée après coup) à la plume. Collections Vasari et Mariette.

Attribué à Giorgione (1478-1511). A gauche, un cavalier s'arrêtant devant une dame et un chevalier bardé de fer ; au fond, un autre chevalier, dirigeant son cheval vers la gauche ; paysage. Sujet tiré du *Roland furieux*, décrit dans les *Études iconographiques et archéologiques sur le moyen âge*, éditées par la librairie Leroux (1887), p. 133.

Raphaël (1483-1520). Étude de draperie, tête de vieillard vu de profil, tourné à droite. A la mine d'argent, sur papier teinté de jaune, avec rehauts blancs. Au revers, études pour l'enfant Jésus et la Vierge. A la plume. Collection du roi de Hollande. Le dessin du revers, dessin absolument authentique, est gravé dans le *Raphaël* d'E. Müntz, deuxième édition, p. 179. A figuré en 1879 à l'Exposition de dessins de maîtres anciens, n° 54 du catalogue, où le dessin du recto est attribué à Lorenzo di Credi.

Jules ROMAIN (1492-1546). *L'Enlèvement de Proserpine*. A la plume, lavé de bistre. Publié par Leroy, *Collection de dessins originaux des grands maîtres*.

École romaine du XVI⁰ siècle. Six dessins d'ornement : mascarons. A la plume, légèrement lavé.

École romaine du XVI⁰ siècle. Sept dessins d'ornement : vases, cygnes, etc. A la plume, légèrement lavé. Un de ces dessins a été gravé dans l'*Archivio storico dell'Arte*, de Rome, 1888, p. 15.

Même école. Un aigle ; quatre enfants ; un Faune porté par deux enfants et un adolescent. A la plume. Études pour une frise de la villa Madame, à Rome.

Attribué à Jules ROMAIN (1492-1546). Deux Victoires avec un captif à leurs pieds. A la plume, légèrement lavé.

Attribué à Pellegrino TIBALDI (1527-1592), mais plutôt de PERINO DEL VAGA (1499-1547). De chaque côté, six anges, au centre, deux autres anges supportant des nuages. Au-dessous, la colombe du Saint-Esprit. A la plume, lavé de bistre, avec des rehauts blancs sur papier jaune. A figuré en 1879 à l'Exposition de dessins de maîtres anciens, n° 131.

POLYDORE DE CARAVAGE (1495-1543). Le roi des Arméniens conduit devant Trajan. A droite, Trajan assis sur une trône ; à gauche, le roi prisonnier entouré de sept soldats. A la plume, lavé de bistre. Gravé en contre-partie par Bouillon pour le cabinet Vivant-Denon, où il est attribué à Jules Romain.

Faussement attribué à Michel-Ange. Les Sibylles persique et delphique. La Sibylle de Delphes, debout; à côté d'elle, un ange tenant un livre. A la plume, bistre.

Baccio Bandinelli (1493-1560). Adam et Ève implorant l'Éternel. Bordure avec des rinceaux. A la plume.

Alessandro Allori (1535-1607). Études de deux écorchés. A la plume. Don de M. Jean Gigoux (1869).

Le Primatice (1504-1570). Une divinité fluviale couchée, le bras droit reposant sur un lion, une rame dans la main gauche. A droite, deux enfants nus tenant un lion. A la plume, lavé de bistre. Ancienne collection Mariette.

Le même. Le Nil (pendant du précédent). Le dieu, assis, tourné à gauche, appuie la main sur une corne; deux enfants et deux sphinx. Même collection.

Le Dominiquin (1581-1641). Apparition de la Vierge. Dans le bas, une dizaine de personnages; dans le haut, vers la droite, la Vierge et l'enfant apparaissant dans les airs. A la plume, bistre et rehauts blancs.

Le Guerchin (1590-1666). *L'Adoration des Bergers.* Quatre figures à droite, cinq à gauche. A la plume.

Nicolas Poussin (1594-1665). Véturie aux pieds de Coriolan. Bistre.

Le même. Cavalier attaquant des archers. Trois archers à gauche, un cavalier à droite. Pierre d'Italie, encre de Chine.

Le même. Vénus couchée, au bord de la mer. A la plume, lavé de bistre.

Le Poussin. Paysage. A droite au fond, des fabriques. Collection Mariette. Bistre.

Antonio Canova (1757-1822). Etude d'homme nu, le bras droit baissé, le bras gauche levé. Signé : *8 novembre 95. Antonio Canova.* Don de M. Gigoux (1869).

Eustache Le Sueur (1617-1655). Anges transportant au ciel le corps d'un martyr décapité. Crayon, légèrement lavé à l'encre de Chine. (Dussieux et de Montaiglon, *Nouvelles recherches sur la vie et les ouvrages d'Eustache Le Sueur*, p. 90).

Attribué à Claude Gelée, dit le Lorrain (1600-1682). Paysage. Au premier plan, deux personnages et des bœufs. A gauche, ruines d'un temple avec trois colonnes. A la plume et au bistre.

Eustache Le Sueur. Jeune fille prenant le voile. A la pierre noire. (Dussieux et de Montaiglon, p. 93.)

Le même. *Le Passage de la mer Rouge.* Mine de plomb, avec quelques retouches. Mis au carreau. (Dussieux et de Montaiglon, p. 82-83.)

Le même. Le Père éternel planant, les bras étendus. A la pierre noire, rehaussé de blanc. (Dussieux et de Montaiglon, p. 99.)

Le même. *L'Apparition de l'ange à saint Joseph endormi.* Très légèrement lavé sur crayon. (Dussieux, p. 84.)

Th. Géricault (1791-1824). Le Passage du mont Saint-Bernard. A la mine de plomb sur papier calque. (Clément, *Géricault,* 3e édit., p. 335.)

J.-J. Pradier (1786-1852). Etude pour une statue de femme nue couchée. Fusain.

Le même. Jeune Niobide, d'après le marbre conservé au Louvre. Fusain.

DESSINS EXPOSÉS SUR DES CHEVALETS

Bernardino **Luini** (mort après 1530). Deux enfants qui s'embrassent (fragment). Dessin à la pierre d'Italie. Gravé par Alphonse Leroy dans la *Collection de dessins originaux de grands maîtres*, avec une notice par M. Villot. A figuré en 1879 à l'Exposition de dessins de maîtres anciens (n° 150).

Le **Rosso** (1494-1541). *Les Travaux d'Hercule* (Hercule et Cerbère; Hercule et le Taureau; à droite, trois femmes nues, dont deux tiennent des cornes d'abondance). Esquisse pour les peintures du palais de Fontainebleau. A la la plume, lavé.

Baccio **Bandinelli** (1493-1560). *Le Christ pleuré par les saintes femmes.* A la plume.

Girolamo **Muziano** (1528-1590). Le Christ donnant les clefs à saint Pierre. Dessin lavé.

Nicolas **Poussin** (1594-1665). *Le Jugement de Pâris.* A la plume, avec des lavis.

Le même. Le Pont Nomentano, près de Rome. A l'encre de Chine.

Théodore **Géricault** (1791-1824). *Prière à la Madone* Groupe de paysans romains prosternés à la porte d'une église, dont on ne voit que l'entrée indiquée par deux colonnes et un rideau entr'ouvert. Des hommes et des femmes de tout âge sont agenouillés devant cette porte. A gauche, deux jeunes contadins à cheval ôtent pieusement leurs chapeaux, et, près de l'un d'eux, une mère, effrayée par le bruit des pas du cheval se retourne en pressant son enfant dans ses bras. Lithographié par M. A. Colin dans la publication de M. Charles Clément. A la plume. (Charles Clément, *Géricault*, 3ᵉ éd., p. 343.)

GÉRICAULT. *La Traite des nègres*. Au milieu de la composition, un gardien va frapper de son bâton un nègre, les mains liées derrière le dos. A gauche, une négresse, un genou à terre, l'air suppliant, tâche de retenir le bras du gardien. Elle est contenue par un homme qui cherche à l'entraîner. A droite, sur le premier plan, une jeune fille, qu'un nègre enlace tendrement de ses bras, et derrière ce groupe, des hommes armés de bâtons dans des attitudes menaçantes. Toutes ces figures sont nues. A la sanguine. Quatre têtes seulement sont à la mine de plomb. Lithographié par M. A. Colin dans la publication de M. Charles Clément. (Clément, *Géricault*, 3ᵉ édit., p. 362-363.)

Entre les fenêtres

Trois paysages de CARUELLE D'ALIGNY (1798-1871). I. Le Reckenbach à Rosenawi (Oberland bernois). — II. Vue de la Certosa à Capri. — III. Paysage à Meyringen. — A la plume. Donnés par Mᵐᵉ d'Aligny en 1875.

MEUBLES TOURNANTS

I. — Un choix d'académies, exécutées au XVIIᵉ et au XVIIIᵉ siècle par les professeurs de l'ancienne École académique, en présence de leurs élèves, ou primées aux concours de cette École.

II. — Quatre-vingt-quatorze photographies de Braun reproduisant les principaux ouvrages de Paul BAUDRY

(1828-1886). Ce meuble et les photographies qui le garnissent ont été offerts à l'École en 1888 par Mme veuve Baudry.

TROISIÈME MEUBLE TOURNANT

Il convient de signaler parmi les dessins qui garnissent ce meuble, en dehors d'un certain nombre de dessins d'ornement et d'esquisses diverses, les morceaux suivants :

ÉCOLE DE RAPHAËL. Le pape saint Léon Ier, assis sur un trône surmonté d'un baldaquin. Son bras droit s'appuie sur un ange qui déploie sous ses yeux un phylactère. Un autre à droite se prosterne à ses pieds. A droite du trône, la Vérité soulève son voile ; à gauche, l'Innocence caresse une colombe. La partie supérieure de la composition manque dans le dessin. Étude pour une des fresques de la Chambre de Constantin, au Vatican. A la plume, sur papier gris. Legs Gatteaux.

Attribué à Jacopo PALMA le jeune. Femme nue à moitié couchée sur le côté droit ; la tête de trois quarts, tournée vers la gauche. Sanguine. Ancienne collection Mariette. Don de Sébastien Cornu.

Attribué à BANDINELLI. Frise avec neuf enfants qui jouent. A la plume. Legs Gatteaux.

École de RAPHAËL. Troupe d'enfants et de génies jouant avec des pommes. Un dessin analogue se trouve au Louvre. Voy. E. Müntz, *Raphaël*, 2e édit., p. 612. A la plume, sur papier gris avec des rehauts blancs. Ancienne collection de la reine Christine de Suède. Legs Gatteaux.

Attribué à Frédéric ZUCCHERO (1542-1609). *La Cano-*

nisation de saint Hyacinthe (1594). Grande assemblée de prélats autour d'un autel. A gauche, un pape debout, les mains jointes; sur le premier plan quelques personnages à genoux. Dans le haut, deux inscriptions dont l'une, celle de gauche, commence par ces mots : « Il re di Polonia, il car^le Alisandrino, il card^le Mascoli (?), il generale de S^to Dom^co avanti il papa adimandano la canonizatione di San Jacinto ». — A gauche, « la congregazione de' Cardinali referisce al Papa che si pol canonizare ». A la plume.

Anonyme du xvie siècle. — Grand plateau ou bouclier dans lequel des chasseurs à cheval, aidés de leurs chiens, combattent contre des bêtes féroces. A la plume, bistre et blanc. Legs Gatteaux.

Le Rosso (1494-1541). *L'Éducation d'Achille.* « Educationem Achillis Francisco jubente, in porticu fontis Bellaquei depicturus delineabat rubeus. » Chiron apprend à Achille les divers exercices du corps, la natation, le maniement de la lance, de l'épée et du bouclier sous les yeux de personnages placés au-dessus d'eux dans une galerie. Au fond, une porte qui s'ouvre sur la campagne laisse voir à droite le centaure et Achille chassant un sanglier. A la plume, sur papier gris. Esquisse pour une des peintures du château de Fontainebleau. Don de M. His de la Salle. Anciennes collections Mariette, Robert Udny of Udny, William Esdaille.

Le Dominiquin (1581-1641). Saint Mathieu, entouré d'anges qui lui présentent une tablette contenant le texte de l'Évangile. Étude pour les peintures de la voûte de l'église Saint-André de la Valle, à Rome. Dessin très poussé. Bistré et rehauts de blancs. Legs A. Hesse.

Attribué à Michel-Ange (1475-1564). Un homme nu à moitié assis, une jambe repliée, l'autre presque étendue, appuyé sur le bras droit, le bras gauche ramené vers la tête. Au revers, étude d'homme nu, debout, la tête de profil, baissée, le bras gauche plié. Sanguine. Vente Desperret. Don de M. J. Gigoux.

Attribué à Polydore de Caravage († 1543). Scène de combat ou exercices guerriers. Neuf personnages : au centre, un guerrier qui porte un bouclier au bras gauche et qui, du bras droit, s'apprête à lancer un javelot. Entre ces neuf personnages, deux petits enfants. Sanguine. Ancienne collection sir Pierre Lely. Legs Gatteaux.

Mazzola dit le Parmesan (1504-1540). *La Présentation au Temple.* Au premier plan, au centre, deux enfants assis a terre. Plume et bistre. Don de M. His de la Salle.

Anonyme italien du xvie siècle (attribué à Giovanni Battista Franco). Obsèques triomphales. Sous un riche catafalque repose un personnage, dont le front est ceint d'un laurier; à ses pieds, un génie funèbre debout. Autour du tombeau, divers personnages en costume antique. A la plume. Legs Gatteaux.

Attribué à Benvenuto Cellini (1500-1571). *Hercule soulevant Antée.* Sanguine. Marque F. H. Nº 333. Collection Jules Dupan. Don de M. Jean Gigoux. Décrit par M. Plon : *Benvenuto Cellini,* Paris, 1883, p. 376.

Perino del Vaga (1499-1547). *Descente du Saint-Esprit* sur les apôtres assemblés dans le cénacle. Très beau dessin sur papier bleu, avec des rehauts blancs. Pour bordure, un ornement en deux demi-cercles avec quatre génies nus aux quatre angles en cariatides. Legs Gatteaux.

Études de costumes italiens, français et allemands (xvie siècle), avec des inscriptions en français : Damoiselle de Pérouse, Damoiselle de Bologne, Dame ferraraise, Bourgeoise ferraraise, Femme napolitaine, une Courtisane, Damoiselle pisane, Fille damoiselle vicentine, Lorraine, Damoiselle de Bavière. A la plume, lavé d'encre de Chine. Legs Gatteaux. (Extraits d'un recueil conservé à la bibliothèque de l'École.)

Attribué à Taddeo ZUCCHERO (1529-1566). Michel-Ange à cheval vient visiter les travaux du palais Farnèse ; un artiste est en train de peindre sur un échafaudage d'après des modèles placés près de lui ; aux deux extrémités, sur le comble de l'édifice, deux Renommées agitent leurs doubles trompettes. La couverture du cheval porte le nom « Michelangelo. B. Bon ». A la plume. Collection Gatteaux. Un dessin analogue se trouve à Vienne, dans la collection Albertine (Braun, nᵒ 220).

École française du xvie siècle. Assemblée de seize personnages réunis pour la signature d'une sentence ou d'un traité, en costume du temps. La salle dans laquelle ils sont assis sur trois côtés, autour d'une table, fait partie d'un palais à arcades. A la plume, lavé de verr. Legs Gatteaux.

Bartolommeo SCHIDONE († 1615). Jeune homme nu, assis, vu de face. Sanguine. Legs Gatteaux.

Baccio BANDINELLI (1493-1560). Homme nu, marchant vers la gauche ; la tête de trois quarts. A la plume. Don de M. Jean Gigoux. Ancienne collection Édouard Pearl.

Anonyme du xvie siècle. Vue d'une place, bordée d'édifices à arcades, avec une porte triomphale au bout. A la plume et au bistre. Avec l'inscription : « Gio : Battista Donelli Faentino. » Legs Gatteaux.

Giulio CAMPI (1502-1572). Riche dessin d'architecture et de sculpture, semblable à un buffet d'orgue. A la plume et à l'encre de Chine. Legs Gatteaux.

PERINO DEL VAGA (1499-1547). *Le Martyre de saint Étienne.* Dans le bas, dix personnages; dans les airs, le Christ, saint Paul et des Anges. A la plume et au bistre, rehaussé de blanc. Collection de Charles Ier d'Angleterre, ou du comte d'Arundel (?).

Fr. ALGARDI (1602-1654). Le Tombeau du pape Paul III, à Saint-Pierre de Rome. Plume et bistre.

Sébastien LECLERC (1639-1714). Un cabinet de physique et d'astronomie au XVIIe siècle. Un dessin analogue, mais présentant d'assez nombreuses variantes, est gravé dans l'œuvre de Sébastien LECLERC (t. IV, fol. 151). Plume, sanguine et encre de Chine. Legs Gatteaux.

Attribué au GUIDE (1575-1642). La Vierge reçue dans les cieux. A la sanguine et au crayon. Legs Gatteaux.

Anonyme du XVIe siècle. Une femme agenouillée sur un tabouret orné de chérubins; elle est de trois quarts tournée vers la gauche. Plume, bistre, rehauts blanc. Legs Gatteaux.

Attribué à O. VAENIUS. Un prêtre vêtu d'une chasuble, debout, de profil, tourné vers la gauche et bénissant de la main droite. A la plume, bistre et rehauts de blanc. Legs Gatteaux. Avec la marque présumée de l'ancienne collection de la reine Christine de Suède [1].

1. La marque C, qui figure sur ce dessin, a été attribuée tantôt à la reine Christine de Suède, tantôt à Richard Cosway. Voy. Fagan, *Collectors Marks*, Londres, 1883; n° 71.

Jean Wierix (né en 1549). *Le Calvaire*, composition très riche. A la plume et au bistre, sur parchemin, avec l'inscription : « Jean Wierix inventor et fecit. » Legs Gatteaux.

Govaert Flinck (1616-1660). Etude de femme nue, vue de dos, à moitié étendue sur une draperie, la tête posée sur le bras droit. Crayon noir sur papier bleuté, avec des rehauts blancs. Signé : G. Flinck. Don de M. Jean Gigoux.

Le même. Femme nue, assise, vue de face ; tenant de la main gauche une lettre. A la sanguine. Signé : G. Flinck 16. . Don de M. Jean Gigoux.

Le Guaspre (1613-1675). Paysage. A droite, au premier plan, un bouquet d'arbres ; au second plan, vers le centre, deux pêcheurs ; au fond, des fabriques sur des rochers ou des collines. Au verso l'inscription : « Nell libro de mani e piedi dell Cavedoni recavati, n° 2. » Sanguine. Collection Mariette. Don de M. His de la Salle.

Manière de Sébastien Leclerc. Médaillon soutenu par un aigle. Le sujet semble être une visite du roi dans un palais. A la plume. Legs Gatteaux.

Henri Beaubrun (1659). *La Constance.* Costume de ballet. A la plume et à l'encre de Chine. Legs Gatteaux.

Attribué à Pierré Puget (1622-1694). Étude de femme nue, vue de trois quarts, la jambe droite élevée ainsi que le bras gauche. Pierre d'Italie. Don de M. Jean Gigoux.

Nicolas Poussin (1594-1665). Vénus dans la forge de Vulcain. Composition circulaire. Au premier plan, à gauche et à droite, deux personnages endormis. Plume et bistre. Ancienne collection Thomas Lawrence. Don de M. His de la Salle.

12

Edme Bouchardon (1698-1762). Étude d'un torse antique, figure juvénile, les bras mutilés, la jambe droite brisée. Sanguine. Semble provenir de la collection de Mariette.

Le Barbier. Fontaine monumentale, un paysage et cinq personnages. Signé : « Le Barbier, à Rome, 1768. » Plume et lavis.

Moitte (1746-1810). Mobilier artistique, table, trépied, vases, etc. Signé : « Moitte, sculpteur, l'an III. » A l'encre de Chine.

Louis David (1748-1825). Les Envois de Rome de l'année 1808. L'Œdipe d'Ingres. David et Goliath de Granger. Un berger et des petits athlètes, de Boissellier. Signé : « L. David del. » Crayon. Legs Gatteaux.

Girodet-Trioson (1767-1824). L'Éducation d'Achille. Un adolescent tendant un arc ; derrière lui, un homme d'un âge mûr qui semble diriger ses mouvements. Crayon. Legs Gatteaux.

Ingres (1780-1867). Trois esquisses. « Mort d'Élisabeth, reine d'Angleterre. Hercule tient un Pygmée, sculpture. La Victoire sourit à leurs efforts. Le bras d'Hercule appuyé sur la Victoire. » Un homme tenant un sceptre et porté par un aigle ; au-dessus, un monticule surmonté d'un personnage, et les Muses. Deux figures accroupies, se tenant par les mains et faisant des efforts pour s'attirer l'une vers l'autre. A la plume. Legs Gatteaux.

Géricault (1791-1824). *Marche dans le désert.* Première pensée pour la lithographie qui porte ce titre. Au premier plan, à gauche, un attelage de quatre chevaux dont l'un vient de s'abattre ; le conducteur va le frapper

pour le remettre sur pied ; à droite, un chameau se relève ;
au fond, la composition telle qu'elle a été exécutée par le
maître sur la pierre. Lithographié en fac-similé par M. A.
Colin dans la publication des dessins de Géricault, de
M. Ch. Clément. Voy. Ch. Clément, *Géricault*, 3ᵉ édit.,
P. 335.

Louis DAVID (1748-1825). Caracalla poursuivant Géta.
Au fond, à gauche, trois soldats. Plume et encre de
Chine. Don de M. His de la Salle.

Hippolyte FLANDRIN (1809-1864). Deux groupes de
cavaliers au trot, de droite à gauche, séparés par quelques fantassins. A la plume. Signé et daté de 1831. Legs
Gatteaux.

GÉRICAULT. Combat de cavalerie. Au premier plan,
à gauche, un cavalier tombé de cheval. A la plume, bistre
et rehauts blancs. Don de M. His de la Salle.

QUATRIÈME MEUBLE TOURNANT

École française du xvᵉ siècle. Princesse agenouillée,
avec une suivante. Devant elle sont agenouillés, l'un derrière l'autre, deux chevaliers, tête nue, vêtus d'une sorte
de blouse par-dessus leur armure. Les quatre personnages
ont les mains jointes. A la plume. Legs Gatteaux.

Anonyme suisse du xvᵉ siècle. Projet de vitrail. A
droite, le Christ, vu de face, tenant le globe de la main
gauche et bénissant de la main droite. A gauche, saint
Pierre, de trois quarts, tient les clefs de la main gauche
et un livre de la droite ; entre eux, en bas, un écusson

portant un Δ; au-dessus de saint Pierre, cette inscription : « Tu es Christus filius Dei vivi », et au-dessus du Christ, celle-ci : « Tu es Petrus, et super hanc petram edificabo ecclesiam meam. » Le nom d'Israël MECHEL est inscrit deux fois au crayon. A la plume. Legs Gatteaux.

Anonyme italien du xvᵉ siècle. Saint Marc l'Évangéliste. Le saint est assis, presque de face, les yeux baissés vers un livre qu'il tient des deux mains. A droite, à ses pieds, le lion, et de chaque côté une figure, à peine indiquée; celle de gauche est de profil, tournée vers saint Marc; celle de droite est de trois quarts. Plume et bistre. Legs Gatteaux.

Attribué à Albert DURER (1471-1528). Étude d'un apôtre. Personnage barbu, vu de profil, la tête tournée vers la droite; drapé dans un long manteau, il tient une hampe de la main gauche. Dessin mal conservé et retouché. Pierre d'Italie avec quelques légers rehauts blancs sur papier vert. (*Catalogue des dessins exposés à l'École des beaux-arts, en 1879,* nᵒ 263.) Voy. Ephrussi, *Albert Dürer et ses dessins,* p. 340. Legs Gatteaux.

Luca SIGNORELLI (1441-1523). Étude d'homme nu. Vu de dos, la main droite sur la hanche. Crayon noir. Legs Gatteaux.

ANDREA DEL SARTO (1486-1531). Un homme imberbe, vêtu d'une blouse serrée à la taille et coiffé d'une sorte de calotte, est assis sur un escabeau, les pieds croisés. Il est vu de profil, tourné vers la gauche, et semble donner toute son attention à quelque travail d'art. Il a sur les genoux une sorte de planche portant sur un tréteau. Sanguine. Legs Gatteaux.

Anonyme du commencement du xvie siècle. Vue du Vatican et de Saint-Pierre. A la plume. Legs Gatteaux.

École française du xvie siècle. Deux têtes d'hommes ; l'une imberbe, vue de trois quarts, tournée à droite ; l'autre, barbue, vue de trois quarts, tournée à gauche ; cette dernière porte une coiffure à pans retombants. Au revers du premier l'inscription : « Io. Rubeus, Aven. appud *(sic)*, Clem. VI, pro Flor. Rep. orator., an. 1345. » Au revers du second : « Simon Rubeus pro imperatore Costant. or. appud Bonif. VIII, an. 1296. » A la plume. Legs Gatteaux.

Anonyme italien du commencement du xvie siècle (École de Bologne ?). Deux femmes nues, debout, vues de dos ; celle de gauche à profil perdu, tournée vers la droite ; celle de droite tourne la tête vers la gauche. A la plume. Legs Gatteaux.

Attribué à B. PERUZZI (1481-1536). Sujet tiré de l'histoire romaine. Au premier plan, à droite, un lion tourné vers la gauche et semblant suivre un homme qui se dirige vers une porte devant laquelle parlent deux hommes debout ; derrière le lion, un homme portant un sac marche dans le même sens. Plus haut, au second plan, cinq autres personnages soit debout, soit assis, sans doute sur les gradins d'un cirque. Peut-être le lion d'Androclès. A la plume, quelques touches de bistre. Anciennes collections Zoomer, comte Nils Bark. Legs Gatteaux.

PORDENONE (1483-1539). L'*Adoration des Mages*. A gauche, les trois mages, dont l'un agenouillé ; à droite, la Vierge assise tenant l'enfant ; derrière eux saint Joseph. A la plume. Legs Gatteaux.

Anonyme italien XVIe siècle. Statue de Vitellius, le corps de face, la tête de profil, tournée vers la droite; la main droite appuyée sur un bâton, la gauche crispée sur la poignée du glaive. Le pied gauche se redresse sur un degré portant l'inscription : VITEL. Plume, bistre et rehauts blancs. Legs Gatteaux.

Domenico BECCAFUMI, dit MECARINO (1486-1551). Hercule vu de dos, campé dans l'attente du combat, la tête tournée vers la gauche, la main droite tenant la massue, la gauche appuyée sur la hanche. Au bas, l'inscription : « Mecarino. » Ancienne collection Mourian. Plume et bistre. Legs Gatteaux.

Gaudenzio FERRARI (1484-1549). Saint Roch, vu de face, la tête tournée vers la gauche; le saint se dirige vers la droite; il montre de droite sa jambe blessée et tient un bâton de la main gauche. Crayon noir, bistre et rehauts blancs. Legs Gatteaux.

Lodovico LEONI, dit le PADOUAN (1531-1606). Tête de femme, presque de face, tournée vers la gauche; grande collerette largement échancrée, cheveux frisés, relevés sur le front. Crayon noir, sanguine et rehauts blancs. Legs Gatteaux.

Attribué à Jean d'UDINE (1487-1564). Double fragment de frise avec des rinceaux et des personnages ou des animaux fantastiques entremêlés. Au revers, des études pour une Madone, l'Enfant Jésus et saint Jean-Baptiste. A la plume sur papier gris. Ancienne collection de sir Joshua Reynolds. Legs Gatteaux.

École romaine du XVIe siècle. Le pape Sixte V assis dans un fauteuil, de trois quarts, tourné vers la droite, calotte et camail rouge. Crayon et sanguine. Legs Gatteaux.

École romaine du XVIe siècle. « Sixtus Quintus » en habits pontificaux, tiare en tête, assis dans la chaire pontificale, la main gauche appuyée sur un livre, la droite levée pour bénir. Il est vu de trois quarts, tourné vers la droite. Ancienne collection Charles Rogers. A la plume, lavé de bistre. Legs Gatteaux.

LAGNEAU (XVI-XVIIe siècle). Portrait d'homme grisonnant, coiffé d'un chapeau à haute forme arrondi au sommet et portant un ordre. De trois quarts, tourné vers la droite. Crayon noir et sanguine. Legs Gatteaux.

PERINO DEL VAGA (1499-1547). Ornement qui semble représenter une partie de plafond et une partie de panneau. Plume et bistre. Legs Gatteaux.

J.-B. MOLA (né vers 1620). Saint Jean dans le désert. Vers le milieu, saint Jean prêche debout, la croix d'une main, de l'autre montrant le ciel. A droite et à gauche des groupes, des arbres. Au fond, des montagnes. Plume et encre de Chine. Legs Gatteaux.

LE GUERCHIN (1590-1666). Tête d'homme imberbe ou de vieille femme, coiffée d'une sorte de turban. A la plume, avec des notes manuscrites. Ancienne collection marquis de Lagoy. Legs Gatteaux.

PIETRO TESTA (1607-1650). Au milieu une jeune femme (Psyché?) soutenue par une figure ailée et couronnée par un Amour; près d'elle, un personnage qui se montre à moitié et qui étend le bras avec le geste du commandement. A droite, l'Amour la regarde et touche le genou de Vénus debout auprès d'Hercule.

Derrière ce groupe un temple. Daté de 1635. Legs Gatteaux.

Attribué à Cigoli (1559-1613). Députation de quinze ecclésiastiques reçue par un évêque assis sur un trône. Plume et bistre; une partie du dessin mise au carreau. Anciennes collections Thomas Hudson et sir Joshua Reynolds.

École des Carrache. Portrait de femme assise, la tête de trois quarts, les cheveux relevés, la main droite sur ses genoux, la main gauche ramenée vers la poitrine. Crayon noir, légèrement lavé. Legs Gatteaux.

Aldert van Everdingen (1621-1675). Paysage. Au premier plan, à gauche, un arbre; au fond, derrière un bouquet d'arbres, une église. Avec l'inscription : « Aldert van Everdingen, 1675. » A la plume. Legs Gatteaux.

Anonyme du xvii° siècle. Vue du Forum romain, du temple d'Antonin et de Faustine, des jardins Farnèse, etc. A l'encre de Chine. Legs Gatteaux.

Philippe de Champagne (1602-1674). Anne d'Autriche et ses deux enfants agenouillés devant un saint et une sainte. Dans les airs, Dieu le Père, le Christ et la colombe au milieu d'un chœur d'anges. Avec l'inscription : « pour le tableau de la Chiminée *(sic)*. » Plume et encre de Chine. Legs Gatteaux.

Eustache Le Sueur (1617-1655). Étude pour un apôtre ou un saint, debout, drapé, s'inclinant vers la droite. Crayon noir, avec quelques rehauts, sur papier gris. Legs Gatteaux.

Le même. Étude de deux femmes, portant chacune un vase. Sanguine. Legs Gatteaux.

Louis de Boullogne le jeune (1654-1733). La *Renommée*. Crayon noir et encre de Chine. Legs Gatteaux.

Antoine Coypel (1661-1722). Nymphes et génies prenant leurs ébats dans la mer. Crayon, sanguine, avec quelques rehauts blancs, sur papier gris. Legs Gatteaux.

Bouchardon (1698-1762). Quatre études de têtes d'enfants. Crayon, avec rehauts blancs sur papier gris. Legs Gatteaux.

François Boucher (1703-1770). Hercule sur le bûcher. Sanguine. Legs Gatteaux.

Guillon-Lethière (1760-1832). Trois études pour la *Mort de Virginie*. La deuxième (plume et bistre) reproduit entièrement la première, qui est à la plume. La troisième est au crayon noir. Legs Gatteaux.

Louis David (1748-1825). Portrait du sculpteur Moitte. Au crayon. Legs Gatteaux.

Le même. Dessin à la plume, portant ces deux notes : « 1º Étude de la tête du pestiféré, de mon tableau de saint Roch, qui est à Marseille ; 2º fait à Ferrare, par David, au retour de son premier voyage de Rome en 1788, et donné à son ami (nom effacé), le 7 germinal, an VIII de la République française. » Signé : David. Legs Gatteaux.

Le même. Saint Charles Borromée pendant la peste de Milan, d'après le bas-relief du Puget. Plume, bistre, quelques rehauts blancs. Legs Gatteaux.

François Mazois (1783-1827). Vue de Pæstum prise au delà du fleuve ; à gauche, les trois temples ; au milieu, au premier plan, une femme vient puiser de l'eau au fleuve. Signé : Mazois, 1811. Lavé à l'encre de Chine, sépia, quelques rehauts blancs. Legs Gatteaux.

Achille LECLÈRE (1785-1853). Chapiteaux et corniche du temple de Jupiter tonnant, signé et daté : A Rome, 1809. Jupiter tonnant. Encre de Chine, bistre, quelques rehauts blancs. Legs Gatteaux.

François MAZOIS (1783-1827). Une rue italienne, façade d'église ; en arrière, une tour dont il paraît quatre étages. Lavé à l'encre de Chine. Legs Gatteaux.

J.-Th. RICHOMME (1785-1849). Vue prise de la villa Médicis. Crayon, lavée à l'encre de Chine. Signé. Legs Gatteaux.

Louis DAVID. Vieillard entraîné à la mort par des hommes armés, nus, marchant vers la droite. A la plume. Legs Gatteaux.

J. PRADIER (1792-1862). Cinq esquisses sur une même feuille : femme agenouillée et enfant ; un homme se relevant (à la plume) ; jeune homme se baissant et Diane avec une biche (au crayon) ; Diane ou Vénus se dépouillant et faisant un geste de surprise et de pudeur ; au crayon noir.

Michel-Martin DROLLING (1786-1851). Deux personnages, une femme et une jeune fille : celle-ci paraît faire un signe d'appel ; la femme lui soutient le corps de la main droite. Crayon noir, rehauts blancs. Legs Gatteaux.

L.-Pierre BALTARD (1764-1846). Deux dessins de l'intérieur de la chapelle Sixtine. Crayon et plume, lavé d'encre de Chine par places. Signé.

Hippolyte FLANDRIN (1809-1864). Un trappiste, la bêche à la main, les yeux levés au ciel, et une couronne à ses pieds, vu de profil, tourné vers la gauche. Étude à la sanguine. Legs Gatteaux.

H. FLANDRIN. Un prophète assis de face, la tête nimbée, un rouleau dans la main gauche. Étude au crayon. Legs Gatteaux.

Le même. Étude d'homme nu à demi assis. Il est de profil, tourné vers la droite ; la jambe droite repliée et le poids du corps portant en partie sur le pied droit : il semble aiguiser une lance. Crayon. Legs Gatteaux.

Le même. Deux hommes debout, drapés, vus de profil et marchant vers la droite. Étude pour la frise de Saint-Vincent-de-Paul (?) ; date au crayon presque effacée : août 1858 (?) Dessin au crayon. Legs Gatteaux.

Le même. Prêtre imposant les mains, vu de profil, tourné vers la droite. Au crayon. Legs Gatteaux.

INGRES (1780-1867). Jeune garçon ou jeune fille d'une douzaine d'années, à mi-corps, de profil, tourné vers la droite, la tête presque de trois quarts. Mine de plomb. Legs Gatteaux.

BUSTES ET MÉDAILLONS D'ARTISTES

ET DE PERSONNAGES DIVERS

Pierre Guérin (1774-1833), par Augustin DUMONT. Buste. Plâtre.

Alexis Paccard (1813-1868), par M. Eugène GUILLAUME (1868). Médaillon, bronze. Don de Mme Ve Paccard.

Abel Blouet (1795-1853), par Elias ROBERT. 1854. Médaillon, marbre.

Jacques-Édouard Gatteaux (1788-1881). Buste en bronze.

Ant.-Denis Chaudet (1763-1810), par VALOIS (1785-1862), don de l'auteur. Buste, marbre.

Isidore-Alexandre-Augustin Pils, par M. CAVELIER (1876). Médaillon, terre cuite.

Nicolas-Marie Gatteaux (1751-1832), graveur en médailles, par Jacques-Édouard GATTEAUX, son fils. Buste en bronze, d'après le buste exécuté en 1819 et détruit par l'incendie en 1871.

Michel-Ange, par J.-E. GATTEAUX (1822). Buste en bronze, gravé dans le *Catalogue des ouvrages de J.-Édouard Gatteaux*. Paris. 1875.

Eug.-J.-Bapt. Farochon (1812-1869), statuaire et graveur en médailles, par M. FARAILLE. Buste, marbre.

Guillaume Guillon-Lethière (1769-1832). Buste, plâtre. Don de Mlle Garnier.

Charles-Alix Dubosc, par M. CRAUK. Médaillon, bronze. Avec cette inscription : « Charles-Alix Dubosc. Modèle, 1797-1877. Ayant posé à Paris pour les artistes pendant près de soixante ans, témoin des débuts pénibles de la plupart d'entre eux, il économisa une somme de 180,000 francs pour la léguer à l'Institut de France, Académie des beaux-arts. Grâce aux dispositions de son testament, chaque peintre ou sculpteur, à l'entrée en loge pour le concours du grand prix, reçoit 395 francs provenant du legs Dubosc. — A mon vieux modèle. CRAUK. — Le présent bronze fondu et offert par F. BARBEDIENNE. »

Jay (1789-1875), professeur de construction, par M. SCHRŒDER (1873). Buste, marbre.

Coysevox (1640-1720), sculpteur, par LEMOYNE père.
Don de Caffieri à l'Académie de peinture et de sculpture.
Buste, terre cuite.

Dejoux, statuaire, fait par lui-même à Paris (1812).
« Donné par l'auteur à son ami M. Lemot » (imitation terre
cuite).

LA SALLE GATTEAUX [1]

Cette salle, qui donne sur l'HÉMICYCLE (voy. p. 106),
a été ainsi nommée en souvenir du legs fait à l'Ecole par
M. Jacques-Édouard GATTEAUX, statuaire et graveur en
médailles, membre de l'Institut (né à Paris le 4 novembre 1788, mort dans la même ville le 8 février 1881).
La collection léguée à l'École comprend 532 volumes,
8,342 gravures, 904 dessins et divers tableaux ou sculptures [2].

Laissant de côté les gravures encadrées (dans le nombre
on remarque des épreuves précieuses de Marc-Antoine
RAIMONDI, d'Albert DÜRER, de Georges PENCZ, de Raphael MORGHEN, de CALAMATTA, etc.), nous nous bor-
nerons à décrire les peintures, dessins et sculptures qui
ornent cette salle.

1. Tous les morceaux exposés dans cette salle proviennent
du cabinet de M. Gatteaux, à moins d'une indication contraire.

2. M. Georges Duplessis a consacré une notice spéciale à
la précieuse collection de M. Gatteaux, dont une partie, comme
on sait, a été détruite par l'incendie, au mois de mai 1871
(*Gazette des Beaux-Arts*, 1870-1871, t. II, p. 338-354).

Au-dessus de la porte

J.-A. DELAISTRE (1690-1765). *Hercule délivrant Hésione*. Morceau de réception à l'Académie de peinture et de sculpture (1722). Peinture sur toile.

Mur donnant sur l'hémicycle
À gauche

Hippolyte FLANDRIN (1809-1864). Tête de jeune fille, vue de profil, tournée à droite. Étude. A l'huile, sur toile.

Le même. Deux têtes d'hommes, vues de face. Études. A l'huile, sur toile.

Anonyme italien du XVᵉ siècle. Portrait d'une dame florentine. En buste, costume du temps. Profil tourné à droite; au fond, un bout de paysage. Peinture originale sur panneau.

Le POUSSIN (1594-1665). *Mercure, Aglaure et Hersé.* A gauche, Mercure repoussant Aglaure qui cherche à l'empêcher d'entrer; à droite, Hersé étendue toute nue sur un lit; près d'elle trois amours. Peinture originale sur toile.

Attribué à JORDAENS (1594-1678). Portrait d'homme, cheveux courts, moustache et barbiche blondes, vu de trois quarts. Tourné à gauche. Peinture originale sur panneau.

Copies à l'aquarelle de tableaux vénitiens, par M. Édouard IMER (1820-1881). Don de Mᵐᵉ Robert, née Imer.

1° BONIFAZIO († 1540). *Le Massacre des Innocents.*

2° V. CARPACCIO (fin du XVᵉ, commencement du XVIᵉ siècle). *Légende de sainte Ursule.*

I. Les ambassadeurs prennent congé du roi. II. Les ambassadeurs du roi d'Angleterre viennent demander au roi Deonato la main de sa fille pour le fils de leur roi. III. Les ambassadeurs rapportent la réponse au roi d'Angleterre. — Académie des beaux-arts à Venise.

3° CIMA DA CONEGLIANO (fin du XV*, commencement du XVI* siècle). L'Évangéliste saint Jean. Académie des beaux-arts à Venise.

4° LE TITIEN (1477-1576). *La Présentation de la Vierge au Temple.* Académie des beaux-arts à Venise.

5° CIMA DA CONEGLIANO. *Tobie et l'ange.* Même collection.

A droite

Rangée supérieure

1. Motif d'architecture et de sculpture décorative. Deux femmes assises sur un fronton semi-circulaire; au-dessous, une figure couchée, plus bas, une figure debout. Plume et bistre sur papier gris.

2. ANSALDI (1584-1638). *Six Femmes en prière.* Plume et sépia.

Deuxième rangée

Attribué à PORBUS. Portrait de femme âgée, vue de face. Dessin au crayon de couleur.

Georges Focus (1641-1708). Paysage, d'après le POUSSIN. A droite, trois personnages assis. A la plume. Ancienne collection Thomas Hudson.

Anonyme. Portrait de femme, vue de trois quarts, les

yeux levés, un foulard noué sous le menton. Aux trois crayons.

Troisième rangée

Boissieu (1736-1810). *Halte de mendiants auprès d'une fontaine.* Signé D. B. 1802. Lavé à l'encre de Chine.

Attribué au Titien. *La Vierge soutenant l'enfant Jésus.* Ancienne collection G. Vallardi. Crayon noir, rehaussé de blanc, sur papier bleuté.

Muziano (1528-1590). *La Vierge,* tournée à droite, soutenue par une sainte femme. Sanguine. Collections de Charles Ier, de Pierre Lély, de Nathaniel Hope, de Pernon et de Suvée.

École italienne du xive siècle. *La Salutation angélique,* peinture originale, sur fond d'or, avec sept figures dans sept compartiments. En bas, la Vierge assise, l'ange, puis une sainte et un saint; en haut, le Christ, à mi-corps, et deux anges.

Andrea del Sarto. *Étude pour un homme faisant mine de tirer l'épée.* Sanguine.

Anonyme. *Femme, à mi-corps, accoudée sur un mur.* Ancienne collection Richard Cosway. Crayon noir, sur fond bleuté.

François Verdier (1651-1730). *Martyre d'un saint refusant d'adorer les faux dieux.* Dessin rehaussé de blanc sur papier bleu.

Quatrième rangée

Eustache Le Sueur (1617-1655). *La France,* étude pour le tableau de la *Monarchie française.* Pierre d'Italie (Dussieux et de Montaiglon, *Le Sueur,* p. 107).

Sebastiano del Piombo (1485-1547). *Le Christ à la colonne.* Pierre d'Italie.

Luca Signorelli (1441-1523). Académie d'homme, le bras droit appuyé contre la hanche, le bras gauche étendu, la tête levée. Étude pour un des bienheureux du *Jugement dernier,* d'Orvieto. Pierre noire. A figuré, en 1879, à l'Exposition de dessins de maîtres (n° 17), gravé dans *l'Art,* 1879, III, p. 299.

École de Raphaël. Huit têtes d'apôtres, dont les deux premières, vues de profil et tournées à gauche, regardent en l'air. Fragment d'un carton en couleur.

Attribué à Donatello (1386-1466). Saint Jean l'Évangéliste. Debout, tourné à gauche, tenant un livre. Ancienne collection de sir Joshua Reynolds. A la plume, lavé de bistre. Exposition de dessins de maîtres, 1879, n° 8.

Fra Bartolommeo (1475-1517). Étude pour le Saint Bernard de la Vierge de Carondelet, à la cathédrale de Besançon. Au crayon noir. Mentionné dans le *Fra Bartolommeo della Porta,* de M. G. Gruyer (collection des *Artistes célèbres*), p. 45, 102.

Eustache Le Sueur (1617-1665). Un Berger. Pierre d'Italie. Ancienne collection Richard Houlditch.

Cinquième rangée

Le Guerchin (1590-1667). Bélisaire assis; au fond, un temple. A la plume.

L. Leoni, surnommé le Padouan (1531-1606). Portrait d'homme, vu presque de face, à mi-corps, figure imberbe; large col rabattu. Avec l'inscription : *Francesco di Mar-*

ciano 1613. A la pierre d'Italie. Ancienne collection Charles Gasc.

Leoni. Portrait de femme, en buste, tourné vers la gauche, de profil, les yeux levés. Pierre d'Italie. Ancienne collection Jean-Denis Lempereur.

Anonyme italien du xvie siècle. La Vierge et l'enfant Jésus entourés d'anges. A la plume. Ancienne collection Mouriac.

Baldassare Peruzzi (1481-1536). Sujet tiré de l'histoire romaine. A gauche, un groupe de cavaliers; au centre, une barque; au fond, une ville; à droite, deux guerriers debout et plusieurs cavaliers. A la plume, ombré de bistre.

Anonyme italien de la fin du xve siècle. Saint Martin partageant son manteau avec un pauvre. Le saint, monté sur un cheval puissant, se retourne pour trancher de son épée le manteau que le pauvre, debout à droite, reçoit. A la plume, avec des rehauts blancs.

Perino del Vaga (1499-1547). *La Manne dans le désert.* Composition en trois compartiments. A gauche, un enfant debout près de deux vases. Plume et bistre.

Le chevalier d'Arpin (1570-1640). Etude d'un cavalier, vu de dos et portant un étendard; le cheval est seulement esquissé. Crayon noir et sanguine.

A côté de la porte

Hippolyte Flandrin (1809-1864). Deux têtes de femmes; l'une de profil, l'autre de trois quarts. Peinture imitant la mosaïque.

Le même. Trois têtes d'étude peintes sur pierre des

Vosges (deux hommes, vus, l'un de face, l'autre de profil,
une femme vue de profil). Essai fait pour la cathédrale
de Strasbourg.

Mur faisant face à l'entrée

Le CORRÈGE (1494-1534). Tête d'ange, les yeux levés.
Pierre d'Italie avec des rehauts blancs. Don de M. His de
la Salle.

Nicolas POUSSIN (1594-1665). *La Décollation de saint
Jean-Baptiste*. A gauche, trois femmes; à droite, le bour-
reau tenant par les cheveux la tête du martyr; près de
lui, le cadavre. Sépia.

POLYDORE DE CARAVAGE (1495-1543). *L'Enlèvement
des Sabines*. Composition en forme de frise. Sépia, avec
rehauts blancs.

Au-dessus de la porte

Antoine STELLA, dit BOUZONNET (1637-1682). *Les Jeux
Pythiens*. Peinture originale sur toile. Morceau de réception à l'Académie de peinture et de sculpture, 1666.

A droite de la porte

Anonyme italien du XVIe siècle. Saint Dominique debout,
un livre dans une main, un lis dans l'autre. Peinture
originale sur panneau. Lithographié par Mlle Clémence
CLAREL.

Paul DELAROCHE (1797-1856). Etude de la figure de la
Renommée pour l'hémicycle de l'Ecole des beaux-arts.
Fusain. Don de M. Étienne Arago. 1881.

Côté gauche de la fenêtre principale

Rangée supérieure

VAN DER MEULEN (1634-1690). *Campagnes de Louis XIV.* Peinture originale sur toile.

Jean-Guillaume MOITTE (1746-1810). Projet de monument triomphal. Un char attelé de deux chevaux et portant deux personnages, derrière lesquels plane la Victoire; sur le soubassement trois statues assises. Signé : *Raimond architecte, an IX, Moitte sculpteur, an IX.* A l'encre de Chine.

Le CORRÈGE (1494-1534). *La Vierge au lapin.* Copie du baron BOUCHER-DESNOYERS. Donné par le ministère de l'intérieur. 1836.

ANDREA DEL SARTO (1486-1531). *La Madonna del Sacco.* Florence. Dessin d'André DUTERTRE (1753-1842). Don du ministère. 1839.

RAPHAËL. *La Sainte Famille.* Musée de Naples. Copie du baron BOUCHER-DESNOYERS. Don du ministère.

J.-G. MOITTE (1746-1810). Suite du projet de monument triomphal. Sur le char, deux personnages debout; sur le piédestal, un bas-relief, avec la figure accoudée du Nil. Signé : *Raimond architecte, Moitte sculpteur, an IX.* Encre de Chine.

Rangée inférieure

RAPHAËL. Portrait de Marc-Antoine (fragment de la fresque d'Héliodore, au palais du Vatican). Dessin de RICHOMME. Fusain. Don du ministère.

Le même. La Vierge de Pérouse, dite des Conestabile.

Musée de l'Ermitage à Saint-Pétersbourg. Copie de Bou-cher-Desnoyers. Aquarelle. Don du ministère. 1836.

Le Corrège (1494-1534). *Mariage de sainte Catherine.* Copie de Boucher-Desnoyers. Au vernis, sur toile. Legs de l'auteur. 1857.

Raphaël. La Vierge de la Galerie d'Orléans. Château de Chantilly. Copie de Boucher-Desnoyers. A l'huile, sur toile. Don du ministre de l'intérieur. 1836.

Faussement attribué à Raphaël. Portrait de Monsi-gnor Pucci. Collection de lord Aberdeen. Copie de Boucher-Desnoyers. (Voy. Passavant, *Raphaël*, t. II, p. 358.) Gouache. Don du ministère. 1836.

Le même. La Vierge de la Casa Tempi. Pinacothèque de Munich. Copie de Boucher-Desnoyers. A l'huile, sur toile. Don du ministère. 1836.

Le même. La Vierge au Berceau. Copie de Boucher-Desnoyers. Gouache. Don du ministère. 1836.

Le même. La Vierge à la Chaise. Palais Pitti, à Flo-rence. Copie de Boucher-Desnoyers. Gouache.

Le même. Portrait de Raphaël (fragment de la *Dis-pute du Saint-Sacrement*). Dessin de J.-Th. Richomme (1785-1849, prix de Rome en 1806). Fusain.

Côté droit de la fenêtre principale

Van der Meulen (1634-1690). *Campagnes de Louis XIV.* Peinture originale sur toile.

Moitte (1746-1810). Sarcophage à emblèmes guer-riers. Signé : « Moitte, sculpteur, membre de l'Institut national. » Encre de Chine.

MOITTE. Projet de monument triomphal. Char vu de face, attelé de quatre chevaux conduits par une Victoire. (Raimond, architecte; Moitte, sculpteur, an IX.) Encre de Chine.

MICHEL-ANGE. *La Création d'Ève.* Chapelle Sixtine. Copie de COINY. Fusain.

Le meuble tournant exposé dans la salle Gatteaux renferme un choix de gravures (sujets d'histoire, paysages, marines, animaux), tirées de la collection donnée à l'École par M. Schœlcher (voy. p. 136).

BRONZES EXPOSÉS DANS LA SALLE GATTEAUX

Sanglier au repos. Sur un socle en marbre.

Vieillard nu, couché sur le dos, les jambes légèrement repliées. Reproduction moderne d'un original en terre cuite, attribué à Germain Pilon et légué par M. Gatteaux au Louvre.

J.-E. GATTEAUX. Le lieutenant Bisson. Réduction de la statue élevée dans la ville de Lorient (1832). Gravé dans le *Catalogue des ouvrages de J.-Édouard Gatteaux;* Paris, 1875, pl. XI.

Le même. Le Chevalier d'Assas. Réduction de la statue exécutée pour la ville du Vigan (Gard) (1827). Gravé dans le même ouvrage, pl. X.

LA SALLE DU CONSEIL

L'ameublement de la salle du Conseil mérite une mention spéciale. On admirera surtout les huit magnifiques

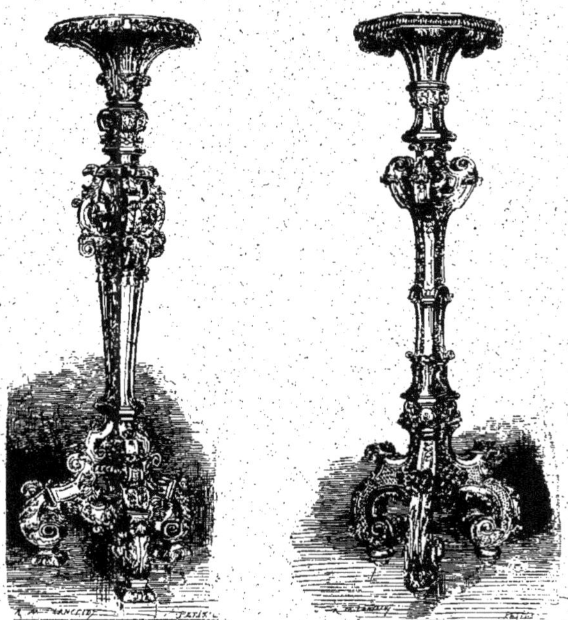

Torchères de la salle du Conseil.

torchères en bois sculpté et doré, de l'époque Louis XIV, qui sont rangées contre les murs. Cette série comprend quatre modèles différents ; le plus riche se distingue par deux cariatides, la *Géométrie* sur le globe terrestre, et l'*Astronomie* sur le globe céleste, soutenant les plateaux destinés à supporter les lumières. Les autres modèles se composent d'ornements divers, vases, corbeilles, rinceaux, guirlandes, plumes, godrons, colonnettes, franges, glands, torsades, etc. L'une des torchères a été gravée dans l'ouvrage de M. de Champeaux, *le Meuble*, t. II, p. 103.

La pendule à gaine, style Boulle, placée au centre de la salle, porte la signature P. DU CHESNE. PARIS. Elle a été donnée à l'École au mois de fructidor de l'an V.

Les deux candélabres, à trois pieds se terminant par des figures de sphinx, et à quatre bobèches, semblent identiques à celles que décrit en 1775 l'inventaire de l'Académie royale de peinture et de sculpture : « Une paire de girandoles à quatre branches, chacune de bronze doré d'or moulu, monté sur deux guéridons de bois sculptés et dorés. » Ces girandoles ont été en tout cas considérablement remaniées et restaurées dans notre siècle. L'une d'elles, attribuée à BOULLE, a été gravée dans *l'Art pour tous*, 15 mars 1872, n° 282.

Torchère de la salle
du Conseil.

COPIES DE TABLEAUX DE MAITRES

Vittore Carpaccio (fin du XVe et commencement du XIVe siècle). *Légende de sainte Ursule.* Académie des beaux-arts de Venise.

1° *Les Ambassadeurs d'Angleterre prenant congé du roi.* Copie de M. Lecomte de Nouy (1873).

2° *La Réception des ambassadeurs.* Copie de M. Blanchard (1872).

3° *L'Embarquement de sainte Ursule.* Copie de M. Hirsch.

PORTRAITS DES PROFESSEURS DE L'ANCIENNE ACADÉMIE DE PEINTURE ET DE SCULPTURE, ET DE L'ÉCOLE DES BEAUX-ARTS [1].

Mur de la cheminée

Première rangée supérieure

Blanck ou Leblanc, graveur, orfèvre, ciseleur (1677-1749). Reçu académicien en 1718. Auteur inconnu.

Nicolas Poussin (1593-1665). Copie de Mérimée (1826), d'après l'original du Poussin.

1. Les autres portraits de professeurs, naguère conservés à l'École des beaux-arts, ont été transportés au Louvre en 1888 et exposés dans la salle des portraits d'artistes. Tous ces portraits, dont quelques-uns sont des morceaux de réception (voy. p. 131), sont peints à l'huile, à moins d'indication contraire.

Henri de Favannes, peintre (1668-1752). Reçu académicien en 1704. Par lui-même.

Martin de Charmoys, directeur de l'Académie (1605-1661); par Séb. BOURDON.

Trois portraits d'inconnus. Auteurs inconnus.

Deuxième rangée

Jules Hardouin Mansard, architecte (1645-1708). Reçu académicien en 1698). Par J.-F. DE TROY.

Hyacinthe Rigaud, peintre (1659-1743). Reçu en 1700. Par lui-même.

Charles Le Brun, peintre (1619-1690). Fondateur de l'Académie, 1648. Par lui-même.

Grimou, peintre (1680-1740). Par lui-même. Cet artiste ne fut point reçu à l'Académie parce qu'il n'avait pas fourni son morceau de réception.

Maurice Quentin de Latour, peintre (1704-1788). Reçu en 1746. Auteur inconnu. Donné en 1848 par M. Dumont, secrétaire perpétuel de l'École des beaux-arts.

Soufflot, architecte et peintre (1709-1780). Reçu à l'Académie d'architecture en 1749; associé libre de l'Académie de peinture en 1760. Par VANLOO,

Troisième rangée

Sébastien Bourdon, peintre (1616-1681), un des douze fondateurs de l'Académie, 1648. Par lui-même.

Vincent, peintre (1746-1816). Reçu en 1782. Copie d'après le portrait exécuté par VINCENT.

Joseph-Benoît Suvée, peintre (1743-1807). Reçu en 1780. Pastel attribué à VINCENT.

Marie-Joseph Peyre, architecte (1730-1785). Reçu en 1767. Auteur inconnu. Légué à l'École en 1843, par M. Peyre.

Mur de droite

Rangée supérieure

Hubert Robert, peintre et graveur (1733-1808). Reçu en 1784. Copie d'après Mme VIGÉE-LEBRUN.

Charles-Antoine Bridan, sculpteur (1730-1805). Reçu en 1772. Par MOSNIER.

Jean-Jacques Lagrenée jeune, peintre (1740-1821). Reçu en 1775. Copie de DUMONT, d'après FRAGONARD.

Le baron Gérard, peintre (1770-1837). Par Mme GODE-FROID.

Ch.-Fr. Nanteuil, sculpteur (1792-1865). Par son fils, Paul-Célestin-Louis Lebœuf NANTEUIL (Salon de 1864).

J. Pradier, sculpteur (1792-1852). Par GUIGNET. Don de Mme veuve Guignet (1868).

Deuxième rangée

Portrait d'un inconnu.

Adam jeune, sculpteur (1705-1778). Reçu académicien en 1762. Par AUBRY.

Le baron Regnault, peintre (1754-1829). Reçu en 1783. Copie de M. HERSENT, d'après un original de REGNAULT.

Louis Hersent, peintre (1777-1860). Par lui-même.

Charles Meynier, peintre (1758-1832). Pastel par Mlle CAPET.

Pierre Guérin, peintre (1758-1832). Par HORACE VERNET.

Pierre Guérin. Par lui-même. Don de M. Ferbach (1883).

Ingres (1780-1867), peinture ébauchée. Par M. LEHMANN. Légué à l'École par l'auteur (1882).

Paul Delaroche. Par M. ROBERT FLEURY. Don de l'auteur (1857).

Augustin Dumont, sculpteur (1801-1884.) Par M. ROBERT FLEURY. Donné par l'auteur en 1884.

Hippolyte Le Bas, architecte (1782-1867). Buste en bronze par A. DUMONT (1874).

Portrait de *Pradier*, par lui-même. Dessin à la mine de plomb. Donné à l'École en 1879.

DESSINS ENCADRÉS

La Communion de saint Jérôme, d'après le DOMINIQUIN (1581-1641). Par André DUTERTRE (1753-1842).

La Dispute du Saint-Sacrement, d'après RAPHAËL (1483-1520). Par le même.

La Délivrance de saint Pierre, d'après RAPHAËL. Par le même.

La Messe de Bolsène, d'après RAPHAËL. Par le même.
Ces quatre dessins ont été donnés à l'École en 1829.

LA GALERIE DES LOGES

(Côté droit)

En quittant la salle du Conseil, le visiteur pénètre dans une galerie qui fait face à celle que nous avons décrite tout à l'heure (p. 145). Cette galerie, qui donne accès aux trois ateliers de peinture, dirigés par MM. GÉROME, BONNAT et DELAUNAY, contient, dans ses sept coupoles, la suite des copies d'après les *Loges*, de Raphaël. Voici la liste des sujets en commençant du côté de la salle du Conseil.

Ire Coupole

Le Songe de Joseph. — Joseph vendu par ses frères. — Joseph et la femme de Putiphar. — Le Songe de Pharaon.

2e Coupole

Moïse sauvé des eaux. — La Colonne de fumée. — Le Passage de la mer Rouge. — Moïse recevant les Tables de la Loi.

3e Coupole

Moïse faisant jaillir l'eau du rocher. — Le Veau d'or. — Le Buisson ardent. — Moïse montrant au peuple les Tables de la Loi.

4e Coupole

Le Passage du Jourdain. — La Chute de Jéricho. — Josué arrêtant le soleil. — Le Partage des terres.

5ᵉ *Coupole*

David et Bethsabée. — David et Goliath. — David oint par Samuel. — Le Triomphe de David.

6ᵉ *Coupole*

L'Édification du Temple. — Le Jugement de Salomon. — Le Sacre de Salomon. — La Reine de Saba.

7ᵉ *Coupole*

La Sainte Cène. — Le Baptême du Christ. — L'Adoration des rois. — L'Adoration des bergers.

En descendant l'escalier placé au bout de la galerie, nous nous retrouvons dans le vestibule du palais.

LE VESTIBULE DES ÉCOLES

Le vestibule qui précède la cour du Mûrier donne sur les deux ateliers de peinture et de sculpture affectés à l'École du soir.

Au centre, on aperçoit une plaque de marbre contenant les noms des fondateurs de prix particuliers, à savoir :

1760. — LE COMTE DE CAYLUS. Prix de la tête d'expression. (Cette fondation a été remplacée par deux prix annuels de 100 francs chacun.)

1776. — DE LA TOUR. Prix de la demi-figure peinte. (Remplacé par un prix de 300 francs.)

1851. — MULLER-SOEHNÉE. Prix d'architecture (539 francs).

1852. — FORTIN D'IVRY. Perspective. Peintres et sculpteurs (660 francs).

1853. — Abel BLOUET. Récompense jointe à la grande médaille d'architecture (947 francs).

1854. — Achille LECLÈRE. Prix fondé par sa sœur. Récompense jointe au grand prix d'architecture. Prix décerné par l'Institut.

1857. — A.-J. ROUGEVIN. Prix fondé par son père. Récompense jointe au prix d'ornement et d'ajustement d'architecture (un prix de 600 francs et un prix de 400).

Ont, en outre, été fondés depuis cette époque les prix suivants :

Prix JAY (1872). Affecté à l'élève de seconde classe qui a obtenu le premier rang dans le concours de construction (700 francs).

Prix HUGUIER (1874). Ce prix, d'une valeur de 600 francs, a été institué par Mme Huguier, en faveur du lauréat d'un concours d'anatomie ouvert entre les élèves peintres et sculpteurs.

Prix JAUVIN D'ATTAINVILLE (1877). Peinture historique. — Paysage. Deux prix d'une valeur de 2,100 francs chacun.

Prix Ed. LABARRE (1880). Décerné à la suite d'un concours entre les élèves architectes de première et de deuxième classe (200 francs).

Prix GODEBŒUF (1881). Fondé par Mme Lecou, sœur de M. Godebœuf. Étude développée, comme pour l'exécution, d'une œuvre architecturale de nature spéciale, telle que serrurerie, plomberie, marbrerie (740 francs).

Prix H. LEMAIRE (1883). Prix d'ajustement et de draperie attribué à l'élève sculpteur qui aura obtenu la première médaille dans le concours (825 francs).

Prix MONVOISIN (1885). Attribué par moitié au grand prix de Rome en peinture et au grand prix de Rome en musique (800 francs).

Prix SANZEL (1886). Attribué aux élèves architectes de première et de deuxième classe (395 francs).

Prix CONVENTS-DAUPELEY (1885) (3,769 francs). Attribué aux sculpteurs.

Prix de composition dans la section de peinture, dit FORTIN D'IVRY (382 francs).

Prix de reconnaissance des architectes américains (1888). (1,470 francs).

Prix de la Société centrale des architectes, décerné annuellement à l'élève architecte de première classe qui a obtenu, pendant les trois dernières années, le plus grand nombre de valeurs, en médailles seulement, dans le concours sur projets rendus.

Aux deux côtés de la plaque se développent des moulages reproduisant des fragments de la frise du Parthénon, par PHIDIAS (Musée britannique, à Londres, Athènes, Musée du Louvre), et des fragments du temple de la Vic-

toire Aptère, à Athè-
nes. Une série de
moulages de bustes
antiques occupe l'in-
tervalle entre les fe-
nêtres.

La statue de mar-
bre placée à une des
extrémités du vesti-
bule est une copie de
la *Minerve* de la villa
Albani à Rome, par
M. THOMAS, 1851.

A l'extrémité op-
posée se dresse le
monument d'*Ingres*
(sculpture de M. Eu-
gène GUILLAUME,
membre de l'Institut,
ancien directeur de
l'École; architecture
de Félix DUBAN).

Ingres, en costume
d'académicien, est
représenté à mi-corps,
tenant un rouleau sur
lequel est gravée sa
maxime bien connue :
« Le dessin est la

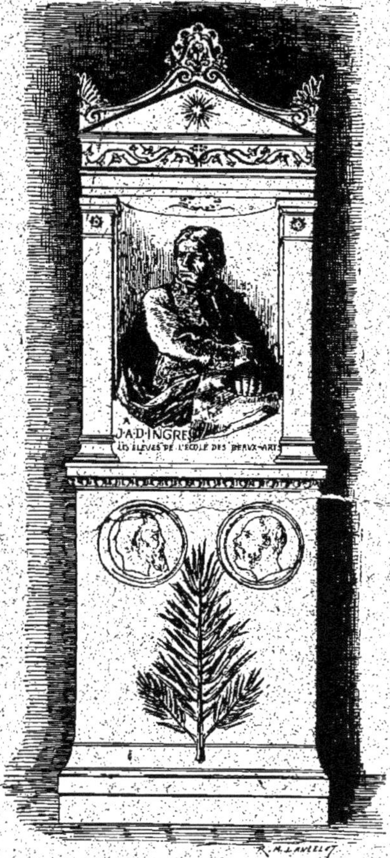

Le Monument d'Ingres,
par M. Eugène Guillaume.

probité de l'art. » Cette figure est en bronze. Sur le socle en marbre sont sculptés les médaillons des deux élèves et imitateurs favoris d'Ingres : *J.-H. Flandrin, P.-C. Simart. Signé :* E. GUILLAUME. 1871.

LES ÉCOLES DU SOIR

Ces deux salles, qui ne sont pas ouvertes au public, renferment, l'une la série des PRIX DE LA FIGURE PEINTE, l'autre, celle des PRIX DE LA FIGURE MODELÉE. Chacune des œuvres exposées consiste en une ACADÉMIE faite d'après nature.

(Article 30 du règlement du 5 octobre 1883). — Dans le courant du mois d'octobre, il est ouvert en peinture et en sculpture un concours entre les élèves de l'Ecole et les élèves du dehors, pourvu que ces derniers se trouvent dans les conditions d'âge indiquées par l'article 3.

Ce concours se compose de deux épreuves : la première consiste en une esquisse peinte ou modelée en bas-relief, dont le sujet est donné par le Conseil supérieur; la seconde en une figure peinte ou modelée d'après la nature.

Les élèves classés les dix premiers à l'épreuve de l'esquisse sont seuls admis à prendre part à la seconde épreuve.

Pour être admis au concours semestriel d'octobre, les élèves doivent avoir acquis : les peintres, une mention de perspective, une mention d'anatomie et une mention d'histoire et d'archéologie; les sculpteurs, une mention d'anatomie et une mention d'histoire et d'archéologie.

La mention d'histoire et d'archéologie doit répondre à celle des trois divisions du cours qui a été professée dans l'année.

Sont admis de droit au concours semestriel d'octobre :

1° Les élèves ayant obtenu une récompense dans les concours du grand prix de Rome, et ceux qui, ayant été admis au concours définitif pour ce prix, ont exécuté le concours;

2° Les élèves qui ont obtenu une première médaille dans les précédents concours semestriels, ou deux secondes médailles, l'une d'après nature, l'autre d'après l'antique.

Le concours semestriel d'octobre peut donner lieu, dans chacune des deux sections, à trois prix de 150 francs; une première médaille est affectée au premier de ces trois prix.

L'esquisse peinte est exécutée sur une toile de six, c'est-à-dire ayant $0^m,40$ sur $0^m,32$.

L'esquisse modelée en bas-relief mesure, dans l'œuvre des fonds, $0^m,33$ sur $0^m,41$.

La figure peinte est exécutée sur une toile de vingt-cinq, c'est-à-dire ayant $0^m,81$ sur $0^m,65$.

La figure modelée mesure, dans l'œuvre des fonds, $0^m,82$ sur $0^m,55$.

Les concours de figure embrassent quatre jours de travail, à raison de sept heures par jour, non compris le repos du modèle.

Art. 31. — Dans le courant du mois d'avril, il est ouvert un concours semblable à celui qui vient d'être ind.-

qué à l'article précédent; mais les concurrents ne sont pas astreints, quant aux mentions, aux exigences déterminées par l'article 30.

La récompense attachée à ce concours consiste, pour chacune des deux sections, en une première médaille. Il pourra être accordé deux mentions au plus.

PRIX DE LA FIGURE PEINTE

1843.	Barrias.	1857.	Durangel.
—	Magaud.	1858.	Chamerlat.
1844.	Lenepveu	1860.	Monchablon.
1845.	Job.	—	Dupuis.
1846.	Maillot.	1864.	Mathieu.
—	Marguerie.	—	Loudet.
—	Zier.	—	Chabod.
1847.	Chazal.	1865.	Cot.
1850.	Crépin.	—	Duval.
1851.	Renaud.	—	Chabod.
1852.	Clément.	1867.	Ferry.
—	Saintin.	—	Philipoteaux.
1853.	De Conninck.	1868.	Blanchard.
—	Feyen.	—	Peslin.
1854.	Clément.	—	Jazet.
—	Lefebvre (Jules)	—	Patrouillard.
—	Chaplain.	—	Médard.
—	Saintin.	1869.	Constant.
1856.	De Conninck.	—	Ferrier.
—	Berger.	—	Ferry.

1869. Médard.	1873. Comerre.
— Mathieu.	— Dupain.
1870. Ferrier.	1874. Dantan.
— Chartran.	— Bellangé.
— Ponsan.	— Roucol.
— Ponsan.	— Comerre.
— Gay.	— Bellangé.
— Lematte.	— Bulant.
— Ferrier.	1875. Bellangé.
— Chartran.	— Dantan.
1872. Comerre.	— Bellangé.
— Mathieu.	— Bulant.
— Dupain.	1876. Dantan.
— Médard.	— Bellanger.
— Bourgeois.	— Jarraud.
1873. Comerre.	— Dagnan.
— Ponsan	— Schommer
— Dantan.	

Sont en outre exposés, dans l'attique de la Bibliothèque, les prix dont voici la nomenclature :

1876. Bellanger.	1877. Schommer.
— Roger Lionel.	1878. Doucet.
— Giron.	— Roger Lionel.
— Danger	— Doucet.
1877. Doucet.	— Lacaille.
— Bettannier.	— Bettannier.
— Bramtot.	1879. Doucet.
— Lacaille.	— Cabane.

1880. KOWALSKY.
—   FOURNIER.
1881. DANGER.
1882. PICHOT.
1883. BASCHET
—   LAMBERT.
1884. DINET.
1885. DANGER.

1885. VERDIER.
1886. LAVALLEY.
—   LENOIR (Charles).
1887. JOUVE.
—   LAVALLEY (Louis).
1888. VEBER.
—   LAVALLEY (Louis).
1889. LAVERGNE.

PRIX DU CONCOURS D'ÉMULATION
ET DE LA FIGURE MODELÉE

1822. DANTAN aîné.
1831. TOUSSAINT.
1833. GOURDEL.
1835. GRUYÈRE.
1840. HATAGRIN.
1841. DEBIGAND.
1842. FRILLÉ.
  13. SALMSON.
—   PERRAUD.
1844. E. GUILLAUME.
1845. POWER.
1846. MANIGLIER.
—   DESPIN.
1847. CARPEAUX.
1848. GUMERY.
1849. CRAUK.

1849. CHEVALIER.
—   LEPÈRE.
1850. SOBRE.
—   HALLON.
—   GUMÉRY.
1851. LEPÈRE.
—   SIMYAN.
—   CUGNOT aîné.
1853. DOUBLEMARD.
—   WATRINELLE.
1854. ZOEGGER.
1855. DOUBLEMARD.
1856. HIOLLE.
1858. AUBÉ.
—   CUGNOT (Louis).
—   WATRINELLE.

1859. Degeorge.
— Vanderver.
— Laurent.
1860. Sanson.
— Fesquet.
1861. Bourgeois.
— Lafrance.
— Borrel (Alfred).
1862. Bourgeois.
1863. Louis.
1864. Barrias.
— Dumilatre.
— Louis.
— Charles (Alfred).
1865. Cressigny.

1865. Peinte.
1866. Noël.
— Morice.
— Morice.
1867. Allar.
— Mabille.
— Serres.
— Lenoir.
1868. Allar.
— Lormier.
— Coutan.
1869. Allar.
— Fumadelles.
— Idrac.

Sont en outre conservés dans un dépôt provisoire :

1869. Marqueste.
1870. Idrac.
— Mabille.
— De la Vingtrie.
1871. Morlon.
— Dumilatre.
— Idrac.
— Perrin.
1872. Dumilatre.
— Mabille.
— Lormier.

1872. Mabille.
1873. Hugues.
— Peynot.
— Peynot.
— Roty.
— Hugues.
1874. Peynot.
— Hugues.
— Dumilatre.
— Peynot.
— Hugues.

1875. Lanson.
— Damé.
— Peynot.
— Cornu.
— Michel (Gustave).
— Puech.
— Guilbert.
— Paris.
— Lanson.
1876. Printemps.
— Fagel.
— Michel (Gustave).
— Lefebvre.
— Paris.
1877. Dampt.
— Guilbert.
— Sudelet.
— Peynot.
— Lefebvre (Camille).
1878. Quinton.
— Lefebvre.
— Grasset.
— Roulleau.
— Peynot.
— Quinton.

1879. Fagel.
— Michel (Gustave).
— Roulleau.
— Steiner.
— Peynot.
1880. Ferrary.
— Hannaux.
— Roulleau.
1881. Varlet.
— Carion.
— Roulleau.
— Peene.
1882. Ferrary.
— Quinton.
1883. Pépin.
— Gasq.
1884. Gardet.
— Marioton.
1885. Boutry.
— The...
1886. Macé.
1887. Convers.
— Gauquié.
1888. Sicard.
— Gasq.

Dans la salle de la Figure modelée est exposée une reproduction en bronze de l'*Écorché* d'Houdon.

LA COUR DU MURIER

La cour du Mûrier [1], l'ancien cloître des Petits-Augustins, transformé par DUBAN, relie la partie de l'École des beaux-arts qui donne sur la rue Bonaparte à celle qui s'étend le long du quai Malaquais.

Un des professeurs les plus aimés et les plus éminents de l'École, M. Taine, en a tracé ce poétique tableau que le visiteur sera heureux de trouver reproduit ici :

« A droite, on entre dans une petite cour verte bordée d'arcades. C'est un parterre peuplé d'arbustes et ceint de lierres; une fontaine murmure auprès d'un grand arbre; en face est la *Galatée* de Raphaël, transportée sur pierre en couleurs indestructibles. Tout alentour, de trois côtés, les piliers des arcades montent jusqu'au toit plat brodé d'ornements et de petites têtes. On pense à quelque « loggia » de la Renaissance, décorée d'après les souvenirs de Pompéi. Les fonds, d'un rouge sombre, sont rayés de bandes jaunes, vertes, noires et blanches; les chevaux et les cavaliers du Parthénon y courent à demi-hauteur; un semis d'arabesques, des feuillages fins se penchent ou s'élancent dans la courbure des arcades. Le plafond bleu, traversé de raies jaunes et ponceau, est barré de distance en distance par des poutres peintes de vert, de blanc et de

---

1. Ce nom lui vient d'un mûrier de la Chine planté par Alexandre Lenoir et qui a fait l'ornement de la cour jusqu'à ces dernières années (il est tombé le 7 juin 1886, mais a été remplacé par un autre arbre plus jeune).

rouge. En face de la *Galatée*, on voit s'ouvrir un large escalier, surmonté de colonnes ioniennes, près desquelles deux éphèbes grecs nus et d'un marbre pur vivent et attendent sous la clarté adoucie et dans l'air muet comme autrefois celui d'un atrium ou d'un gymnase.

« Les yeux se reposent sur ces teintes fortes et sobres. Aux jours d'été, quand le soleil darde et qu'au dehors, la poussière du quai tourbillonne sur la fourmilière des passants, il est doux de passer ici une heure; l'arrangement des couleurs et la paix des formes simples sont un refuge pour les yeux blessés par l'agitation tumultueuse de la multitude affairée, par les physionomies narquoises ou affinées de promeneurs inquiets, par la laideur active et inépuisable de l'œuvre et de la vie parisienne[1]. »

Le monument qui se dresse dans un des angles de la galerie principale nous reporte aux souvenirs les plus poignants, mais aussi les plus glorieux de la guerre de 1870-1871 : il a été élevé à la mémoire d'*Henri Regnault*, l'un des élèves de l'École des beaux-arts tués à l'ennemi.

Sur le seuil d'un petit temple de marbre, dont l'architrave porte la funèbre date M.D.CCC.LXX-M.D.CCC.LXXI, et le fronton le mot PATRIE, la figure allégorique de la *Jeunesse*, une des plus touchantes et des plus suaves créations du ciseau de M. CHAPU, se hausse pour tendre une branche de laurier vers le buste en bronze du jeune maître sur lequel l'art français fondait de si hautes espérances : *Henri Regnault, tué à Buzenval, XIX jan-*

____

1. *Paris-Guide. 1867.*

vier M.D.CCC.LXXI : telle est l'inscription tracée au-
dessous. Le buste, qui se distingue par son allure fière et

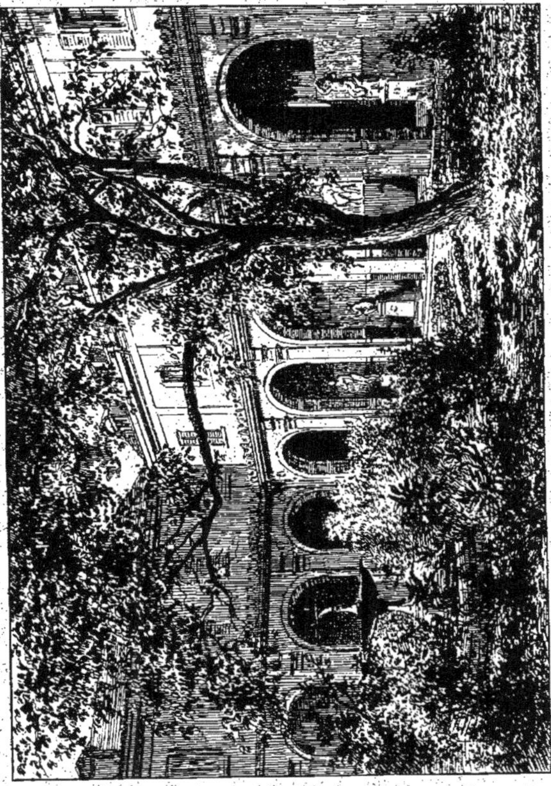

La cour du Mûrier.

énergique, est l'œuvre de M. DEGEORGE, ancien pensionnaire de l'Académie de France à Rome († 1888). Ce

sont également deux anciens pensionnaires de la villa Médicis, deux des représentants les plus éminents de notre jeune école d'architecture. MM. Coquart et Pascal, qui ont donné les dessins et dirigé l'exécution de l'ensemble du monument, dans lequel le bronze, l'or, la mosaïque alternent avec le marbre.

Les colonnes qui supportent le fronton contiennent les noms des élèves de l'École des beaux-arts, morts comme Regnault au champ d'honneur.

À gauche on lit les noms de :

Édouard-Constant-Ferdinand Stamm, architecte, tué à Strasbourg le 27 septembre 1870 ;

Prosper-Jean-Émile Seilhade, sculpteur, tué à Châteaudun le 19 octobre 1870 ;

Ernest-Alexandre Malherbe, architecte, tué à Rueil le 21 octobre 1880 ;

Maxime-Eugène-Albert Friese, architecte, tué à Cachan le 6 novembre 1870 ;

Émile-Armand Anceaux, sculpteur, tué à Morée, 26 décembre 1870.

Sur la colonne de droite sont gravés les noms de :

Auguste-Théodore Breton, architecte, tué à Montretout le 6 janvier 1871 ;

Charles-Ernest Chauvet, peintre, tué à Montretout le 19 janvier 1871 ;

Albert-Eugène Coinchon, peintre, tué à Montretout le 19 janvier 1871 ;

Léon-Alexandre Jacquemin, architecte, tué à Montretout le 19 janvier 1871.

Cette notice ne serait pas complète sans quelques mots sur l'origine et l'histoire de ce cénotaphe[1].

L'initiative de la fondation du monument est due à M. Eugène Guillaume, alors directeur de l'École des beaux-arts. Dès le 28 janvier 1871, il proposait à M. Jules Simon, ministre de l'instruction publique, d'élever dans le cloître de l'École un monument destiné à perpétuer la mémoire du jeune héros mort au champ d'honneur. M. Jules Simon s'empressa d'accéder à cette demande, et un comité de souscription, qui tint à laisser à son action un caractère en quelque sorte intime, se mit aussitôt à l'œuvre. Par suite d'un pieux usage en honneur entre pensionnaires de l'Académie de France à Rome, MM. PASCAL et DEGEORGE, qui avaient eu le grand prix la même année que Regnault, furent désignés pour lui élever un tombeau : M. COQUART, architecte de l'École, et M. CHAPU, consentirent à associer leurs efforts aux leurs, de même que les subventions de l'État vinrent compléter la souscription privée, dont le produit total avait atteint la somme de 15,500 francs. Le désintéressement dont les artistes firent preuve en cette occasion ne les honore pas moins que le dévouement, le talent, auxquels nous devons cette œuvre vraiment supérieure. Ils furent secondés dans leur tâche par M. PERRIN, pour la sculpture d'ornement; par M. FACCHINI, pour la mosaïque; par M. CHAUVIN († 1889), peintre-

---

1. Nous empruntons ces détails au rapport lithographié, publié au moment de l'inauguration du monument. — M. Roger-Ballu a publié dans le journal *l'Art*, 1876, t. III, p. 176-183, une description du monument avec gravures à l'appui.

décorateur de l'École, pour la dorure et la peinture. M. BARBEDIENNE exécuta, de son côté, la branche de laurier de la figure de la *Jeunesse*.

Un avant-projet avait reçu l'approbation du ministre le 28 novembre 1872. L'inauguration du monument définitif eut lieu le 12 août 1876.

Les statues de marbre placées sous les arcades sont toutes, à l'exception du *Mercure* de bronze mentionné plus loin, des copies d'après l'antique, exécutées par les pensionnaires de l'Académie de France à Rome.

Ces statues sont, en commençant par la galerie qui s'étend le long de la chapelle :

Muse debout (Euterpe). Musée du Vatican, par NOEL, 1870.

Apolline. Musée de Florence, par INJALBERT, 1876.

La Joueuse d'osselets. Musée du Vatican. Signé : L.-M.-A. MARQUESTE, ROME, 1872.

Le Faune flûteur. Villa Borghèse, à Rome, par IDRAC, 1875.

Mercure, bronze, par J.-L. BRIAN (voy. ci-dessous).

Le Tireur d'épine. Musée du Capitole. Signé : B. CHAPU, 1857.

Psyché et l'Amour. Musée du Capitole. Signé : CAVELIER, 1844.

L'Enfant au masque. Musée du Capitole, par A. MERCIÉ, 1870.

Vénus accroupie. Musée du Vatican. Signé : V. VILAIN. ROME, 1840.

La Vénus de Médicis. Musée de Florence. Signé :
C. MANIGLIER. ROME, 1858.

Enfant jouant au palet. Musée du Vatican, par M. SAM-
SON, 1864.

Mercure assis. Musée de Naples, par BONNARDEL,
1854.

Jeune athlète debout. Musée de Naples, par M. COR-
DONNIER, 1879.

Torse de Bacchus (torse Farnèse). Musée de Naples,
par LANSON, 1878.

Vénus Anadyomène. Musée du Vatican. Signé : J. LA-
FRANCE, 1872.

L'Enfant au masque. Musée du Capitole, par GUMERY,
1853.

Le *Mercure* de Jean-Louis BRIAN [1] (né à Avignon en
1805, prix de Rome en 1832, mort à Paris en 1864),
statue dont le plâtre a figuré au Salon de 1864, a une
histoire touchante qui ressemble presque à la légende :

« Ce *Mercure*, lit-on dans le journal le *Temps* (15 décembre 1886), est la dernière œuvre de BRIAN. Bien qu'il
eût été prix de Rome et que son talent fût d'une qualité
si rare, il manqua toujours de travail. Une petite chambre
au cinquième étage lui servait à la fois de logis et d'atelier. Il y exécutait son *Mercure* par un hiver rigoureux,
ménageant son charbon pour les heures où venait le mo-

1. Consulter, pour la biographie de Brian, le *Dictionnaire
général des artistes de l'École française*, de Bellier de la Chavignerie, et les *Mémoires de l'Académie de Vaucluse*, 1888,
p. 288 et suiv.

dèle et passant le reste du temps sans feu. Une nuit, le froid fut atroce. Le sculpteur avait toutes ses hardes sur son lit pour se réchauffer. Comme il se sentait glacer quand même, il songea avec épouvante au chef-d'œuvre qu'il venait d'achever et qui était là près de lui. Si lui gelait, malgré ses précautions, à plus forte raison la glaise de son *Mercure* devait geler aussi. Et, gelée, la statue était perdue. Il ne songea plus à lui; il enveloppa sa chère œuvre de ses hardes et de ses couvertures. Le lendemain, son ami Cavelier, ne le voyant pas paraître, monta chez lui et le trouva mort, raide comme un glaçon, sur son lit. Par une suprême ironie de la misère, la statue pour le salut de laquelle il s'était dévoué avait gelé également. Le bras droit tomba en morceaux quand on y toucha. Les amis de Brian ne voulurent point la restaurer; ils firent couler en bronze la statue telle qu'elle était sortie de cette nuit fatale. Et on la plaça dans la cour de l'École des beaux-arts pour l'enseignement des jeunes sculpteurs. »

Les trois galeries qui encadrent la cour du Mûrier sont ornées de moulages reproduisant des fragments de la frise de la cella du Parthénon (longue d'environ 159 mètres), par PHIDIAS, la *Procession des Panathénées* (cavaliers, conducteurs de chars, chœurs, sacrificateurs et victimes, magistrats, canéphores, scaphéphores, thallophores, etc.). Les marbres originaux se trouvent au British Museum, à Athènes, et au Musée du Louvre.

Quant au quatrième côté de la cour, celui qui se relie au vestibule de l'École, il est décoré, dans sa partie supérieure, du *Triomphe de Galatée* par RAPHAËL (Rome, palais de la Farnésine). Copie sur lave exécutée en 1864-1865 par les frères BALZE.

Dans la partie inférieure sont incrustés des moulages, en plâtre colorié, de la célèbre frise de l'hôpital de Pistoia, exécutée par des artistes de l'École des della Robbia, peut-être GIOVANNI DELLA ROBBIA, assisté de SANTI BUGLIONI[1]. Quatre compartiments de cette frise, consacrée à l'illustration des *Sept œuvres de Miséricorde,* ornent la cour du Mûrier ; ils représentent le soulagement des Malades *(Ægros curare);* des Captifs *(Visitare captivos)*; l'Ensevelissement des morts *(Sepelire mortuos);* le soulagement de ceux qui ont faim *(Cibare esurientes).* Les trois autres compartiments se trouvent en retour : à gauche, sont figurés les soins à donner aux étrangers *(Excipere peregrinos);* et à ceux qui sont nus *(Vestire nudos);* à droite, les soins à donner à ceux qui ont soif *(Potare sitientes).*

VESTIBULE DE LA SALLE MELPOMÈNE

Le vestibule qui, de la cour du Mûrier, conduit à la salle Melpomène est orné de plusieurs copies en marbre de statues antiques, ainsi que de copies de fresques ou de tableaux italiens.

Les statues exposées sont : dans la niche du fond, le *Faune Barberini* (Pinacothèque de Munich), par LEQUESNE

---

1. Voy. Cavallucci et Molinier, *les Della Robbia;* Paris, Rouam, 1884, p. 243.

(1846); à gauche de l'escalier, le *Faune dansant* (villa Borghèse à Rome), par ALLAR (1871); à droite de l'escalier, le *Discobole au repos*, signé : PERRAUD (1850).

Au sommet de l'escalier se trouvent, à gauche :

Jeune Romain ou Tibère. Musée du Vatican, par HIOLLE (1865); à droite : Mercure, dit l'Idolino, copie de M. FALGUIÈRE (1862).

COPIES DE TABLEAUX DE MAITRES

Cage de l'escalier

Au-dessus de l'entrée

RAPHAËL (1483-1520). *L'Assemblée des Dieux.* Palais de la Farnésine à Rome. Copie de PAPETY.

A gauche

GIOTTO (1266-1337). *Le Christ lavant les pieds des apôtres.*

Le même. *La Résurrection de Lazare.*

Le même. *Le Baiser de Judas.*

A droite

Le même. *Les Fêtes du mariage de la Vierge.*

Le même. *Le Sommeil de Joachim.*

Le même. *La Visitation.*

Toutes ces fresques, peintes par GIOTTO dans l'église de la Madonna dell' Arena, à Padoue, ont été copiées par M. HÉNAULT (1872-1873).

Vestibule — A gauche

Benvenuto GAROFALO (1481-1559). *La Déposition de Croix*. Galerie Borghèse à Rome. Copie de M. DE CONNINCK. 1861.

Mur de face

RAPHAËL (1483-1520). *Héliodore chassé du Temple* (fragment, groupe de gauche). Chambre d'Héliodore, au palais du Vatican. Copie de M. LEBOUY. Envoi de Rome. 1846.

Le même. *La Messe de Bolsène* (fragment). Copie de M. LEMATTE. Envoi de Rome. 1874.

Le même. *La Dispute du Saint-Sacrement* (fragment, groupe de gauche). Chambre de la Signature, au palais du Vatican. Copie de Léon BENOUVILLE. Envoi de Rome. 1850.

Le même. *L'École d'Athènes* (fragment, groupe de Bramante). Même chambre. Copie de M. DUMÉRY. Envoi de Rome. 1848.

Le même. *La Dispute du Saint-Sacrement* (fragment, groupe de droite du premier plan). Même chambre. Copie d'Alexandre CABANEL. Envoi de Rome. 1851.

Le même. *La Dispute du Saint-Sacrement* (fragment, groupe de gauche). Même chambre. Copie d'ULMANN. Envoi de Rome. 1864.

A droite

ANDREA DEL SARTO (1486-1531). *La Déposition de Croix*. Palais Pitti, à Florence. Copie de M. CHARTRAN. 1873.

LA SALLE MELPOMENE

Cette salle est l'une des plus spacieuses de l'École. Elle mesure 30^m,50 de long sur 15 de large et 14 de haut. Elle est ainsi appelée à cause de la statue colossale qui s'élève au fond et qui est un moulage en plâtre du marbre conservé au Louvre.

Les copies de tableaux de maîtres qui l'ornent proviennent, soit de l'ancien Musée européen, fondé par Charles Blanc au palais de l'Industrie [1], soit des envois des pensionnaires de l'Académie de France à Rome. Les dimensions anormales de plusieurs de ces toiles n'ont pas permis de les placer toutes dans l'ordre chronologique.

Mur d'entrée en venant de la cour du Mûrier

(derrière la statue de Melpomène)

RAPHAËL (1483-1520). La Planète Diane. Chapelle Chigi, dans l'église Sainte-Marie du Peuple, à Rome. Reproduction moderne en mosaïque, par M. GUILBERT-MARTIN. Don de l'auteur. 1885.

A la gauche du spectateur

Au-dessus de la porte latérale.

RAPHAËL (1483-1520). Mercure. Palais de la Farnésine, à Rome. Copie attribuée à INGRES.

Jean BELLINI (1426-1506). La Vierge et quatre saints.

[1] Voir la *Chronique des arts*, 1874, p. 1, 11.

Église des Frari, à Venise. Copie de M. WENCKER. Envoi de Rome. 1880.

A gauche de la porte d'entrée principale

ANDREA DEL SARTO (1486-1531). Miracle de saint Benizzi sur des enfants auxquels on fait toucher un de ses vêtements. Église de l'Annunziata, à Florence. Copie de M. SIGNOL. 1835.

Filippino LIPPI (1457-1504). La Vierge de la chapelle Nerli. Église de San-Spirito, à Florence. Copie de Mme NANCY.

VELASQUEZ (1599-1660). Portrait en pied de Philippe IV. Musée de Madrid. Copie de M. GUIGNET.

RAPHAËL. Un Génie. Fresque. Académie de Saint-Luc, à Rome. Copie de MAILLOT. 1838.

Le même. Portrait de l'auteur. Florence. Galerie des Offices. Copie de Charles TIMBAL. 1856.

VELASQUEZ (1599-1660). Portrait en pied de don Fernando. Musée de Madrid. Copie de M. GUIGNET.

RAPHAËL. Les Sybilles (fragment). Église Santa-Maria della Pace, à Rome. Copie de M. SELLIER. 1861.

Le CORRÈGE (1494-1534). Danaé. Galerie Borghèse, à Rome. Copie de M. BLANC. 1871.

MASACCIO (1401-1428) et Filippino LIPPI (1457-1504). *La Délivrance de saint Pierre.* Église del Carmine, à Florence. Copie de M. MOTTEZ. 1838.

RAPHAËL. Portrait du pape Léon X. Palais Pitti, à Florence. Copie de M. STEUBEN.

MASACCIO et Filippino LIPPI. Saint Paul parlant à saint

Pierre en prison. Église del Carmine, à Florence. Copie de M. MOTTEZ, 1838.

Au-dessus de la porte latérale

RAPHAËL. Mercure conduisant Psyché à l'assemblée des Dieux. Palais de la Farnésine, à Rome. Copiste inconnu.

LÉONARD DE VINCI (1452-1519). La Vierge au Donateur. Couvent de S. Onofrio, à Rome. Copie de M. CHATIGNY.

Paroi de gauche

Rangée horizontale supérieure

Michel-Ange BUONAROTTI (1475-1563). Zacharie. La Sibylle d'Erythrée. Isaïe. La Sibylle de Cumes. Daniel. La Sibylle persique. Chapelle Sixtine, à Rome. Copies de SIGNOL et de BONCOIRAN.

De haut en bas

PALMA LE VIEUX (1480-1528). Sainte-Barbe. Église Santa-Maria Formosa, à Venise. Copie de M. MONCHABLON.

RAPHAËL. *L'École d'Athènes.* Chambres du Vatican. Copie de Paul BALZE. 1851.

ZURBARAN (1598-1665). Saint François. Ancien musée espagnol du Louvre. Copie de M. BEAULIEU.

BAZZI, surnommé le SODOMA (1471-1549). *L'Évanouissement de sainte Catherine.* Église Saint-Dominique, à Sienne. Copie de M. GIACOMOTTI.

Nicolas Poussin (1594-1665). *Le Martyre de saint Érasme*. Vatican. Copie de M. Martin.

Le Titien (1477-1576). Une femme tuée par son mari. Basilique de Saint-Antoine, à Padoue. Copie de M. Roger. (L'École possède l'esquisse originale de cette peinture. Voy. ci-dessus : salle de la Construction, p. 152.)

Andrea Mantegna (1431-1506). La Vierge, les Anges et les Saints. Église de Saint-Zénon, à Vérone. Copie de M. Delangle. 1873.

Sandro Botticelli (1447-1510). *La Force*. Galerie des Offices, à Florence. Copie de Mme Nancy.

Le même. *L'Adoration des Mages*. Galerie des Offices, Florence. Copie de M. Haussoullier. 1873.

Raphaël. *Le Mariage de la Vierge*. Musée de Brera, à Milan. Copie de M. Lechevallier-Chevignard. 1872.

Rubens (1577-1640). *La Pêche miraculeuse*. Église Notre-Dame, à Malines. Copie de M. Lessore.

Rembrandt (1607-1669). *La Leçon d'anatomie*. Musée de la Haye. Copie de M. Bonnat. 1872.

Le Titien (1477-1576). Tête de moine. Galerie Colonna à Rome. Copie de Sébastien Cornu.

Jean Holbein le jeune (1497-1543). Portraits de la femme et des enfants de l'auteur. Musée de Bâle. Copie de M. Henner. 1872.

Mur donnant sur le vestibule du quai

Raphaël. Psyché, soutenue par des génies, rapporte le vase du Styx. Pendentif de la Farnésine. Copie de Blanchard.

RAPHAËL. *La Mise au tombeau.* Galerie Borghèse, à Rome. Copie de M. SOULACROIX. 1872.

Attribué au PÉRUGIN. Groupe du *Baptême du Christ.* Chapelle Sixtine. Copie de M. BASCHET. Envoi de Rome. 1887.

RAPHAËL. Vénus, Cérès et Junon. Pendentif de la Farnésine. Copie de GUILLEMOT.

Filippino LIPPI (1457-1504). *L'Apparition de la Vierge à saint Bernard.* Badia de Florence. Copie de Mme NANCY.

RAPHAËL. La Belle Jardinière. Musée du Louvre. Fragments. Copie de M. LEHMANN. Légué à l'École par M. Lehmann en 1882.

Benozzo GOZZOLI (1420-1498). L'Enseignement de saint Augustin (fragment). Église Saint-Augustin à San-Gimignano. Copie à l'aquarelle de M. DOUCET. Envoi de Rome. 1884.

RAPHAËL. Un génie. Fresque de l'Académie de Saint-Luc, à Rome. Copie de M. LANDELLE. 1856.

Mur de droite

Rangée horizontale supérieure :

Michel-Ange BUONAROTTI (1475-1563). Jonas. Joel. La Sibylle delphique. Ézéchiel. La Sibylle tiburtine. Jérémie. Chapelle Sixtine. Copies de SIGALON et de BONCOIRAN.

Mur de droite. En allant de haut en bas

RAPHAËL. Portrait de Maddalena Doni. Florence. Palais Pitti. Copie de M. MOTTEZ. 1838.

REMBRANDT (1607-1669). Portrait de vieillard. Palais Pitti à Florence. Copie ancienne.

Nicolas POUSSIN (1594-1665). Saint Mathieu, paysage. Galerie Sciarra, à Rome. Copie de M. LANOUE.

MASACCIO (1401-1428) et Filippino LIPPI (1457-1504). *Un miracle de saint Pierre.* Église del Carmine, à Florence. Copie de M. Jean-Paul LAURENS.

André VERROCCHIO (1435-1488). *Le Baptême du Christ.* Académie des beaux-arts, Florence. Copie de M. DU-RANGEL. 1873. (L'Ange vu de profil a été peint par LÉONARD DE VINCI, alors élève de Verrocchio).

Le PÉRUGIN (1446-1523). *Le Mariage de la Vierge.* Musée de Caen. Copie de M. QUANTIN. 1872.

Le TINTORET (1512-1595). *Un miracle de saint Marc* (fragment de gauche). Académie des beaux-arts, à Venise. Copie de M. MOTTEZ. 1838.

ANDREA DEL SARTO (1486-1531). *Le Baptême du Christ;* grisaille. Couvent des Scalzi. Florence. Copie de M. VIMONT. 1872.

Le même. *La Cène.* Couvent des Salvi, près de Florence. Copie de M. Jules LEFEBVRE. Envoi de Rome. 1866.

RAPHAËL. *La Jurisprudence.* Chambres du Vatican. Copie de Paul BAUDRY. Envoi de Rome. 1856.

ANDREA DEL SARTO. *La Prédication de saint Jean;* grisaille. Couvent des Scalzi. Florence. Copie de M. VI-MONT. 1873.

Jules ROMAIN (1492-1546). Madone. Galerie Colonna, à Rome. Copie de M. HENNER. Envoi de Rome. 1862.

RAPHAËL. *La Gravida.* Florence. Palais Pitti. Copie de M. TIMBAL. 1856.

RAPHAËL. *La Charité* (partie centrale d'une prédelle), grisaille. Pinacothèque du Vatican. Copie de M. MICIAL.

Le TITIEN (1477-1567). *L'Amour sacré et l'Amour profane.* Galerie Borghèse. Rome. Copie de M. LEROUX.

Le même. *L'Assomption.* Académie des beaux-arts, à Venise. Copie de M. SERRUR. 1847.

ANDREA DEL SARTO (1486-1531). Portrait de l'auteur. Galerie des Offices, à Florence. Copie de M. TIMBAL. 1856.

RAPHAËL. *La Vision d'Ezéchiel.* Palais Pitti. Florence. Copie de M. MONCHABLON. 1868.

Le même. Le Possédé (fragment de la *Transfiguration*). Pinacothèque du Vatican. Copie de M. MICHEL, 1864.

PALMA VECCHIO (1480-1528). Sainte-Barbe. Église de Santa-Maria Formosa, à Venise. Copie de M. SERRUR. 1847.

Le TITIEN (1477-1576). Saint-Marc et les saints protecteurs de Venise. Église Santa-Maria della Salute, à Venise. Copie de M. MARÉCHAL fils. 1856.

Le même. *Le Martyre de saint Pierre le Dominicain.* (L'original, autrefois conservé à l'église San-Giovanni e Paolo, à Venise, a été détruit par un incendie, en 1867). Copie d'APPERT.

Le CORRÈGE (1494-1534). La Vierge et saint Jérôme. Musée de Parme. Copie de M. BARON. 1872.

Paul VÉRONÈSE (1528-1588). *L'Adoration de la Vierge.* Académie des beaux-arts de Venise. Copie de M. MARÉCHAL fils. 1856.

A main gauche dans la salle Melpomène en venant de la cour du Mûrier.

SALLE CAYLUS
OU SALLE DE LA TÊTE D'EXPRESSION

Cette salle, ainsi appelée en souvenir du comte de Caylus (1692-1765), qui fonda, en 1760, le prix dit de la *Tête d'expression*, renferme la collection des prix de la tête d'expression, peints et modelés, celle des grands prix de paysage historique (de 1817 à 1861) et celle des concours de paysage historique de 1822 à 1862.

A. *Prix de la tête d'expression peinte*

Ce prix consiste aujourd'hui en une somme de 100 francs. On trouvera des détails sur sa fondation dans un travail de M. Charles Henry *(Nouvelles archives de l'Art français,* 1880-1881, p. 210-219). La liste des lauréats de 1760 à 1861 a été publiée dans les *Archives de l'Art français,* nouv. série, t. Ier, p. 194 et suiv.; celle des lauréats de 1862 à 1881, dans les *Nouvelles archives de l'Art français,* 1880-1881, p. 484-491.

Le médaillon en marbre du comte de Caylus, par VASSÉ fils (signé : « L.-C. Vassé, 1767, faciebat »), est exposé au fond de la salle; il a pour support un chapiteau posé sur un fragment de fût de colonne.

On voit dans la même salle une gravure représentant le « concours pour le prix de l'étude des têtes de l'expression », dessiné par C.-N. COCHIN le fils, en 1761, gravé par J.-J. FLIPART, en 1763.

DAVID (Louis). *La Douleur*, 1773 (gravé dans *le Peintre Louis David*, par Jules David).

RIOULT. *Admiration mêlée de surprise*, 1813.

LE MÊME. *L'Effroi*, 1814.

DEGEORGE. *Surprise mêlée de joie*, 1815.

LANCRENON. *L'Admiration*, 1817.

COURT. *L'Annonciation à la Vierge Marie*, 1821.

DUBOIS. *Douleur concentrée*, 1822.

BOUCHOT. *Douleur mêlée de joie*, 1823.

VANDERBERGH. *La Pudeur*, 1826.

SIGNOL. *Foi mêlée d'espérance*, 1828.

VAUCHELET. *Colère mêlée de mépris* (Philoctète devant Ulysse), 1829.

SIGNOL. *La Tristesse*, 1830.

ROGER. *La Contemplation*, 1831.

FOUREAU. *La Foi*, 1833.

LELOIR. *L'Innocence*, 1834.

COUTURE. *L'Attention*, 1835.

GUIGNET. *La Jalousie*, 1836.

BRISSET. *L'Attention*, 1839.

MELIN. *Regrets dans l'esclavage*, 1840.

ROUX. *La Contemplation céleste*, 1841.

BIENNOURRY. *La Crainte*, 1842.

Léon BENOUVILLE. *La Mélancolie*, 1843.

LENEPVEU. *Le Repentir*, 1844.

ZIER. *L'Adoration*, 1845.

DELIGNE. *Le Mépris*, 1846.

CHAPLAIN. *Sans expression*, 1847.

JOB, *Le Ravissement*, 1849.

BOUGUEREAU. *Le Dédain*, 1850.

MARQUERIE. *La Préméditation*, 1851.

GIACOMMOTI. *L'Attention*, 1852.

FEYEN. *Même sujet*, 1853.

DE CONNINCK. *La Frayeur*, 1854.

Félix CLÉMENT. *La Contemplation céleste*, 1856.

Jules LEFÉBVRE. *La Contemplation*, 1858.

Pierre DUPUIS. *La Pitié*, 1859.

MONCHABLON. *La Terreur*, 1860.

JACQUESSON DE LA CHEVREUSE. *Le Contentement*, 1861.

PERRAULT. *La Résignation*, 1862.

NÉMOZ. *La Tristesse*, 1863.

LOUDET. *La Frayeur*, 1864.

VÉLY. *La Satisfaction*, 1865.

COT. *La Réflexion*, 1866.

MATHIEU. *La Rêverie souriante*, 1867.

PHILIPPOTEAUX. *Une Rêverie souriante*, 1868.

CHARTRAN. *La Prière le jour des Rameaux*, 1871.

FERRIER. *La Prière*, 1872.

PONSAN. *La Fermeté*, 1873.

COMERRE. *Le Sourire*, 1874.

RIXENS. *Béatrix*, 1875.

ZIER. *La Prière*, 1877.

JAMIN. *La Résignation*, 1878.

ROYER LIONEL. *La Prière* (modèle d'homme), 1880.

PICHOT. *Adieu*, 1882.

ROCHEGROSSE. *L'Attention*, 1883.

QUINSAC. *La Méditation*, 1884.

LAVALLEY. *L'Attention* (modèle de vieillard), 1886.

Charles LENOIR. *Même sujet* (modèle de jeune femme), 1887.

CHARPENTIER. *La Haine*, 1888.

B. Prix de la tête d'expression modelée

Ce prix consiste également en une somme de 100 francs.

Matte. *Sommeil distrait par un songe agréable*, 1807.
Le même. *L'Attention*, 1808.
Cortot. *La Contemplation céleste*, 1810.
David d'Angers. *La Douleur*, 1811.
Rude. *L'Attention mêlée de crainte*, 1812.
Inconnu. Tête de femme.
Van Geel. *Psyché admirant l'Amour*, 1813.
Bra. *Sérénité d'âme*, 1819.
Lemaire. *La Douleur*, 1820.
Le même. *L'Annonciation*, 1821.
Le même. *La Prière*, 1824.
Grévenich. *La Pudeur*, 1826.
Husson. *La Tristesse*, 1828.
Ramus. *Colere mêlée de mépris*, 1829.
Husson. *Foi mêlée d'espérance*, 1830.
Ramus. *Le Dédain*, 1832.
Devaulx. *L'Innocence*, 1834.
Théodore Grugère. *La Mélancolie*, 1835.
Calmels. *Regrets dans l'esclavage*, 1840.
Moulive. *Contemplation céleste*, 1841.
Cavelier. *Même sujet*, idem.
Moreau. *La Mélancolie*, 1843.
Leharivel. *La Douleur*, 1844.
Salmson. *L'Effroi*, 1845.
Maillet. *Le Mépris*, 1846.
Despin. *Calme majestueux*, 1847.

Roguet. *Sans expression*, 1848.

Bonnet. *L'Attention*, 1849.

Lepère. *Le Dédain*, 1850.

Désiré Craux. *Mater dolorosa*, 1851.

Maniglier. *L'Attention*, 1852.

Roubaud. *La Compassion*, 1853.

Simyan. *La Frayeur*, 1854.

Lechesne. *Contemplation douloureuse*, 1859.

Laurent. *La Terreur* (Caïn fratricide entend la voix de Dieu), 1860.

Bourgeois. *La Résignation*, 1862.

Delaplanche. *La Tristesse*, 1863.

Louis. *La Frayeur*, 1864.

Martin. *Pudeur mêlée de crainte*, 1865.

Croisy. *La Foi religieuse*, 1866.

Cassagne. *La Vengeance*, 1867.

Idrac. *Mater dolorosa*, 1868.

Alfred Lenoir. *Pâtre priant la Madone*, 1869.

Charles. *La Prière*, 1870.

Marqueste. *La Jalousie*, 1871.

Dumilâtre. *L'Admiration*, 1872.

Prieur. *Même sujet.*

Lormier. *La Modestie*, 1873.

Fagel. *Moïse*, 1874.

Lançon. *La Contemplation*, 1875.

Bouchez. *L'Espérance chrétienne*, 1877.

Suchetet. *La Méditation*, 1878.

Gustave Michel. *La Fierté*, 1879.

Roulleau. *L'Idée de vengeance*, 1881.

Puech. *La Contemplation*, 188 .

Pépin. *La Modestie,* 1883.
Verlet. *Le Calme,* 1884.
Chavailliaud. *L'Innocence,* 1885.
Theunissen. *La Sérénité,* 1886.
Charpentier. *L'Attention,* 1887.
Desvergnes. *La Résignation* (tête de Christ), 1888.
Gasq. *La Fierté,* 1889.

C. Grand prix de paysage historique

Michallon. *Démocrite et les Abdéritains,* 1817.
Rémond. *L'Enlèvement de Proserpine,* 1821.
Giroux. *La Chasse de Méléagre,* 1825.
Gibert. *La Mort d'Adonis,* 1829.
Prieur. *Ulysse et Nausicaa,* 1833.
Buttura. *Apollon, chez Admete, invente la lyre,* 1837.
Lanoue. *Adam et Ève chassés du Paradis terrestre,* 1841.
Achille Benouville. *Ulysse et Nausicaa,* 1845.
Ch.-J. Lecointe. *La Mort de Milon de Crotone,* 1849.
De Curzon. *2e prix.* Même concours.
Bernard. *Lycidas et Mœris (Églogue de Virgile),* 1854.
Didier. *Jésus et la Samaritaine,* 1857.
Girard. *La Marche de Silène,* 1861.

D. Concours de paysage historique

Giroux. *Mars et Rhea Sylvia,* 1822.
Norblin. *Philémon et Baucis,* 1823.
Giroux. *Pyrrhus sauvé par Androclès,* 1824.
Gibert. *Thésée retrouvant les armes de son père,* 1825.
Leprince. *Le bon Samaritain,* 1826.

SCHOPIN. *La Mort de Milon de Crotone*, 1827.

LEPOIDEVIN. *Mercure et Argus*, 1828.

LE MÊME. *Télémaque et ses bergers*, 1829.

GIRARD. *La Mort de Laïus*, 1830.

FOUREAU. *Comate et Lacon se disputant le prix*, 1831.

LEDIEU. *OEdipe et le Sphinx*, 1832.

Paul FLANDRIN. *Ulysse et Nausicaa*, idem.

LEDIEU. *Même sujet*, idem.

BOURET. *Cicéron découvrant le tombeau d'Archimède*, 1835.

LE MÊME. *Actéon changé en cerf*, 1836.

BONHOMME. *La Mort et le Bûcheron*, 1837.

BOURET. *Même sujet*, idem.

BUTTURA. *Le Chêne et le Roseau*, idem.

CABASSON. *Même sujet*, idem.

Adrien GUIGNET. *Énée et Didon réfugiés dans la grotte*, 1838.

MAGAUD. *La Mort du jeune Clovis*, 1841.

DELIGNE. *Philippe-Auguste égaré dans la forêt de Compiègne*, 1842.

RICHARD. *Marius à Minturne*, 1845.

LECHEVALLIER-CHEVIGNARD. *Origine du chapiteau corinthien*, 1847.

JOB. *Reconnaissance d'un aigle*, 1848.

LAMY. *La Malédiction de Caïn*, 1849.

VALADON. *Romulus et Rémus exposés sur le Tibre*, 1850.

SABATIER. *Même sujet*, idem.

CLÉMENT. *Télémaque et Mentor dans l'île de Calypso*, 1851.

DE CONNINCK. *La Mort d'Adonis*, 1853.

FEYEN. *Esculape allaité par une chèvre*, idem.

DURANGEL. *Laboureur surpris par l'orage*, 1854.

VION. *Moïse exposé sur le Nil*, idem.

DE CONNINCK. *Pan et Syrinx*, 1855. 2e médaille.

DE PENNE. *OEdipe sauvé par Phorbas*, 1856. 1re médaille.

DURANGEL. *Même sujet*. 2e médaille.

LEROUX. *Philoctète dans l'île de Samos*, 1857.

CHAMERLAT. *Origine du chapiteau corinthien*, 1858.

LEFÉBURE. *Même sujet*, idem.

GUILLAUMET. *Découverte du tombeau de Théocrite*, 1859.

GIRARD. *Même sujet*, idem.

MONCHABLON. *Même sujet*, idem.

GIRARD. *La Nymphe Hespérie piquée par un serpent*, 1860.

BERNE-BELLECOUR. *Même sujet*, idem.

COLIN. *La Femme de Loth*, 1861.

NEMOZ. *Même sujet*, idem.

ADAM. *Orphée et Eurydice*, 1862.

NEMOZ. *Même sujet*, idem.

SALLE DES GRANDS PRIX DE SCULPTURE

A. — *Grands prix de sculpture*.[1]

LEMOT. *Le Jugement de Salomon*, 1790. Bas-relief.

MARIN. *C. Gracchus quittant sa femme Licinia*, 1801. Bas-relief. (Gravé dans les *Annales du Musée*, de Landon, t. II, pl. LXVIII.)

---

1. La liste des grands prix de Rome a été publiée par Victor Baltard (*la Villa Médicis*; Paris, 1847), par l'auteur anonyme d'un volume lithographié intitulé *Académie de France à Rome. Premiers grands prix…*; Paris, D. Raimbault, pas-

GIRAUD. *Philoctète blessé quitte Lemnos,* 1806. Ronde
bosse. (Gravé dans les *Annales du Musée,* de Landon,
t. XII, pl. LXVIII.)

RUTHXIEL. *Dédale met des ailes à son fils Icare,* 1808.
Bas-relief.

RAMEY. *Ulysse reconnu par son chien,* 1815. R. bosse.

NANTEUIL. *Agis mourant sur ses armes,* 1817. R. b.

SEURRE aîné. *Chélonis implorant la grâce de Cléombrote,*
1818. B.-r.

DIMIER. *Énée blessé guéri par Vénus,* 1819. B.-r.

JACQUOT. *Caïn maudit par Dieu,* 1820. R. b.

LEMAIRE. *Alexandre dans la ville des Oxydraques,* 1821.
B.-r.

DUMONT. *Douleur d'Évandre sur le corps de son fils Pallas,* 1823. B.-r.

DURET. Même concours.

Émile SEURRE. *La Tunique de Joseph présentée à Jacob,*
1824. B.-r.

DESPREZ. *La Mort d'Orion,* 1826. R. b.

LANNO. *Mutius Scævola,* 1827. B.-r.

JALEY. Même concours.

DANTAN aîné. *La Mort d'Hercule,* 1828. R. b.

DEBAY. *La Mort d'Hyacinthe,* 1829. R. b.

HUSSON. *Thésée vainqueur du Minotaure,* 1830. B.-r.

Louis BRIAN. *Capanée foudroyé sous les murs de Thèbes,*
1832. R. b.

sage du Saumon, 1 (1850); puis par M. Duvivier, dans les
Archives de l'Art français, t. V, p. 273-333, et par M. Jouin,
dans les *Nouvelles archives de l'Art français,* 1880-1881,
p. 451-483.

JOUFFROY. Même concours. R. b.

SIMART. *La Mort de Caton d'Utique*, 1833. B.-r.

BONNASSIEUX. *La Mort de Socrate*, 1836. B.-r.

OTTIN. Même concours.

CHAMBARD. *Marius sur les ruines de Carthage*, 1837. R. b.

VILLAIN. *David apaisant Saül*, 1838. B.-r.

GRUYÈRE. *Les sept chefs devant Thèbes*, 1839. B.-r.

DIEBOLT. *La Mort de Démosthène*, 1841. B.-r.

GODDE. Même concours.

CAVELIER. *Diomède enlevant le Palladium*, 1842. R. b.

MARÉCHAL. *La Mort d'Épaminondas*, 1843. B.-r.

LEQUESNE. *Pyrrhus tuant Priam*, 1844. B.-r.

GUILLAUME. *Thésée découvre les armes de son père*, 1845.
R. b.

PERRAUD. *Télémaque rapporte à Phalante l'urne renfermant les cendres d'Hippias*, 1847. B.-r.

MAILLET. Même concours.

THOMAS. *Philoctète partant pour le siège de Troie*, 1848.
R. b.

ROGUET. *Teucer blessé par Hector*, 1849. B.-r.

GUMERY. *La Mort d'Achille*, 1850. R. b.

BONNARDEL. *Les Grecs et les Troyens se disputant le
corps de Patrocle*, 1851. B.-r.

CRAUK. Même concours.

LEPÈRE. *Philoctète à Lemnos*, 1852. R. b.

CARPEAUX. *Hector et Astyanax*, 1854. R. b.

CHAPU. *Piété filiale de Cléobis et Biton*, 1855. B.-r.

DOUBLEMARD. Même concours.

MANIGLIER. *Romulus vainqueur d'Acron porte les dépouilles
opimes*, 1856. R. b.

TOURNOIS. *Ulysse blessé par un sanglier,* 1857. B.-r.

FALGUIÈRE. *Mézence blessé est sauvé par son fils,* 1859.
B.-r.

CUGNOT. Même concours.

BARTHÉLEMY. *Oreste à l'autel de Minerve,* 1860. R. b.

SANSON. *Chryséis rendue à son père par Ulysse,* 1861. B.-r.

HIOLLE. *Aristée pleurant ses abeilles,* 1862. R. b.

BOURGEOIS. *Nisus et Euryale,* 1863. B.-r.

DELAPLANCHE. *Ulysse bandant l'arc,* 1864. R. b.

DESCHAMPS. Même concours.

BARRIAS. *La Fondation de Marseille,* 1865. B.-r.

NOEL. *Thésée vainqueur du Minotaure remercie les Dieux,*
1868. R. b.

MERCIÉ. Même concours.

ALLAR. *Alexandre et son médecin Philippe,* 1869. B.-r.

LAFRANCE. *Samson rompant ses liens,* 1870. R. b.

MARQUESTE. *La Flagellation de Jésus,* 1871. B.-R.

COUTAN. *Ajax bravant le ciel est foudroyé,* 1872. R. b.

IDRAC. *Philoctète pansé par Machaon et Polydore,* 1873.
B.-r.

INJALBERT. *La Douleur d'Orphée,* 1874. R. b.

HUGUES. *Homère chantant ses poésies dans une ville de la
Grèce,* 1875. B.-r.

LANSON. *Jason enlevant la Toison d'or,* 1876. R. b.

CORDONNIER. *La Lyre d'Orphée trouvée par des pêcheurs,*
1877. B.-r.

GRASSET. *Les derniers moments de Caton d'Utique,* 1878.
R. b.

FAGEL. *Le Jeune Tobie rendant la vue à son père,* 1879.
B.-r.

PEYNOT. *L'Enfant prodigue*, 1880. R. b.

LABATUT. *Tyrtée chantant les Messéniennes*, 1881. B.-r.
(Gravé dans *les Grands prix de Rome*. Paris, Baschet,
1881.)

FERRARI. *Saint Sébastien*, 1882. R. b. (Gravé dans la
même publication, 1882.)

LOMBART. *Mort de Diagoras*, 1883. B.-r.

PUECH. *Mézence blessé*, 1884. R. b.

GARDEL. *Le corps d'un soldat spartiate, tué en combattant, est rapporté à sa mère par ses compagnons
d'armes*, 1885. B.-r.

CAPELLARO. *Le jeune Tobie retire le poisson de l'eau*,
1886. R. b.

BOUTRY. *Ismène et Antigone rendues à leur père par
Thésée*, 1887. B.-r.

CONVERS. *Oreste au tombeau d'Agamemnon*, 1888. R. b.

B. — *Esquisses modelées (bas-reliefs)*

SEURRE aîné. La Mort de Darius, roi des Perses, 1816.

Le même. La Mort d'Orphée, 1817.

CAILLOUET. Les sept Chefs devant Thèbes, 1817.

CAILLOUET. Le Désespoir d'Alexandre après la mort de Cli-
tus, 1818.

BRION. La Mort de Cléopâtre, 1810.

LEQUIEN. Thésée reconnu par son père, au moment où il
allait être empoisonné par Médée, 1819.

SEURRE jeune. Oreste et Pylade voulant immoler Hélène,
1820.

DESPREZ. Nisus et Euryale, 1820.

DURET. Mézence blessé voulant venger la mort de son fils, 1821.

SEURRE jeune. Chrysé redemande sa fille à Agamemnon, 1822.

JACQUES. Intrépidité du jeune Thésée, 1822.

BARYE. Les Reproches d'Hector à Pâris, 1823.

DANTAN aîné. Cléopâtre détermine Méléagre à reprendre les armes, 1823.

JALEY. Même concours.

DEBAY. La Vengeance d'Olympias, 1824.

COLIN. Pyrrhus enfant chez Glaucias, 1824.

GRASS. Tarquin l'Ancien tué par les Marcins, 1825.

DEBAY. Les Adieux de Brutus et de Porcia, 1825.

JALEY. Ulysse reconnu par Euryclée, 1826.

BION. L'épée de Damoclès, 1826.

LANNO. Camille rompant le traité avec Brennus, 1827.

HUSSON. Le Combat de Dixippe et d'Hérotas, 1827.

DANTAN aîné. Énée aux enfers avec la Sibylle rencontre l'ombre de Didon, 1828.

BION. Latone repoussée par les paysans, 1828.

BRIAN. Thétis apporte à Achille les armes forgées par Vulcain, 1829.

JACQUES. Télémaque retrouve Mentor esclave d'Azaël, 1829.

CAUDRON. Ulysse contrefait l'insensé, 1830.

RAMUS. La Fureur d'Horace contre sa sœur, 1830.

CARRAJEAT. Porphyrion tué par Jupiter et Hercule, 1831.

GOURDEL. Antoine surprenant Thirène, ambassadeur d'Octave, aux pieds de Cléopâtre, le fait arrêter, 1831.

WALCHER. Oreste tue Thoas, 1832.

WALCHER. David fuit devant Saül qui veut le percer de sa lance, 1832.

TOUSSAINT. La Mort de Lucrèce, 1833.

TOUSSAINT. Le Sacrifice d'Abraham, 1834.

DEVAULX. Hercule enlève Alceste des enfers, 1835.

LAURENT. Deux époux grecs implorant Esculape, 1838.

LAURENT. Cornélie montre ses enfants à une dame campanienne comme ses plus beaux bijoux, 1839.

CAVELIER. Les saintes Femmes au tombeau de Jésus-Christ, 1840.

AOUSTEN. Les Naïades et les Dryades pleurant sur le corps d'Adonis, 1841.

CUDRON jeune. Ulysse feignant la folie, sa fourberie est découverte, 1842.

THOMAS. Antoine et Cléopâtre essayant des poisons sur des esclaves, 1843.

ROGUET. Job et ses amis, 1844.

FERRAT. Antigone allant chercher le corps de Polynice, 1845.

LEMONNIER. Anacréon réchauffant l'Amour. 1846.

SALMSON. Ensevelissement du Christ, 1847.

JEANSON. Mort de Narcisse, 1848.

FORGEMOLLE. Méléagre s'abandonnant à ses fureurs, 1849.

CARPEAUX. Coriolan chez Tullus Amphidius, 1850.

CHEVALIER (Hyacinthe). Jason offrant un sacrifice à Cybèle, 1851.

DOUBLEMARD. Le Triomphe d'Amphitrite, 1852.

LAURENT. La Réhabilitation de Sophocle, 1853.

DELAPLANCHE. Pyrrhus à la cour de Glaucias, 1856.

ROLLAND. Même sujet.

WATRINELLE. La Douleur de la famille de Priam auprès
du corps d'Hector, 1857.

C. — Grands prix de gravure en taille-douce [1]

MASQUELIER fils. An XIII.

RICHOMME (J.-T.), 1806.

POTRELLE (J.-L.), second grand prix, *idem*.

DIEN (C.-M.-F.), 1809.

COROT (A.), 1811.

BOURGEOIS, 1812.

FORSTER, 1814.

COINY, 1816.

TAUREL, 1818.

LORICHON, 1820.

GELÉE (A.-F.), 1824.

GIRAUD, 1826.

VIBERT, 1828.

Achille MARTINET, 1830.

BRIDOUX (F.-A.), 1834.

SALMON (L.-A.), deuxième premier grand prix, *idem*.

POLLET, 1838.

C.-V. NORMAND, deuxième premier grand prix, *idem*.

SAINT-ÈVE (J.-M.), 1840.

DELEMER, 1842.

AUBERT, 1844.

TOURNY, 1846.

DEVAUX, 1848.

1. Ce concours porte toujours sur une académie d'homme.

BERTINOT, 1850.
BELLAY (Ch.-P.-A.), 1852.
SOUMY (J.-P.-M.), 1854.
Ferdinand GAILLARD, 1856.
DUBOUCHET (H.-J.), 1860.
Pierre MICIOL, deuxième premier grand prix, *idem*.
HUOT (A.-J.), 1862.
Jules JACQUET, 1866.
LAGUILLERMIE, *idem*.
WALTNER, 1868.
Achille JACQUET, 1870.
BOUTELIÉ (L.-A.), 1872.
BOISSON (L.-L.), 1876.
DEBLOIS (C.-T.), 1878.
BULAND (J.-E.), 1880.
SULPIS, 1er prix, 1884.
BARBOTIN, 2e prix, 1884.
PATRICOT, 1886.
LERICHE, 1888.

Les bas-reliefs circulaires en cire ou en plâtre exposés contre les parois sont des esquisses pour les grands prix de gravure en médailles. (Voy. ci-après la description de ces prix.)

GRANDS PRIX DE GRAVURE EN MÉDAILLES ET EN PIERRES FINES

1805. TIOLLIER. Le Génie de la gravure présente un cachet à l'Empereur qui lui donne une couronne. Trois épreuves du coin.

1809. J.-E. GATTEAUX. Mars suivi de la Victoire. Le coin en acier et deux épreuves en plomb bronzé. — Contre une paroi de la salle, un moulage en plâtre de l'esquisse qui a servi à préparer le coin.

1810. Amédée DURAND. Ulysse déguisé en mendiant est reconnu par son chien. Intaille en pierre fine. — Contre une paroi de la salle, le moulage de l'esquisse.

1813. BRANDT. Thésée soulève la pierre sous laquelle son père avait caché ses armes. Coin en acier.

1814. DESBOEUFS. Un guerrier saisissant ses armes sur l'autel de la patrie. Intaille.

1817. BRUN. Androclès et le Lion. Intaille.

1819. VATINELLE. Milon de Crotone attaqué par un lion. Coin en acier. — Moulage en plâtre de l'esquisse.

Deuxième vitrine

1831. OUDINÉ. Œdipe expliquant l'énigme du Sphinx. Coin. — Dans la salle, le moulage de l'esquisse.

1835. FAROCHON. Romulus portant les dépouilles opimes au temple de Jupiter Férétrien. Coin en acier. Intaille en pierre fine, avec une tête de femme tournée à droite. — Dans la salle, le moulage de l'esquisse destinée à la composition.

1839. VAUTHIER. Hercule étouffant Antée. Coin en acier. — Moulage de l'esquisse.

1843. MERLEY. Arion sauvé des flots. Coin en acier. Pierre gravée en creux, avec une tête de femme tournée à gauche. — Dans la salle, le moulage de l'esquisse destinée à la composition.

Troisième vitrine

1848. **Chabaud.** Mercure formant le caducée. Coin en acier. — Camée avec une tête de femme ailée et couronnée, tournée vers la gauche. Autre camée avec une tête de femme, tournée de même, mais avec un bandeau et un voile. Deux intailles avec une tête de Pallas et une tête de Bacchus. — Moulage de l'esquisse.

1855. Alphée **Dubois.** Guerrier blessé, mourant sur l'autel de la patrie. Coin en acier. Trois camées : 1° avec une tête de jeune homme tournée à droite ; 2° avec une tête de femme tournée à gauche ; 3° avec une tête de femme, coiffée en arrière et tournée à gauche. Intaille avec une tête de femme tournée à droite (médaille de Syracuse). — Sur une paroi, le moulage de l'esquisse.

1855. **Ponscarme.** Même concours. Épreuve en plâtre du même sujet.

1860. **Lagrange.** Un guerrier dépose sur l'autel de Mars la palme de la victoire. Coin en acier. — Moulage de l'esquisse.

Quatrième vitrine

1863. Jules **Chaplain.** Bacchus faisant boire une panthère. Coin en acier. Camée avec une tête couronnée et ailée tournée à gauche (tête de Mercure). — Moulage de l'esquisse.

1863. **Burdy.** Même concours. Deuxième grand prix ; épreuve en plâtre. — Camée avec une tête pareille.

1866. **Degeorge.** La France protégeant l'Algérie. Coin

en acier. Camée avec une tête cornue tournée à droite.
— Contre un des parois, le moulage de l'esquisse.

Cinquième vitrine

1869. Émile SOLDI. La Fortune et l'enfant. Coin. —
Intaille avec une tête cornue tournée à gauche.

1869. Même concours. DUPUIS, deuxième grand prix.
Coin.

1872. DUPUIS. Soldat spartiate préparant ses armes avant
le combat des Thermopyles. Coin. — Camée avec une tête
barbue, couronnée de lierre, tournée à droite. — Contre
une paroi de la même salle, l'esquisse en cire.

Sixième vitrine

1875. ROTY. Un berger lisant l'inscription des Thermopyles. Coin. — Camée avec une tête de Minerve, tournée
à droite. — Esquisse en cire.

1875. PATEY. Même concours. Deuxième prix. Coin en
acier. — Camée avec une tête de Minerve tournée à
droite. — Esquisse en cire.

1878. BOTTÉE. Caïn maudit. Coin en acier. — Camée sur
onyx, envoi de Rome, 1881. — Esquisse en cire.

Septième vitrine

1881. PATEY. Le Laboureur de Virgile. Coin. — Camée
avec une petite tête de jeune homme, tournée à droite. —
Esquisse en cire. — Camée avec une tête de femme, tournée

à gauche, couverte d'une peau de lion. Envoi de Rome, 1885.

VERNON. Même concours. Deuxième prix. Coin. — Camée avec la même tête. — Esquisse en cire du même concours, sur la paroi.

1884. NAUDÉ. Oreste à l'autel d'Apollon. Coin. — Camée avec une tête de Brutus. — Esquisse en cire.

Huitième vitrine

1884. LANCELOT. Même concours. Mention. Coin. — Esquisse en cire.

1887. VERNON. Jason enlevant la Toison d'or. Coin. — Moulage de l'esquisse.

SALLE
DES GRANDS PRIX DE PEINTURE[1]

SARRABAT. *Noé sortant de l'arche,* 1688.

GALLOCHE. *Les frères de Joseph montrant sa robe à leur père,* 1695.

CAZES. *La Vision de Jacob,* 1699.

NATOIRE. *Manué, père de Samson, offrant un sacrifice,* 1721.

VIEN. *David se soumettant à la volonté du Seigneur qui a frappé son peuple de la peste,* 1743.

[1]. La librairie Didot a publié, vers 1827, une notice intitulée : *École royale des beaux-arts. Notice des tableaux qui ont remporté les grands prix de peinture depuis 1743 et qui sont exposés dans les salles de l'École royale.*

MELLING. *Laban donnant à Jacob une de ses filles,* 1750.

FRAGONARD. *Jéroboam sacrifiant aux idôles,* 1752 (publié dans le *Fragonard* du baron Roger Portalis).

DURAMEAU. *Élie ressuscitant le fils de la Sunamite,* 1757.

LEFEBVRE-DESFORGES. *Judith coupant la tête d'Holopherne,* 1761.

SAINT-QUENTIN. *La Mort de Socrate,* 1762.

ALIZARD. *La Piété filiale de Cléobis et Biton,* 1763-1764.

CALLET. Même concours.

MÉNAGEOT. *Thomyris faisant plonger la tête de Cyrus dans un vase rempli de sang,* 1766.

BERTHELEMY. *Alexandre coupant le nœud gordien,* 1767.

VINCENT. *Germanicus apaisant une sédition,* 1768.

LEBOUTEUX. *Achille déposant le cadavre d'Hector près de celui de Patrocle,* 1769.

LEMONNIER. *Les Niobides tués par Apollon et Diane,* 1770-1772.

LOUIS DAVID. *Érasistrate découvre la cause de la maladie d'Antiochus dans son amour pour Stratonice,* 1774 (gravé dans *le Peintre Louis David,* par Jules David).

BEAUVOISIN. *Aman confondu par Esther devant Assuérus,* 1775.

REGNAULT. *Diogène visité par Alexandre,* 1776.

GIROUST. *David condamne à mort l'Amalécite qui lui apporte la tête de Saül,* 1778.

VIGNALI. *Le Supplice des Macchabées,* 1781.

GAUFFIER. *La Chananéenne aux pieds de Jésus,* 1784.

DROUAIS. Même concours.

DESMARAIS. *Horace tue sa sœur Camille,* 1785.

POTAIN. Même concours.

FABRE. *Nabuchodonosor fait tuer les enfants de Sédécias*, 1787.

GARNIER. *La Mort de Tatius, collègue de Romulus*, 1788.

MEYNIER. *Joseph reconnu par ses frères*, 1789.

GIRODET. Même concours.

RÉATU. *Daniel fait arrêter les vieillards accusateurs de la chaste Suzanne*, 1790.

LAFFITTE. *Régulus retourne à Carthage*, 1791.

THÉVENIN. Même concours.

LANDON. *Éléazar préfère mourir plutôt que de manger des viandes défendues*, 1792.

BOUILLON. *La Mort de Caton d'Utique*, 1797.

GUÉRIN. Même concours.

BOUCHET. Même concours.

HARRIET. *Le Combat des Horaces et des Curiaces*, 1798.

BONNET. *Manlius condamne à mort son fils victorieux pour avoir combattu contre l'ordre de son chef*, 1799.

GRANGER. *Antiochus renvoie le fils de Scipion à son père*, 1800.

INGRES. *Ambassadeurs envoyés par Agamemnon à Achille pour l'engager à combattre*, 1801. (Gravé dans les *Annales du Musée*, de Landon, t. Ier, pl. 29. Voy. en outre Delaborde, *Ingres*, p. 212-213.)

MENJAUD. *Sabinus et Eponine devant Vespasien*, 1802 (gravé dans l'ouvrage de Landon, t. IV, pl. 38).

BLONDEL. *Énée emportant son père Anchise*, 1803 (Landon, t. V, pl. 68).

ODEVAÈRE. *La Mort de Phocion*, 1804 (Landon, t. IX, pl. 7).

BOISSELIER. *Le Retour de l'enfant prodigue*, 1806 (Landon, t. XII, pl. 71).

HEIM. *Thésée vainqueur du Minotaure*, 1807.

GUILLEMOT. *Érasistrate découvre la cause de la maladie d'Antiochus dans son amour pour Stratonice*, 1808.

LANGLOIS. *Priam aux pieds d'Achille*, 1809. (Landon, *Salon de 1820*, pl. 9.)

DROLLING. *La Colère d'Achille*, 1810 (ibid., pl. 35).

ABEL DE PUJOL. *Lycurgue présente aux Lacédémoniens l'héritier du trône*, 1811. (Landon, *Salon de 1812*, t. II, pl. 71.)

PALLIÈRE. *Ulysse et Télémaque massacrent les poursuivants de Pénélope*, 1812. *(Ibid.*, pl. 72).

FORESTIER. *La Mort de Jacob*, 1813. (Landon, *Salon de 1814*, pl. 66.)

VINCHON. *Diagoras porté en triomphe par ses fils*, 1814. (Landon, *ibid.*, pl. 67.)

ALAUX. *Briséis trouve dans la tente d'Achille le corps de Patrocle*, 1815.

THOMAS. *OEnone refuse de secourir Páris au siège de Troie*, 1816.

COGNIET. *Hélène délivrée par Castor et Pollux, ses frères*, 1817.

HESSE (Auguste). *Philémon et Baucis recevant Jupiter et Mercure*, 1818.

DUBOIS (François). *Thémistocle se réfugie chez Admète*, 1819.

COUTAN. *Achille demandant le prix de la sagesse à Nestor, aux Jeux Olympiques*, 1820.

COURT. *Samson livré aux Philistins par Dalila*, 1821.

DEBAY (Auguste-Hyacinthe). *Egisthe, croyant découvrir le corps d'Oreste, découvre celui de Clytemnestre*, 1823.

BOUCHOT (François). Même concours.

LARIVIÈRE. *La Mort d'Alcibiade*, 1824.

NORBLIN. *Antigone donnant la sépulture à Polynice*, 1825.

FÉRON. *Pythias et Damon devant Denys le tyran*, 1826.

DUPRÉ (Fr.-Xavier). *Coriolan chez Tullus, roi des Volsques*, 1827.

BEZARD. *Jacob refusant de livrer Benjamin*, 1829.

VAUCHELET. Même concours.

SIGNOL. *Méléagre reprenant les armes à la prière de sa femme*, 1830.

SCHOPIN. *Le Xanthe poursuivant Achille*, 1831.

FLANDRIN (Hippolyte). *Thésée reconnu par son père*, 1832.

ROGER. *Moïse et le Serpent d'airain*, 1833.

JOURDY. *Homère chantant ses poèmes*, 1834.

BLANCHARD (Ch.-Octave). *Moïse frappant le rocher*, 1836.

PAPETY. Même concours.

MURAT. *Le Sacrifice de Noé*, 1837.

PILS. *Saint Pierre guérissant un boiteux*, 1838.

HÉBERT. *La coupe de Joseph trouvée dans le sac de Benjamin*, 1839.

BRISSET. *C. Gracchus cité devant le Sénat*, 1840.

LEBOUY. *La robe de Joseph présentée à Jacob*, 1841.

BIENNOURRY. *Samuel sacrant David*, 1842.

DAMERY. *Œdipe s'exilant de Thèbes*, 1843.

BARRIAS. *Cincinnatus recevant les envoyés du Sénat*, 1844.

BÉNOUVILLE (Léon). *Jésus au prétoire*, 1845.

CABANEL. Même concours.

LENEPVEU. *La Mort de Vitellius*, 1847.

BOULANGER. *Ulysse reconnu par Euryclée, sa nourrice*, 1849.

BAUDRY. *Le corps de Zénobie trouvé sur le bord de l'Araxe*, 1850.

BOUGUEREAU. Même concours.

CHIFFLARD. *Périclès au lit de mort de son fils*, 1851.

GIACOMOTTI. *Abraham lavant les pieds aux trois anges*, 1854.

MAILLOT (Théodore). Même concours.

LEVY (Émile). Même concours.

CLÉMENT (Félix). *Le Retour du jeune Tobie*, 1856.

DELAUNAY (Jules-Élie). Même concours.

SELLIER. *La Résurrection de Lazare*, 1857.

HENNER. *Adam et Ève trouvant le corps d'Abel*, 1858.

ULMANN. *Coriolan chez Tullus, roi des Volsques*, 1859.

MICHEL (Ernest-Barthélemy). *Sophocle accusé par ses fils*, 1860.

LEFEBVRE. *La Mort de Priam*, 1861.

LAYRAUD. *Joseph se fait reconnaître par ses frères*, 1863.

MONCHABLON. Même concours.

MAILLART. *Homère à l'île de Scyros*, 1864.

MACHARD. *Orphée aux enfers*, 1865.

REGNAULT. *Thétis apporte à Achille les armes forgées par Vulcain*, 1866.

BLANC. *Laïus tué par OEdipe*, 1867.

BLANCHARD. *La Mort d'Astyanax*, 1868.

MERSON. *Le Soldat de Marathon*, 1869.

LEMATTE. *La Mort de Messaline*, 1870.

TOUDOUZE. *Adieux d'OEdipe aux cadavres de sa femme et de ses deux filles*, 1871.

FERRIER. *Une scène du Déluge*, 1872.

MOROT. *Super flumina Babylonis*, 1873.

BESNARD. *La Mort de Timophane,* 1874.

COMERRE. *L'Annonciation aux bergers,* 1875.

WENCKER. *Priam demande à Achille le corps d'Hector,* 1876.

CHARTRAN. *Rome prise par les Gaulois,* 1877.

SCHOMMER. *Auguste au tombeau d'Alexandre,* 1878.

BRAMTOT. *La Mort de Démosthène,* 1879.

DOUCET. *La Reconnaissance d'Ulysse et de Télémaque,* 1880.

FOURNIER. *La Colère d'Achille apaisée par Minerve,* 1881. (Gravé dans *les Grands Prix de Rome,* publiés par la librairie Baschet, 1881.)

POPELIN. *Mathathias refusant de sacrifier aux idoles,* 1882 (gravé dans le même ouvrage, 1882).

BASCHET. *OEdipe maudit son fils Polynice,* 1883.

PINTA. *Le Serment de Brutus,* 1884.

AXILETTE. *Thémistocle au foyer d'Admète,* 1885.

LEBAYLE. *Claude proclamé empereur par les soldats après le meurtre de Caligula,* 1886.

DANGER. *La Mort de Thémistocle,* 1887.

La salle des grands prix de peinture contient, en outre, une longue série d'esquisses peintes (à partir de 1816). Chacune de ces esquisses portant le nom de son auteur, l'indication du sujet et la date, il n'y a pas lieu ici d'en donner la liste.

LA SALLE LATOUR

(à droite dans la salle Melpomène)

Mur d'entrée

BONIFAZIO II (1494-1553). *Moïse sauvé des eaux.* Musée de Brera à Milan. Copie de M. Léon ALEXANDRE. 1873.

LE TITIEN (1477-1576). *La Toilette de Vénus.* Musée de l'Ermitage, à Saint-Pétersbourg. Copie de M. MOTTEZ. 1837.

PAUL VERONÈSE (1528-1588). *La Descente de Croix.* Musée de l'Ermitage, à Saint-Pétersbourg. Copie de M. RISS.

Mur de gauche

FRA BARTOLOMMEO DELLA PORTA (1475-1517). *La Déposition de Croix.* Galerie Pitti, à Florence. Copie de STURLER. 1829.

BONIFAZIO III. *Le Retour de l'Enfant prodigue.* Galerie Borghèse à Rome. Copie de M. PLANTET.

LE TINTORET (1512-1594). *Un Miracle de saint Marc.* Académie des beaux-arts, à Venise. Copie (réduite) de MOTTEZ. 1837.

VITTORE CARPACCIO. *Saint Georges terrassant le dragon.* San Giorgio dei Schiavoni, à Venise. Copie de G. FERRIER. Envoi de Rome. 1875.

SALVATOR ROSA (1615-1675). *La Forêt des philosophes.* Palais Pitti à Florence. Copie de LANOUE (1812-1872).

RIBERA (1588-1656). Saint Stanislas de Koska portant l'enfant Jésus. Galerie Borghèse à Rome. Copie de M. François LAFON. 1872.

Mur de droite

LE CORRÈGE (1494-1534). *Vénus, Mercure et l'Amour.* Galerie nationale de Londres. Copie de M. GIACOMOTTI. 1872.

REMBRANDT (1607-166;). Portrait de son fils Titus. Ancienne galerie du roi de Hollande. Copie de Mlle Van TUYLL.

RAPHAËL (1483-1520). *Adam et Ève.* Plafond de la chambre de la Signature, palais du Vatican. Copie de M. MOTTEZ. 1838.

Le même. *Le Triomphe de Galatée.* Palais de la Farnésine à Rome. Copie de MM. BALZE.

Le même. *La Dispute du Saint-Sacrement* (fragment, groupe de gauche). Chambre de la Signature au palais du Vatican. Copie de M. BÉNARD. Envoi de Rome. 1878.

BERNARDINO LUINI (mort après 1529). *La Vierge, l'enfant Jésus et sainte Anne.* Fresque. Musée de Brera à Milan. Copie de M. POPELIN. Envoi de Rome. 1886.

MASACCIO (1401-1428) et Filippino LIPPI (1457-1504). *Saint Paul parlant à saint Pierre.* Église du Carmine à Florence. Copie de M. MOTTEZ. 1838.

LE VESTIBULE DU QUAI

En descendant l'escalier qui conduit dans le vestibule donnant sur le quai, on remarque, dans la niche de gauche, le moulage du *Mars Borghèse ;* dans la niche de droite, celui de la *Minerve Medica.*

La frise du vestibule est ornée de moulages de la frise de la Cella du Parthénon, par PHIDIAS *(Procession des Panathénées).*

COPIES DE PAUL BAUDRY D'APRÈS LES FRESQUES DE MICHEL-ANGE, A LA CHAPELLE SIXTINE [1]

I. — *Judith emportant la tête d'Holopherne* (fragment).
II. — *La Création de la femme.*
III. — La Prophétesse Zorobabel.
IV. — Figure décorative.
V. — Figure décorative.
VI. — Figure décorative.
VII. — Figure décorative.
VIII. — Figure décorative.
IX. — La *Création de l'homme* (fragment).
X. — L'*Ivresse de Noé.*
XI. — La *Tentation d'Ève* (fragment).
Voy. le *Catalogue des OEuvres de Paul Baudry,* 1886, p. 149.

1. Ces copies, exécutées par Paul Baudry en 1864, ont été acquises par l'École en 1885.

LA FAÇADE
SUR LE QUAI MALAQUAIS

L' « annexe au palais des beaux-arts » (c'est ainsi que l'on appelait au début l'édifice construit sur le quai Malaquais) est parfaitement appropriée, comme l'affirme la *Revue de l'Architecture et des Travaux publics*, de M. César Daly (t. XX, p. 276), à sa destination. La décoration des salles intérieures, quoique sobre, porte, ajoute le rédacteur, ce cachet particulier d'élégance qui révèle la main d'un grand artiste. La façade sur le quai a été l'objet de vives critiques : on en a blâmé le style, les grandes baies surmontées d'œils-de-bœuf. Le programme pourtant ne demandait pas à l'architecte un temple des arts, comme certains critiques paraissent l'avoir mal à propos compris, mais un édifice pratique, consacré à des expositions, les unes périodiques, les autres permanentes, et où la lumière devait pénétrer par les plus grands espaces possibles. »

Les fouilles et les fondations de l'annexe au palais des beaux-arts ont été exécutées en 1858 ; en 1859 et 1860 s'éleva le gros œuvre ; les campagnes de 1861 et 1862 furent employées aux travaux intérieurs.

La façade sur le quai Malaquais se compose de deux étages de fenêtres, six au rez-de-chaussée, sept à l'étage supérieur, et de trois œils-de-bœuf gigantesques.

Sur chacun des trois œils-de-bœuf sont sculptées en bas-relief deux femmes assises, symbolisant les trois grands arts. Sur le sommet même, une tête en ronde bosse.

Ces têtes, qui représentent l'Architecture, la Sculpture,

la Peinture, sont l'œuvre d'A.-H. de Bay (1804-1865)[1].

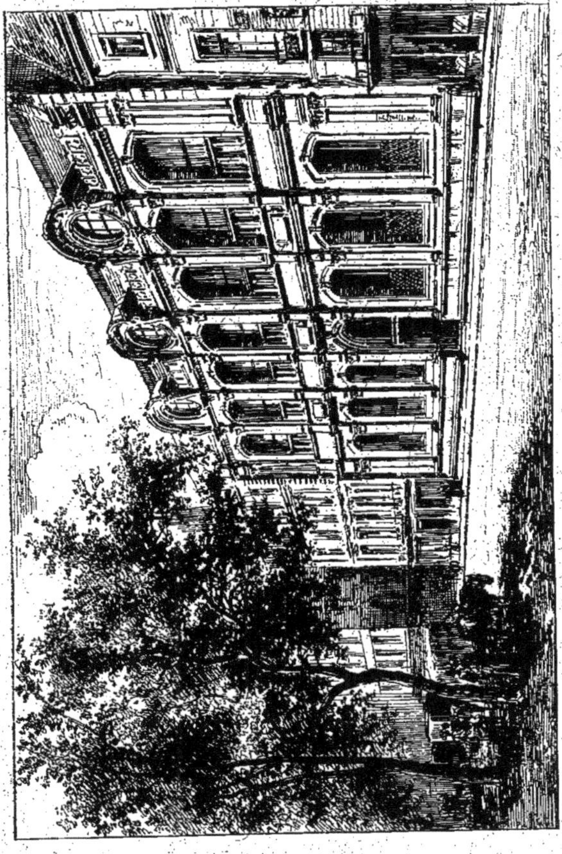

1. Voy. Bellier de la Chavignerie, *Dictionnaire général des artistes de l'École française*, au mot DE BAY.

Les dix médaillons placés dans les chapiteaux symbolisent la Peinture, la Musique, la Céramique, la Construction, la Sculpture pratique, l'Architecture, la Sculpture, la Gravure, la Géométrie et l'Orfèvrerie.

COPIES DE TABLEAUX DE MAITRES

Escalier de gauche

(en montant)

RAPHAËL (1483-1520). *Héliodore chassé du Temple.* Copie de M. BRAMTOT. Envoi de Rome. 1883.

G.-B. TIEPOLO (1693-1770). *Antoine et Cléopâtre quittant l'Égypte* (fragment). Venise. Palais Labbia. Copie de M. COMERRE. Envoi de Rome. 1879.

MICHEL-ANGE (1475-1564). *La Création de l'homme.* Chapelle Sixtine. Copie de M. MOROT. Envoi de Rome. 1877.

P.-P. RUBENS (1577-1640). *La Dernière communion de saint François d'Assise.* Musée d'Anvers. Copie de M. RIESÉNER. 1873.

MICHEL-ANGE. *La Barque de Charon* (fragment du *Jugement dernier*). Copie de M. LENEPVEU. Envoi de Rome. 1852.

RAPHAËL. *La Vierge au Poisson.* Musée de Madrid. Copie de M. BECKER. 1873.

Escalier de droite

(en descendant)

LE DOMINIQUIN (1581-1641). *Saint Nil guérissant un*

jeune possédé. Abbaye de Grottaferrata, près de Rome. Copie de BEZARD. Envoi de Rome. 1834.

VÉLASQUEZ (1599-1660). *Le Christ en Croix.* Musée de Madrid. Copie de M. PORION.

RAPHAËL. *La Délivrance de saint Pierre.* Chambres du Vatican. Copie de M. CHIFFERT. Envoi de Rome. 1856.

MICHEL-ANGE DE CARAVAGE (1569-1609). *La Mise au tombeau.* Pinacothèque du Vatican. Copie de M. PERRIN.

RIBERA (1588-1659). *La Déposition de Croix.* Copie de M. LETHIÈRE.

RAPHAËL. *La Dispute du Saint-Sacrement* (fragment; partie supérieure). Chambres du Vatican. Copie de M. MERSON. Envoi de Rome. 1873.

PAUL VÉRONÈSE (1528-1588). *Le Mariage mystique de sainte Catherine.* Église de Sainte-Catherine, à Venise. Copie de M. CHARTRAN. Envoi de Rome. 1881.

Alexandro BONVICINO, dit le MORETTO (né vers 1498, mort en 1555). *Le Couronnement de la Vierge.* Église de Saint-Nazaire et Saint-Celse, à Brescia. Copie de M. LE BIHAN.

Le Dominiquin (1581-1641). *La Communion de saint Jérôme.* Pinacothèque du Vatican. Copie de M. MÜLLER.

SALLE D'EXPOSITION DU PREMIER ÉTAGE

Cette salle, longue de 42^m,80, large de 10 mètres, haute de 12^m,50, est voûtée en plein cintre; elle reçoit la lumière par sept fenêtres gigantesques, ainsi que par trois œils-de-bœuf.

A l'entrée de la salle du premier étage sont placées :

A gauche, une copie en marbre du *Faune au chevreau*. Musée de Madrid. Copie de M. TOURNOIS. Envoi de Rome. 1860.

A droite, une copie en marbre de la *Vénus de la Porta Portuese*. Copie de M. CUGNOT. Envoi de Rome. 1861.

COPIES DE TABLEAUX DE MAITRES

RAPHAËL (1483-1520). *Saint Paul prêchant à Athènes.* Carton pour les tapisseries du Vatican. Musée du South Kensington à Londres. Copie de M. MONCHABLON. 1872.

Le même. *La Mort d'Ananie.* Même suite. Copie du même.

Le même. *Saint Paul et saint Barnabé à Lystra.* Même suite. Copie du même.

ANDREA DEL SARTO (1486-1531). *La Madonna del Sacco.* Cloître de l'Annunziata, à Florence. Copie de M. BARRIAS. Envoi de Rome. 1849.

Giovanni BELLINI (1427-1516). *La Vierge et l'enfant Jésus entourés de plusieurs saints.* Église Saint-Zacharie, à Venise. Copie de M. FORGERON. 1874.

DOMENICO GHIRLANDAJO (1449-1494). *La Naissance de la Vierge.* Fresque de l'église de Sainte-Marie Nouvelle, à Florence. Copie de M. BOURGEOIS.

Paris BORDONE (1500-1570). *Le Pêcheur rapportant l'anneau de Venise au Doge.* Académie de Venise. Copie de M. MARÉCHAL FILS.

LA CHAPELLE

En revenant sur nos pas et en traversant la salle Melpomène, puis la cour du Mûrier, nous pénétrons dans la chapelle.

La CHAPELLE, ou plus exactement l'église, est la seule partie ancienne de l'École, et encore a-t-elle été considérablement modifiée. Elle se compose d'une longue nef, recevant le jour par des ouvertures pratiquées dans la toiture, et d'un édifice plus petit, hexagonal, voûté en dôme. On a lu ci-dessus l'historique de cette double construction (p. 14).

Vestibule de la chapelle

Le vestibule ou péristyle de la chapelle, fermé par une balustrade sculptée rappelant celle de la chapelle Sixtine, contient un certain nombre de sculptures originales provenant, pour la plupart, de l'ancien Musée des monuments français ou Musée des Petits-Augustins.

Signalons d'abord la belle boiserie qui, recouvre les parois du vestibule (avec l'inscription : « Actum anno MVᶜ XIII »). Ce chef-d'œuvre de menuiserie a été acheté en Belgique par M. Thiers, en 1838.

Les trois portes proviennent du château d'Anet. (Voy. p. 30.) Elles sont ornées des chiffres d'Henri II et de Diane de Poitiers, de couronnes royales, de carquois, de flèches, de croissants, etc.

Les trois petits bas-reliefs, en albâtre, qui se détachent sur cette boiserie, proviennent de l'église Saint-Père de

Chartres; ils ont pour auteur le sculpteur François MAR-CHAND d'Orléans (1543) et représentent des scènes de la Passion : *le Portement de Croix*, — *la Crucifixion*, — *la Descente de Croix*. — Voyez le travail de M. F. de Mély : *François Marchand d'Orléans* (Paris, 1887), où l'un des bas-reliefs, *la Crucifixion*, est reproduit en photogravure.

C'est de Chartres également que proviennent les deux colonnes placées à l'entrée de la chapelle; elles ornaient à l'origine le jubé de l'église Saint-Père, décoré en 1543 sous la direction de Jehan BENARDEAU, d'Orléans.

Au sommet de la balustrade est placé un élégant groupe en marbre, formé de deux enfants soutenant un cartouche sur lequel est tracé le mot *Charitas*. Ce groupe, qui rappelle une composition analogue conservée au Louvre, est attribué par M. Courajod à l'école de Pierre PUGET (*Alexandre Lenoir*, t. II, p. 191-201). Il ornait primitivement une église de Toulon.

Sur les piédestaux disposés dans le vestibule, ainsi que sur la partie inférieure de la balustrade, sont exposées des sculptures originales en marbre ou en pierre : bustes, bas-reliefs, chapiteaux, marmousets, etc., du moyen âge ou de la Renaissance, provenant la plupart du Musée des monuments français d'Alexandre Lenoir.

On citera parmi ces sculptures, dont la plupart sont fort endommagées :

Le buste d'un jeune guerrier, avec son casque et son armure, marbre. Château de Gaillon.

Ecce homo. Bas-relief en pierre, xvie siècle, décrit par
M. Courajod, dans le tome II, p. 190, de son ouvrage.

Le buste de la dame de Braque (gravé dans le tome II,
p. 119, de l'ouvrage de M. Courajod).

Deux petits génies en marbre, dont l'un tient un livre
au-dessus de la tête de l'autre. xviie siècle. (Attribués à
tort à Barthélemy Prieur.) Proviennent du tombeau factice
de Mme de Clermont-Tonnerre, reconstitué par Alexandre
Lenoir au Musée des monuments français.

Statuette de Bacchus ou de Faune et statuette de Méléagre (autrefois placées sur l'arc de Gaillon; voy. p. 41).
Sculptures originales en marbre.

Abraham tenant une âme dans les plis de son manteau.
Sculpture originale en pierre avec des restes de couleur (la
tête manque). xiiie siècle.

Buste connu sous le nom de *Guillaume de Rochefort.*
Gravé dans le tome II, p. 159, de l'ouvrage de M. Cou-
rajod, ainsi que dans la *Renaissance en France,* de
M. Léon Palustre.

Marmousets. Ancien couvent des Jacobins dans la rue
Saint-Jacques. (Gravés dans l'ouvrage de Millin, *Antiquités nationales,* t. III, p. 1, n° xxxix.)

Lion provenant du tombeau de l'amiral Chabot (Musée
du Louvre). Gravé dans l'ouvrage de M. Courajod, t. II,
p. 167.

Reste méconnaissable d'une cariatide de Germain Pilon.
Ancienne chaire des Grands-Augustins, aujourd'hui au
Musée du Louvre (Courajod, t. II, p. 151).

La niche pratiquée dans le mur de droite du vestibule

contient une sorte de sarcophage formant le soubassement du tombeau de *Louis de Poncher*. (Les statues de Louis de Poncher (✝ 1521) et de sa femme sont conservées au Musée du Louvre.) Voy. là *Gazette archéologique*, 1883, p. 169-176, et l'*Alexandre Lenoir*, de M. Courajod, t. II, p. 155.

Sur ce socle est étendue une statue en marbre représentant le cadavre de *Catherine de Médicis*, sculpté par Jérôme DELLA ROBBIA (1488-1566). Cette sculpture précieuse, malheureusement inachevée, a été reproduite par M. Courajod dans son *Alexandre Lenoir* (t. II, p. 163) et par MM. Cavallucci et Molinier dans *les Della Robbia* (Paris, Rouam, 1884, p. 163).

Au-dessus de cette statue sont incrustés :

Un bas-relief en bronze, du tombeau du duc de Créqui ; fondu d'après l'original par les soins d'Alexandre Lenoir.

Les *Sept Sacrements*, bas-reliefs en terre cuite, par Félix LECOMTE, membre de l'Académie royale de peinture et de sculpture (1771). Donnés par M. Fortin en 1832.

Les moulages exposés dans le vestibule sont :

Frise d'enfants dansant, chantant et faisant de la musique. Sculptée par DONATELLO (1386-1466) pour la tribune des chanteurs, à la cathédrale de Florence ; aujourd'hui au Musée national de la même ville.

Tête de *Pierre le Grand* et de son cheval ; fragment de la statue équestre élevée à Saint-Pétersbourg en 1778 par Étienne FALCONNET (1716-1791). Don du grand-duc Wladimir.

Nef principale

Côté gauche

Le côté gauche de la chapelle est affecté, d'une manière générale, aux spécimens de la sculpture française et allemande du moyen âge et de la Renaissance.

On citera parmi les ouvrages les plus intéressants :

Sur la balustrade :

Le Bon Pasteur (IIIe ou IVe siècle). Musée du Latran, à Rome.

La Cuve baptismale du dôme de Hildesheim (Hanovre). Fin du XIIIe siècle. Les personnifications des fleuves du Paradis servent de cariatides ; sur la cuve et le couvercle, des scènes de l'Ancien et du Nouveau Testament.

Première travée, le long du mur

Fragments divers du cloître de Moissac (Tarn-et-Garonne). XIe-XIIe siècle.

Croix scandinave (cimetière de Kirk-Braddan ; île de Man), IXe-Xe siècle.

Deuxième travée

Ornements divers du moyen âge (cathédrale de Chartres, églises de Bonn, d'Aix-la-Chapelle, etc.).

Fragments de la porte de la Gloire, à Saint-Jacques de Compostelle (Espagne). XIIe siècle.

Trois ivoires (sous verre), Bibliothèque de Munich.

La Vierge et l'enfant Jésus. Porte de Sainte-Anne ; Notre-Dame de Paris. XIIe siècle.

Tête de lion en bronze (fragment). Place de la Cathédrale
à Brunswick (année 1166).

La vitrine placée devant ces travées contient un choix
de statuettes, de bas-reliefs, de coffrets, de sceaux, etc., du
moyen âge.

Troisième travée

Collection de clefs de voûte, de chapiteaux, de culs-de-
lampe, provenant de Saint-Martin des Champs à Paris.

L'Adoration des Mages. Clôture du chœur de Notre-
Dame de Paris. (Commencement du XIVe siècle).

Quatre bas-reliefs de la porte de la cathédrale de Bourges,
avec l'*Histoire de Noé* (XIIIe siècle).

La Vierge portant l'enfant Jésus, qui tient le globe.
Porte rouge (Nord) de Notre-Dame de Paris. XIIIe siècle.

La reine Nantilde, femme de Dagobert. Provient du
tombeau de Dagobert, à l'abbaye de Saint-Denis. D'après
M. de Guilhermy, la statue, dans son état actuel, se com-
poserait du corps de Nantilde et de la tête de son fils
Clovis II. XIIIe-XIVe siècle.

Chapiteau du cloître de Saint-Georges de Bocherville.
Musée de Rouen (XIIe siècle).

• Les deux piliers placés en avant de la troisième travée
proviennent du tombeau de Thomas James, évêque de Dol
en Bretagne, par Jean JUSTE de Florence (1507). Cathédrale de Dol. Don de M. Decombes, conservateur du
musée de Rennes.

Les deux bustes placés sur ces piliers sont, à gauche,
celui de *Philibert II de Savoie*, dit Philibert le Beau

(† 1504), à droite, celui de sa femme, *Marguerite d'Au-*
triche. Ces bustes proviennent des statues tombales de ces
deux princes, à l'église de Brou (Ain), statues sculptées par
Conrad MEYT, entre 1511 et 1536.

Sainte Modeste. Porche nord de la cathédrale de Chartres. XIIIe siècle.

Saint Georges. Porche sud de la même cathédrale.
XIIIe siècle.

Quatrième travée

Le Christ apparaissant à la Madeleine. — *Le Christ*
apparaissant aux saintes femmes. Pourtour extérieur du
chœur de Notre-Dame de Paris (fragment). XIVe siècle.

L'Assomption de la Vierge. Chapelle du côté nord de
Notre-Dame de Paris. XIVe siècle.

Sainte Madeleine et *Sainte Marthe,* sous un double dais.
Sculpture originale en marbre, autrefois conservée dans
l'église Bonne-Nouvelle, à Paris. XIVe siècle. — Don de
M. Debacq, 1884.

Deux lions, par Jean GOUJON. Façade de l'hôtel Car-
navalet à Paris.

Statue d'Apôtre. Sainte-Chapelle de Paris. XIIIe siècle.

Bustes des prophètes *Daniel* et *David* (fragment), par
Claux SLUTER. Puits de Moïse, à la Chartreuse de Dijon
(1393-1403).

Cinquième travée

Ève tentée par le serpent. — *Adam et Ève chassés du*
Paradis, par JACOPO DELLA QUERCIA (1371-1438). Façade
de l'église San-Petronio à Bologne.

Le *Couronnement de la Vierge*, par Peter VISCHER († 1529). Cathédrale d'Erfurt.

Assemblage de fragments du tombeau de *Saint Sébald*, par Peter VISCHER († 1529). Église Saint-Sébald, à Nuremberg. (Le personnage placé en arrière du monument, en costume d'atelier, avec un tablier de cuir, est le portrait de l'artiste.)

Les douze piliers à quatre faces, ornés de vases, de rinceaux, de fleurs, d'instruments divers, etc., qui entourent le tombeau de saint Sébald, proviennent du tombeau de Louis XII à Saint-Denis. Ils supportent des statuettes de *Pleureurs*, provenant du tombeau de *Philippe le Hardi*, sculpté par Claux SLUTER (commencement du xve siècle). Musée de Dijon.

Sixième travée

L'Histoire. Bas-relief de Jean GOUJON. Cour du Louvre. (On sait aujourd'hui que Jean GOUJON est mort en Italie entre 1564 et 1568. Voy. l'article de M. de Montaiglon dans la *Gazette des Beaux-Arts*, 1885, t. Ier, p. 21.)

Quatre Vertus théologales, bas-relief, par Germain PILON (1535-1590). Tombeau d'Henri II à Saint-Denis.

Deux Cariatides, par le même. Chaire des grands Augustins. Musée du Louvre.

La *Foi* et la *Charité*, assises ; tombeau du cardinal d'Amboise. Cathédrale de Rouen.

Groupe des *Trois Grâces*, par Germain PILON. Musée du Louvre.

Six bas-reliefs, avec des casques et des armes diverses, moulés sur les boiseries de la chambre d'Henri II au Louvre.

Deux figures debout. Tombeau du cardinal d'Amboise. Cathédrale de Rouen.

Trois statuettes, par Conrad MEYT. Église de Brou (Ain). (1511-1536).

Bustes de *Moïse* et d'*Isaïe*, par Claux SLUTER. Puits de Moïse à la Chartreuse de Dijon (1393-1403).

Septième travée

Quatre Renommées ou Victoires, par Jean GOUJON. Musée du Louvre.

Nymphe debout tenant une rame, par le même. Fontaine des Innocents.

Tête de femme, par le même. Cour du Louvre.

Pied posé sur un casque, par le même. Cour du Louvre.

La Mise au tombeau, par le même. Musée du Louvre.

Les Quatre Évangélistes de l'autel d'Écouen. Château de Chantilly.

Le Printemps, l'Automne, l'Hiver, par le même, Portes en bois de l'église Saint-Maclou, à Rouen.

Trois Génies renversant des torches funèbres, par Germain PILON. Tombeau de François Ier à Saint-Denis.

Effigie d'une femme morte, par le même. Musée du Louvre.

Trumeau du portail de l'église Saint-Michel, à Dijon. XVIe siècle.

Statuette de saint Michel. Musée de Dijon.

Stalle provenant de la boiserie du chœur de Saint-

Bertrand de Comminges (Haute-Garonne, XVIᵉ siècle).
Dix têtes. Même provenance.

La Guerre désarmée et la Paix, par Jean GOUJON. Cour du Louvre.

Deux Renommées ou Victoires, par le même. Musée du Louvre.

Fragment de la corniche de la tribune des Cariatides, par le même. Musée du Louvre.

Divers fragments de bas-reliefs, attribués à Paul PONCE. Jardin de l'École des beaux-arts (voy. p. 69).

Un Vase attribué à Benvenuto CELLINI.

Les douze Signes du Zodiaque, attribués à Jean GOUJON. Ancien Hôtel de Ville de Paris.

Mur du fond

Série de vingt-cinq bas-reliefs, du tombeau de François Iᵉʳ à Saint-Denis (*Bataille de Marignan, Bataille de Cérisoles,* etc.), par Pierre BONTEMPS.

Partie centrale de la nef (en partant du *Jugement dernier*).

Statues tombales de *Louis XII* et d'*Anne de Bretagne,* attribuées à Jean JUSTE. Abbaye de Saint-Denis.

Statue tombale de *François Iᵉʳ.* Saint-Denis.

Statues tombales de *Louis de Poncher* (✝ 1521) et de *Roberte Legendre,* sa femme. Musée du Louvre.

Statue tombale d'*Ilaria del Caretto* (✝ 1405), par Jacopo della QUERCIA (1371-1438). Cathédrale de Lucques.

Statues tombales d'*Henri II* et de *Catherine de Médicis*, par Germain Pilon (1535-1590). Saint-Denis.

Statue tombale de Charles VI († 1380). Saint-Denis.

Statue tombale de Gaston de Foix († 1512), par le Bamboja. Musée de Milan.

Statue de *Louis de Brézé*. Cathédrale de Rouen, vers 1536.

Tombeau des enfants de Charles VIII, attribué à Jean Juste (1506). Cathédrale de Tours.

Les Miracles de saint Antoine de Padoue, par Donatello (1386-1466). Église Saint-Antoine, à Padoue.

La Châsse de saint Zanobi, par Lorenzo Ghiberti (1378-1455). Cathédrale de Florence.

Cuve baptismale de Sienne (1427-1430). Cinq bas-reliefs, par Jacopo della Quercia, Turini di Sano et son fils, Lorenzo Ghiberti, Donatello.

Châsse des Saintes Reliques (xiiie siècle). Argent, émaux, pierreries. Cathédrale d'Aix-la-Chapelle.

La Vierge et l'Enfant entre saint Laurent et saint Rémy, par Mino de Fiesole (1431-1484). Cathédrale de Fiesole.

La Descente de Croix, par Niccolò Pisano († 1478). Cathédrale de Lucques.

Persée délivrant Andromède, par Benvenuto Cellini (1500-1571). Loge des Lanzi, à Florence.

Mur de droite (en partant de l'entrée)

L'Adoration des Mages, le *Mariage de la Vierge*, la *Mort de la Vierge*, par Orcagna (1308-1368). Tabernacle d'Or San Michele, à Florence.

Chaire à prêcher de la cathédrale de Pise (terminée en 1311), par JEAN DE PISE, sculpteur et architecte. Les fragments de cette chaire, aujourd'hui démolie, se trouvent en partie à la cathédrale, en partie au Campo Santo de Pise. L'ensemble a été reconstitué en moulage par les soins du Musée du South-Kensington et cette reproduction a été offerte par celui-ci à l'École des beaux-arts. La chaire de JEAN DE PISE ne doit pas être confondue avec celles de son père NICOLAS DE PISE, au Baptistère de Pise et à la Cathédrale de Sienne. Les bas-reliefs représentent des scènes de la vie du Christ et le Jugement dernier. Parmi les statues on remarque, vers la gauche, une copie informe de la Vénus de Médicis.

Derrière la chaire

Vingt-neuf moulages d'ornements d'architecture, provenant de l'église de Belem (Portugal). XVIe siècle. Don de M. Pascal, architecte, 1878.

Médaillon d'empereur : « Tiberius Claudius Cæsar Augustus imperator ». Sculpture originale en marbre. Château de Gaillon.

Première travée après la chaire de Pise

Panneau d'une porte du Vatican représentant saint Pierre donnant les clefs au pape Eugène IV. Bronze, par Antonio AVERULINO, surnommé FILARÈTE (1445).

Ornements provenant de divers monuments espagnols (Saint-Jean de los Reyes, à Tolède, Université de Salamanque, etc.). Don de M. Jareno, architecte (1878).

La vitrine placée devant la porte de Saint-Pierre de
Rome contient un choix de statuettes, de médailles, de
plaquettes, de coupes, d'écussons, de heurtoirs, de
sceaux, de casques, etc., appartenant à la Renaissance
italienne et à la Renaissance française.

Deuxième travée et niche

Trois trophées d'armes (boucliers, casques, cuirasses)
suspendus à trois colonnettes. Musée royal de Madrid.

Candélabre en bronze à sept branches. XIIIe siècle. Cathédrale de Milan.

Madone assise sous une arcade et entourée de saints;
deux personnages à genoux. Bas-relief original en pierre
(quelques têtes refaites en plâtre). École française. Commencement du XVIe siècle. Don de Mme Timbal.

Douze enfants musiciens, par DONATELLO (1386-1466).
Église de Saint-Antoine, à Padoue.

L'Adoration des Mages (1260). Par Niccolò PISANO
(fragment). Chaire du Baptistère de Pise.

Huit compartiments de la première porte du Baptistère
de Florence, par Lorenzo GHIBERTI (1378-1455).

Cinq compartiments de la porte d'Andrea PISANO. 1330
(né vers 1273, mort vers 1349). Baptistère de Florence.

Le Labour, par Andrea PISANO. Campanile de Florence.

Troisième travée

Esquisse du Persée, par Benvenuto CELLINI (1500-
1571). Musée national de Florence.

Saint Georges, par DONATELLO (1386-1466). Oratoire d'Or San Michele à Florence.

L'Amour qui vient de lancer une flèche, par DONATELLO. Musée national de Florence.

Saint Jean-Baptiste, par BENEDETTO DA MAJANO (1442-1497). Musée national de Florence.

Saint Georges tuant le dragon. Bas-relief de DONATELLO. Oratoire d'Or San Michele à Florence.

Monument funéraire de Filippo Decio (†1530), par Stagio STAGI. Campo Santo de Pise. Don du Musée du South Kensington.

La Foi (1484). Par Matteo CIVITALE (1435-1501). Musée national de Florence.

Divers fragments (têtes de la Vierge, têtes d'anges, etc.) provenant d'un haut-relief de NANNI D'ANTONIO DI BANCO (1420). Porte du dôme de Florence.

Fragment du tombeau de Marsuppini, par DESIDERIO DE SETTIGNANO (1428-1464). Église Santa-Croce à Florence.

Plusieurs Madones en médaillons, par ANTONIO ROSELLINO et les DELLA ROBBIA.

Devant la chapelle de Marguerite de Valois

Deux statues d'enfants nus avec un bouclier. Tombeau de Marsuppini († 1457), par DESIDERIO DE SETTIGNANO. Église Santa-Croce à Florence.

Ange à genoux portant un flambeau, par MICHEL-ANGE (1494). Châsse de saint Dominique, à Bologne.

Pendant du précédent, par NICCOLÒ DE BARI, surnommé DELL'ARCA († 1494). Même châsse.

Chapelle de Marguerite de Valois, ou salle Michel-Ange [1]

Tous les moulages exposés dans cette chapelle reproduisent des ouvrages de MICHEL-ANGE (1475-1564), à moins d'indication contraire.

Mur de gauche

Bas-relief ornemental, dit le Candélabre. Église Saint-Laurent à Florence.

Buste de Brutus. Musée national de Florence.

Le Combat des Centaures et des Lapithes. Casa Buonarotti, à Florence.

La Vierge et le Christ (fragment attribué à Michel-Ange). Albergo dei Poveri à Gênes.

Tête ébauchée (fragment). Jardin Boboli à Florence.

Cupidon. Musée du South-Kensington, à Londres.

La Vierge, l'Enfant Jésus et saint Jean. Bas-relief circulaire. Académie des beaux-arts de Londres.

La Pietà (1499). Basilique de Saint-Pierre, à Rome.

Cosme de Médicis relevant Pise et chassant les Vices. Par Pierino da VINCI (? 1520-? 1554). Vatican.

Bacchus ivre (1497). Musée national de Florence.

Laurent de Médicis († 1519). Statue connue sous le titre de : « il Pensieroso »; sur le sarcophage, l'*Aurore* et le *Crépuscule.* Église Saint-Laurent, à Florence. La décoration de la chapelle qui renferme les tombeaux des Médicis a occupé MICHEL-ANGE de 1519 à 1533.

La Madone de Bruges. Cathédrale de Bruges.

1. Sur la construction de cette chapelle, voy. p. 13.

Mur faisant face à l'entrée

Seconde porte du Baptistère de Florence, par Lorenzo
GHIBERTI, dite la Porte du Paradis (exécutée entre 1425
et 1452). Les sujets représentés sont, en commençant
par le haut :

I. *Les différents Actes de la Création*; II. *Adam labou-
rant; le Sacrifice d'Abel et de Cain, la Mort d'Abel*;
III. *L'Arche de Noé, le Sacrifice de Noé, l'Ivresse de
Noé*; IV. *Abraham et les trois Anges, le Sacrifice d'Abraham*; V. *Isaac bénissant Jacob*; VI. *La Coupe de Joseph
retrouvée dans le sac de Benjamin*; VII. *Moïse recevant les
tables de la Loi*; VIII. *La Chute de Jéricho, le Passage
du Jourdain*; IX. *David tuant Goliath*; X. *La Visite de la
reine de Saba à Salomon* (voir Perkins : *Ghiberti et son
école*).

Le Christ appuyé sur la Croix, par MICHEL-ANGE.
Église de la Minerve, à Rome.

Mur de droite

Julien de Médicis, duc de Nemours († 1516). Sur le
sarcophage, le *Jour* et la *Nuit*. Église Saint-Laurent, à
Florence.

L'Esclave endormi. Statue destinée au tombeau de
Jules II. Musée du Louvre.

La Vierge, l'Enfant Jésus et le petit saint Jean. Bas-
relief circulaire. Musée national de Florence.

Moïse. Statue colossale (tombeau de Jules II). Église Saint-Pierre ès-liens à Rome.

La Mort d'Ugolin et de ses enfants, par Pierino da VINCI (? 1520-? 1554). Autrefois attribué à Michel-Ange. Palais de la Ghérardesca, à Florence.

L'Esclave révolté. Statue destinée au tombeau de Jules II. Musée du Louvre.

Buste de Michel-Ange, par Batista LORENZI, dit « il Cavaliere ». Église Santa-Croce, à Florence.

Masque de satyre. Musée national de Florence.

Tête colossale de David (fragment). Académie des beaux-arts. Florence.

Au milieu

Adonis mourant. Musée national de Florence.

La Vierge et l'Enfant Jésus. Église Saint-Laurent, à Florence.

La Déposition de Croix. Cathédrale de Florence.

Suite de la chapelle principale. — Mur de droite.
Quatrième travée

Statue de David vainqueur de Goliath, par DONATELLO (1386-1466). Bronze. Musée national de Florence.

David vainqueur de Goliath, par VERROCHIO (1435-1488). Bronze. Musée national de Florence.

Enfants emmaillotés. Loge des Enfants trouvés de Florence, par ANDREA DELLA ROBBIA (1437-1528).

Le Prophète Jonas, par LORENZETTO (1489-1541), d'après l'esquisse de RAPHAËL (1483-1520). Église Sainte-Marie du Peuple, à Rome.

Enfants chantant, dansant et jouant de divers instruments, par LUCA DELLA ROBBIA (1400-1482). Musée national de Florence.

Le *Couronnement de la Vierge*, par GIOVANNI DELLA ROBBIA (1460-1529). Eglise Santa-Croce à Florence.

Cinquième travée

Cinq bas-reliefs de la chaire de Santa-Croce, à Florence *(épisodes de la vie de saint François)*, par BENEDETTO DA MAJANO (1447-1492).

Six personnages bibliques. Balustrade du chœur de la cathédrale de Florence, exécutés de 1549 à 1550, par Baccio BANDINELLI et GEORGIO DELL' OPERA.

Mercure volant, par JEAN BOLOGNE (né à Douai, 1524-1608). Musée national de Florence.

La Naissance de la Vierge. Fragment de la porte du dôme de Pise (1602), sous la direction de JEAN BOLOGNE.

L'Adoration des Mages. Attribué à ANDREA DELLA ROBBIA (1437-1528). Musée du South Kensington, à Londres.

L'Enfant au dauphin, par VERROCHIO (1435-1488). Cour du Palais à Vieux-Florence.

Six bas-reliefs de JEAN BOLOGNE (1524-1608), de Douai, représentant les *Scènes de la Passion*. Eglise de l'Annunziata, à Florence.

La Mise au tombeau, par DANIEL DE VOLTERRA (1509-1566). Musée du Louvre.

La Mise au tombeau et la *Résurrection*, par JACOPO SANSOVINO (1486-1570). Porte de la sacristie de la basilique de Saint-Marc de Venise.

COPIES DE TABLEAUX DE MAITRES

Au-dessus de la porte d'entrée

GIOTTO (1276-1336). *La Présentation de la Vierge au Temple. Le Mariage de la Vierge. Le Christ descendu de croix.* Padoue, Madona dell'Arena. Copies de M. HÉNAULT, 1873.

FRA ANGELICO (1387-1455). *Saint Dominique.* Couvent de Saint-Marc, à Florence. Copie de M. PERRAUDIN.

Le même. *Le Calvaire.* Couvent de Saint-Marc, à Florence. Copie de M. PERRAUDIN, 1874.

Le même. *Le Christ en pèlerin reçu par saint Dominique.* Couvent de Saint-Marc. Copie du même.

Côté gauche de la chapelle

RAPHAËL et JULES ROMAIN. *La Victoire de Constantin sur Maxence.* Palais du Vatican. Copie de Louis de BOULLONGNE (1609-1674).

RAPHAËL. *La Vierge de Saint-Sixte.* Musée de Dresde. Copie de M. MOTTEZ (1873).

Antonio BAZZI, surnommé le SODDOMA (1477-1549). *Les Goths détruisant le couvent du mont Cassin.* Monte-Oliveto Maggiore, près de Sienne. Copie de M. LOUDET.

Domenico GHIRLANDAIO (1449-1494). *L'Adoration des Mages.* Galerie des Offices. Copie de M. P. BALZE.

Andrea MANTEGNA (1431-1506). *Le Supplice de saint Jacques.* Padoue, Eremitani. Copie de M. CLÉMENT.

RAPHAËL (1483-1520). *Les Sibylles.* Rome. Église

Santa-Maria della Pace. Copie de M. DELAUNAY. 1860.
Fragment. Envoi de Rome.

Mur du fond

MICHEL-ANGE (1475-1564). *Le Jugement dernier*. Rome,
Chapelle Sixtine. Copie de SIGALON (1833).

Côté droit

RAPHAËL. *Jupiter et l'Amour*. Rome. Palais de la Farnésine. Copie de M. MURAT (1842).

Le même. *La Poésie*. Palais du Vatican. Chambre de la
Signature. Copie de M. LÉVY, 1857. Envoi de Rome.

Le même. *Cupidon montrant Psyché aux Grâces*. Rome,
Farnésine. Copie de M. MURAT, 1842. Envoi de Rome.

Francesco PENNI, surnommé IL FATTORE (1488-1528),
et JULES ROMAIN (1499-1546). *La Justice*. Palais du
Vatican. Salle de Constantin. Copie de M. CLÈRE.

Les mêmes : *la Mansuétude* ou la *Clémence*. Même
salle. Copie du même.

MELOZZO DA FORLI (1438-1494). *Le pape Sixte IV
nommant Platina préfet de la Bibliothèque du Vatican*.
Pinacothèque du Vatican. Copie de M. MILLIET (1873).

PIERO DELLA FRANCESCA (1420?-1492). *Découverte de
la vraie Croix. Bataille d'Héraclius contre les Perses*.
Arezzo, saint François. Copie de M. LOYEUX (1873).

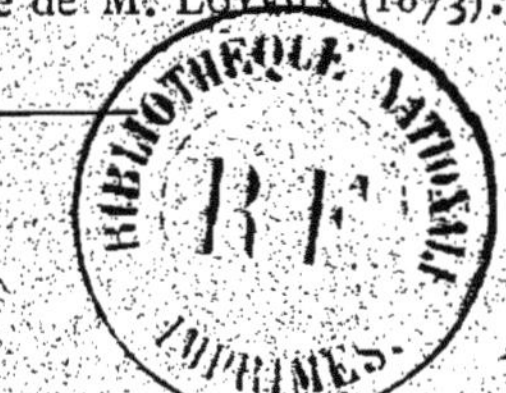

TABLE DES MATIÈRES

	Pages.
Introduction historique.	1
Notice historique sur les bâtiments qui composent l'Ecole des beaux-arts.	12
Avis préliminaire.	25
Descriptions	29
La porte d'entrée.	29
La première cour (côté droit).	29
La première cour (côté gauche).	34
L'Arc de Gaillon.	37
L'Amphithéâtre et le Musée d'anatomie.	42
La deuxième cour (côté gauche).	44
Les Loges et l'Atelier de moulage.	60
La deuxième cour (côté droit).	63
Le Jardin.	68
Le Palais des études.	73
Le Vestibule du palais.	77
La Cour vitrée.	84
La Salle romaine.	105
La Salle de l'Ornement.	105
L'Hémicycle.	106
La Salle d'Olympie.	118
La Galerie grecque.	126
L'Escalier de la Bibliothèque.	128
La Bibliothèque.	130
Les Archives.	144
La Galerie des Loges (côté gauche).	144
La Salle Dubois de l'Estang.	147
La Salle de la Construction	148

	Pages.
La Salle de la Charpente	159
La Salle Victor Schœlcher	162
La Salle Gatteaux	189
La Salle du Conseil	199
La Galerie des Loges (côté droit)	205
Le Vestibule des Écoles	206
Les Écoles du soir	210
La Cour du Mûrier	217
Le Vestibule de la Salle Melpomène	225
La Salle Melpomène	228
La Salle Caylus	235
La Salle des grands prix de Sculpture	242
La Salle des grands prix de Peinture	254
La Salle Latour	261
Le Vestibule du quai	263
La Façade sur le quai Malaquais	264
La Salle d'exposition du premier étage	267
La Chapelle	269
Table des gravures	289

www.ingramcontent.com/pod-product-compliance
Ingram Content Group UK Ltd.
Pitfield, Milton Keynes, MK11 3LW, UK
UKHW021850070726
13613UKWH00001B/91